Die Entwicklung der Parteienrechtslehre

Europäische Hochschulschriften Recht

European University Studies in Law

Publications Universitaires Européennes de Droit

Band/Volume 6121

Ren-Jyun Huang

Die Entwicklung der Parteienrechtslehre

Eine Untersuchung der demokratischen Vorgaben des deutschen Parteienrechts und seiner Rezeption in Taiwan

PETER LANG

Bibliografische Information der Deutschen Nationalbibliothek
Die Deutsche Nationalbibliothek verzeichnet diese Publikation in der Deutschen Nationalbibliografie; detaillierte bibliografische Daten sind im Internet über http://dnb.d-nb.de abrufbar.

Zugl.: München, Univ., Diss., 2019

D 18
ISSN 0531-7312
ISBN 978-3-631-80018-8 (Print)
E-ISBN 978-3-631-80057-7 (E-PDF)
E-ISBN 978-3-631-80058-4 (EPUB)
E-ISBN 978-3-631-80059-1 (MOBI)
DOI 10.3726/b16208

Peter Lang – Berlin · Bern · Bruxelles · New York · Oxford · Warszawa · Wien

Diese Publikation wurde begutachtet.

www.peterlang.com

Meiner Frau

Vorwort

Die vorliegende Untersuchung wurde im Wintersemester 2018/2019 von der juristischen Fakultät der Ludwig-Maximilians-Universität München als Dissertation angenommen.

Mein erster Dank gebührt meinem verehrten akademischen Lehrer, Herrn Professor Dr. Peter M. Huber, Minister a. D., Richter des Bundesverfassungsgerichts. Von den Gesprächen, die ich über die Jahre hinweg mit ihm immer wieder führte, habe ich sehr profitiert. Sein Vorbild und sein Rat waren mir ein steter Ansporn und eine unschätzbare Hilfe. Herr Prof. Dr. Rudolf Streinz danke ich weiterhin für sein außerordentlich schnell erstattetes Zweitgutachten und seine darin enthaltenen, weiterführenden Hinweise.

Mein herzlicher Dank gilt Herrn Prof. Dr. Shin-Min Chen ⟨Former Honorable Justice, Judicial Yuan⟩ für die Inspiration dieses interdisziplinären Themas und die fortwährende Unterstützung meiner akademischen Laufbahn. Mein besonderer Dank gilt auch Herrn Prof. Dr. Martin Morlok, Herrn Prof. Dr. Stefan Korioth, Herrn Prof. Dr. Yu-Hung Yen und Herrn Mark Yang, die meine Arbeit mit Interesse und mancher Anregung begleitet und dadurch wesentlich vorangebracht haben.

Mein innigster Dank schließlich gilt meinen Eltern für ihre einzigartige Unterstützung in allen Lebenslagen – und meiner lieben Frau Szu-Min für die vielen inspirierenden Gespräche und den liebevollen Rückhalt. Meiner Frau, der ich diese Arbeit gewidmet habe, möchte ich für ihre aufrichtige Liebe und ihre fortwährende, geduldige Rückendeckung danken.

Taipeh, im März 2019 — Ren-Jyun Huang

Inhaltsverzeichnis

Erster Teil: Einleitung

A. Demokratie und Parteienrecht: Funktionelle Zusammenhänge

I. Grundlegung

Betrachtet man die Vielfalt der Parteienrechtslehre, so findet sich in der Literatur die Meinung, die janusköpfige Stellung der Parteien in ihren öffentlich-rechtlichen Rechtsverhältnissen zum Staat beruhe auf einer nicht hinreichend konsequenten Verwirklichung der parteienstaatlichen Grundentscheidung des Art. 21 GG durch den Gesetzgeber, die Lehre und insbesondere durch das Bundesverfassungsgericht. Sie sei weder verfassungsrechtlich indiziert noch werde sie – jenseits des bundesverfassungsgerichtlichen Kontrollzugriffs – auch nicht durch einen tragenden Gedanken gestützt.[1] Vor diesem Hintergrund wird es in der vorliegenden Arbeit vor allem darum gehen, die Bedeutung und die Entwicklung der Parteienrechtslehre auszuloten, um die parteienrechtswissenschaftliche Argumentation an der Judikatur zu orientieren.

Die Parteienrechtswissenschaft erweist sich als ein Sammelbegriff mit einer Vielzahl von rechts-, politik- und sozialwissenschaftlichen Dimensionen.[2] In der Erörterung des Verhältnisses zwischen Parteienstaat und Verfassungsdogmatik aus verfassungsrechtlicher Perspektive gilt es, die legitime und systemimmanente Entwicklung des Sinns und Zwecks der Parteikontrolle im Verfassungsleben zu bedenken. Dies betrifft nicht nur die Entstehung und Entwicklung der Parteienrechtslehre, sondern auch die rechtlichen Anforderungen und ihre optimale Ausgestaltung für eine rationale parteipolitische Struktur. Die grundlegende Beziehung, die zwischen Parteienrechtslehre, staatlicher Verfassung und parlamentarischer Demokratie besteht, soll am Anfang der vorliegenden Arbeit dargestellt werden.

---

1 P. M. Huber, Parteien in der Demokratie, in: Badura/Dreier (Hrsg.), Festschrift 50 Jahre Bundesverfassungsgericht, Bd. 2, 2001, 609 (625).

2 Morlok, Notwendigkeit und Grundzüge einer Parteienrechtsdogmatik, in: Brandt/Haratsch/Schmidt (Hrsg.), Verfassung – Parteien – Unionsgrundordnung: Gedenksymposion für Dimitris Th. Tsatsos, 2015, S. 19.

II. Der Zusammenhang zwischen Parteienlehre und Parteienrechtslehre

Parteien sind Forschungsgegenstand verschiedener wissenschaftlicher Disziplinen. Angesichts der Vielfalt der Disziplinen setzt sich der Kernbereich der Parteienforschung aus verschiedenen miteinander verflochtenen interdisziplinären Ansätzen zusammen und wird in dieser komplexen Form dargestellt. Die Parteienforschung beschäftigt sich mit den folgenden Forschungsgebieten:

(1) Parteien in der Geschichte der politischen Theorien
(2) Historische Studien zur Genesis von Parteien und Parteiensystemen
(3) Sozialwissenschaftliche Theorien des Parteienwandels
(4) Soziologie der Parteien und des Wahlverhaltens
(5) Parteienrechtsforschung
(6) Parteien an der Macht. Koalitionstheorien und Policy-Output[3]

Die Parteienrechtslehre als Teilgebiet der Parteienforschung konzentriert sich nicht auf empirisch-analytische Studien, in denen der Wandel des Parteiensystems, die Struktur der Parteimitgliedschaften, Parteientypen usw. im Rahmen der Sozialwissenschaften nach der deskriptiven Richtung der Disziplin repräsentiert werden,[4] sondern sie umfasst rechtliche Grundlagen als Kern, in denen normative Gedanken und Parteienkontrolle miteinander verbunden sind und die Dimensionen von Norm und Wirklichkeit widerspiegeln.[5] Die Analyse der frühen bedeutsamen parteienrechtlichen Literatur führt zu der Feststellung, dass der Rechtswandel der Parteien im Schnittstellenbereich von Parteienlehre und Parteienrechtslehre ein wichtiger Baustein zur Weiterentwicklung der Parteienrechtswissenschaft geworden ist.[6] Im Rahmen dieser interdisziplinären

---

3 von Beyme, Zum Stand der Parteienforschung, in: Krüper/Merten/Poguntke (Hrsg.), Parteienwissenschaften, 2015, S. 11.

4 Wiesendahl, Parteienforschung im Rahmen der Sozialwissenschaften, in: Niedermayer (Hrsg.), Handbuch Parteienforschung, 2013, S. 13 ff.

5 Morlok, Rechtliche Grundlagen, in: Niedermayer (Hrsg.), Handbuch Parteienforschung, S. 241; Shirvani, Das Parteienrecht und der Strukturwandel im Parteiensystem, 2010, S. 8 ff.

6 Triepel, Die Staatsverfassung und die politischen Parteien, 1927; Leibholz, Das Wesen der Repräsentation unter besonderer Berücksichtigung des Repräsentativsystems, 1929; Von 3., erweiterten Auflage unter dem Titel „Das Wesen der Repräsentation und der Gestaltwandel der Demokratie im 20. Jahrhundert", 1966; Tsatsos, Aspekte einer Parteienrechtslehre, in: Beyerlin/Bothe/Hoffmann/Petersmann (Hrsg.), Recht zwischen Umbruch und Bewahrung, Festschrift für Rudolf Bernhardt, 1995, S. 885 ff.

Betrachtungsweise ist es unvermeidlich, dass die idealtypische Beschreibung der Parteienfunktion mit dem Verfassungskontext kollidiert.

III. Die staatliche Verfassung als Ordnungsfaktor für das Verhältnis von Demokratie und Parteiwesen

Während die Parteien in zahlreichen staatsrechtlichen Literaturen der Weimarer Zeit ignoriert wurden,[7] hat die Parteienfunktion nach dem Zweiten Weltkrieg in Art. 21 Absatz 1 Satz 1 GG Verankerung gefunden. Der funktionsfähige Parteienartikel regelt das Verhältnis von Parteiwesen und Demokratie auf die folgende Weise: Einerseits wird die von unten nach oben gesicherte Funktionsgarantie der politischen Parteien in der repräsentativen Demokratie gewährleistet;[8] andererseits werden Rechte und Pflichten der politischen Parteien, die in Art. 21 GG teilweise aufgeführt werden, durch den Gesetzgebungsauftrag des Art. 21 V GG als Vorschriften zur Gestaltung des Parteiengesetzes gefordert.[9] Auf diese Weise werden in Art. 21 GG die Begriffe der Gründungsfreiheit, der innerparteilichen Demokratie, der Offenlegung der Parteienfinanzierung und der wehrhaften Demokratie als Grundsätze des Parteienrechts erkennbar. Diese Grundsätze treten darüber hinaus in der Verfassungspraxis bzw. -interpretation unter dem Gebot optimaler Entfaltung und Verwirklichung der Norm bei Staatsrechtslehrern und im Bundesverfassungsgericht in großer Deutlichkeit zutage.[10] Das Strukturmodell des Parteienartikels beeinflusst das Parteienrechtssystem, das die verschiedenen Demokratietheorien, Funktionen politischer Parteien und

---

7 Thoma, Der Begriff der modernen Demokratie in seinem Verhältnis zum Staatsbegriff, in: Hauptprobleme der Soziologie, Erinnerungsgabe für Max Weber, Bd. 2, 1923, S. 39; Koellreutter, Die politischen Parteien im modernen Staate, 1925, S. 86 ff.; Triepel, Die Staatsverfassung und die politischen Parteien, 1927, S. 29 ff.; Leibholz, Das Wesen der Repräsentation unter besonderer Berücksichtigung des Repräsentativsystems, 1929, S. 78 ff., 163 ff.; Kelsen, Vom Wesen und Wert der Demokratie, 2. Aufl., 1929, S. 38 ff.; Radbruch, Die politischen Parteien im System des deutschen Verfassungsrechts, in: Anschütz/Thoma (Hrsg.), Handbuch des Deutschen Staatsrechts, Bd. 1, 1930, S. 285 ff.; Schmitt, Der Hüter der Verfassung, 1931, S. 79.

8 K. H. Seifert, Die politischen Parteien im Recht der Bundesrepublik Deutschland, 1975, S. 63 ff.; P. M. Huber, Parteien in der Demokratie, in: Badura/Dreier (Hrsg.), Festschrift 50 Jahre Bundesverfassungsgericht, Bd. 2, 2001, 609 ff.

9 Morlok/Merten, Parteienrecht, 2018, S. 58 ff.; Tsatsos/Morlok, Parteienrecht: Eine verfassungsrechtliche Einführung, 1982, S. 15 ff.; Henke, Das Recht der politischen Parteien, 2. Aufl., 1972, S. 229 ff.

10 S. Dritter Teil.

(verfassungs-) rechtlichen und rechtlichen Vorgaben für die politischen Parteien und Rollen des Bundesverfassungsgerichts miteinander vermengt.

IV. Die Elemente des Parteienrechtssystems

Die Parteienfunktion findet mit lediglich einem einzigen Satz in Art. 21 I 1 Erwähnung: Die Parteien wirken bei der politischen Willensbildung des Volkes mit. In wissenschaftlichen Diskussionen existieren bezüglich der Parteienfunktion jedoch vielfältige Metaphern, z.B. „Kreationsorgane", „Vorformungsorgane", „Integrationsorgane", „Bindeglieder", „Zwischenkörper", „Transmissionsriemen", „notwendige Handlungseinheiten", „Flaschenhälse", „Sprachrohre" und „Zahnräder".[11] Daraus ist ersichtlich, dass kein festgelegtes Modell einer idealen Parteienfunktion vorliegt; vielmehr sind die Beschreibung und Regelung der Parteien an verschiedene Demokratietheorien gebunden.

Betrachtet man die heutige Rechtsstruktur der Parteienrechtswissenschaft, so fällt auf, dass die wehrhafte Demokratie, die parteienstaatliche Demokratie und die Konkurrenzdemokratie sich als Entstehungsorte des grundlegenden Parteienrechts erweisen könnten.[12] Um den politischen Parteien den Weg zu einer Demokratie zu bahnen, erschöpften sich die Parteienrechtslehrer in der Umsetzung von Theorien zur Parteienkontrolle in der Staatsrechtlehre und Judikaturen. Gustav Radbruch bezeichnete dies als „ein Versteckspiel des Staatsrechts gegenüber den Parteien".[13] Diese Tendenz zu einem Versteckspiel besteht noch heute. Es lohnt sich daher, einen Blick auf das langfristige Versteckspiel zu werfen, um durch die Betrachtung der Entwicklung der Parteikontrolle neue Perspektiven zu gewinnen, bereits bekannte Ansichten zu prüfen und im Kontext stehende Fragestellungen zu bewältigen.

V. Das Parteienrecht im Vergleich

Betrachtet man die Rechtsvergleichung des Parteienrechts, so findet sich in der Literatur die Meinung, dass das jeweilige nationale Parteienrecht durch den Blick

---

11 Stolleis, Parteienstaatlichkeit – Krisensymptome des demokratischen Verfassungsstaats?, VVDStRL.44 (1986), S. 7 (8).

12 Tsatsos, Aspekte einer Parteienrechtslehre, in: Beyerlin/Bothe/Hoffmann/Petersmann (Hrsg.), Recht zwischen Umbruch und Bewahrung, Festschrift für Rudolf Bernhardt, 1995, S. 885 (897 ff.).

13 Radbruch, Die politischen Parteien im System des deutschen Verfassungsrechts, in: Anschütz/Thoma (Hrsg.), Handbuch des Deutschen Staatsrechts, Bd. 1, 1930, S. 285 (289 f.).

in andere Länder in Selbstverständlichkeiten erschüttert und in Gestaltungs- und Deutungsmöglichkeiten bereichert werden könne.[14] In der vorliegenden Arbeit wird auf Basis der Rechtsrezeption eine Parteienrechtsvergleichung zwischen Deutschland und Taiwan erarbeitet. So wie der Funktionsbegriff der Parteien, die Gründungsfreiheit der Parteien, die innerparteiliche Demokratie, die Offenlegung der Parteienfinanzierung und die wehrhafte Demokratie in Art. 21 GG verankert sind,[15] finden sich solche parteienrechtlichen Bestimmungen auch im Parteiengesetz Taiwans wieder. Aufgrund der Rechtsrezeption sind die rechtlichen Vorgaben für die politischen Parteien in Taiwan nach den Grundsätzen des deutschen Parteienrechts ausgestaltet. Die miteinander verflochtene Rechtsstruktur Deutschlands und Taiwans erlaubt die Entwicklung eines Rechtsvergleichs als pragmatische Rechtsmethode.

B. Ziele und Methoden der Untersuchung

I. Rechtswissenschaftliche Relevanz und Positionierung einer Untersuchung der Parteienrechtsdogmatik

Zwar ist der Strukturwandel des Parteienrechts bereits früh und immer wieder in den Mittelpunkt der Parteienrechtsforschung getreten, doch richtet diese den Fokus stets auf das bundesdeutsche oder das europäische Parteienrecht.[16] Bis heute fehlt jedoch eine systematische Untersuchung der Parteienrechtsforschung, die die gemeinsame Entwicklung der deutschen Parteienrechtswissenschaft und den damit einhergehenden Rezeptionswandel herausarbeitet. Die vorliegende Arbeit soll diesbezüglich eine Änderung bewirken, indem die verschiedenen konstruktiven Zusammenhänge zwischen der Funktion des Parteienrechts und dem Stellenwert der Demokratisierung illuminiert werden. Die Arbeit widmet sich dabei zum einen der Ideengeschichte der Parteienkontrolle

14 Morlok, Notwendigkeit und Grundzüge einer Parteienrechtsdogmatik, in: Brandt/Haratsch/Schmidt (Hrsg.), Verfassung – Parteien – Unionsgrundordnung: Gedenksymposion für Dimitris Th. Tsatsos, 2015, S. 35.

15 Morlok/Merten, Parteienrecht, 2018, S. 29 ff.; Tsatsos/Morlok, Parteienrecht, 1982, S. 16 ff.; Morlok, in: Horst Dreier (Hrsg.), Grundgesetz. Kommentar, Bd. II, 3. Aufl., 2015, Art. 21, Rn. 19 ff.; H. H. Klein, in: Maunz/Dürig, Grundgesetz, Bd. III, 2017, Art. 21, Rn. 248 ff.

16 Tsatsos, Aspekte einer Parteienrechtslehre, a.a.O., 1995, S. 885 (891); P. M. Huber, Die politischen Parteien als Partizipationsinstrument auf Unionsebene, Mitteilungen des Instituts für Deutsches und Europäisches Parteienrecht (MIP), Heft 8/1998, S. 7 ff.; Shirvani, Das Parteienrecht und der Strukturwandel im Parteiensystem, 2010, S. 296 ff.

und der Entwicklung des dogmatischen Parteienrechts in Deutschland; zum anderen werden darüber hinaus der Rezeptionswandel des Parteienrechts in Taiwans Demokratisierung und ihre normativen und pragmatischen Folgen in Taiwan erörtert.

II. Fortgang der Untersuchung

1. Übersicht

Das Thema „Die Entwicklung der Parteienrechtslehre" erfordert eine Erörterung der Schlüsselfaktoren des historischen Wandels. Zu diesem Zweck gliedert sich diese Arbeit entlang des historischen Wandels und unter Berücksichtigung von Makro- bis hin zu Mikrostrukturen in sechs Teile.

2. Gliederung

a) Zweiter Teil: Die Grundsteine der Parteienrechtslehre

Die Betrachtung von Heinrich Triepels Vortrag „Die Staatsverfassung und die politischen Parteien" als ein Grundstein der Parteienrechtslehre erlaubt eine tiefgehendere Analyse der parteienrechtlichen Literatur durch das Vier-Phasen-Schema. Die Initiative zur Parteikontrolle, die zeitgenössischen Debatten über die Parteienfunktion im Parlamentarismus, die Entstehungsgeschichte des Parteienartikels im Grundgesetz, die Gestaltung des Parteiengesetzes sowie die Begründung der Parteienrechtswissenschaft sollen in diesem Teil grundlegend dargestellt werden, um ein Vorverständnis zu ermöglichen.

b) Dritter Teil: Der Dialog zur Parteienrechtslehre zwischen der VDStRL und dem BVerfG

Art. 21 I 1, 2 und II GG sind nach Ansicht des BVerfG unmittelbar anwendbares Recht.[17] Mit der Rechtsprechung vom BVerfG wird die Funktionalität der Parteienrechtslehre im Sinne des Art. 21 GG in den Vordergrund der Betrachtung gestellt. Denn die Parteienrechtslehre als ein Übergang von Verfassungstheorie zur Verfassungspraxis wurde von drei Seiten eingekesselt: dem Prinzip der streitbaren Demokratie, der Parteienstaatslehre von Gerhard Leibholz und der verfassungsrechtlichen Stellung der Parteien. Diese bedeutsame Parteienrechtslehre wurde nicht nur anhand der Referate der Vereinigung der Deutschen Staatsrechtslehrer – *Die Reform des Wahlrechts* (1931), *Die verfassungsrechtliche*

---

17 Vgl. BVerfGE 2, 1 (13).

Stellung der Parteien im modernen Staat (1958), *Verfassungsstreue und Schutz der Verfassung* (1978), *Parteienstaatlichkeit– Krisensymptome des demokratischen Verfassungsstaats?* (1985) und *Demokratie als Wettbewerbsordnung* (2010) – in den wissenschaftlichen Diskussionen präsentiert, sondern auch in den Rechtsprechungen des Bundesverfassungsgerichts herangezogen und weiterentwickelt. In diesem Teil werden die Verfassungstheorie und -praxis der Parteienrechtslehre dargestellt.

c) Vierter Teil: Auf dem Weg der Parteienrechtsdogmatik oder Rechtsgewinnung?

Zur Bildung einer eigenen Disziplin – der Parteienrechtswissenschaft – bedingen parteienrechtliche Überlegungen die Konstruktion einer Spezialdogmatik zur Etablierung einer Parteienrechtsdogmatik. Dieser Ansatz wurde bereits in Martin Morloks Aufsatz „Notwendigkeit und Grundzüge einer Parteienrechtsdogmatik“ erhellt.[18] Hinsichtlich der Methodik auf dem Wege der Rechtsgewinnung wird der Sachverhalt der Parteienstaatlichkeit oder anderer einseitiger Parteienkritiken in den Fokus der Überlegungen gestellt und das diesbezüglich bestehende juristische Problem, d.h. der Sachverhalt der Parteienstaatlichkeit oder anderer einseitiger Parteienkritiken, umschrieben. In der Rechtsgewinnungstheorie Krieles[19] besteht die Aufgabe der Parteienrechtslehre darin, eine vernunftrechtliche Entscheidung in einem offenen Erwägungs- und Entscheidungsspielraum zu finden. Beide Vorgehensweisen werden in diesem Teil erörtert, um den pragmatischen Charakter des Parteienrechts im Spiegel der Neuen Verwaltungsrechtswissenschaft zu verdeutlichen.

d) Fünfter Teil: Die Parteienrechtsvergleichung zwischen Deutschland und Taiwan

Das Gesetz über die politischen Parteien (PartG-Taiwan)[20] trat in Taiwan am 6. Dezember 2017 in Kraft. Während der Funktionsbegriff der Parteien, die Gründungsfreiheit der Parteien, die innerparteiliche Demokratie, die Offenlegung der Parteienfinanzierung und die wehrhafte Demokratie unmittelbar in Art. 21 GG verankert sind, finden sich solche parteienrechtlichen Bestimmungen sowohl in

18 Morlok, Notwendigkeit und Grundzüge einer Parteienrechtsdogmatik, in: Brandt/Haratsch/Schmidt (Hrsg.), Verfassung – Parteien – Unionsgrundordnung: Gedenksymposion für Dimitris Th. Tsatsos, 2015, S. 19 ff.

19 Kriele, Theorie der Rechtsgewinnung, 2. Aufl., 1976, S. 197 ff.

20 PartG-Taiwan. Vgl. Anhang 4.

Taiwans Verfassung als auch im einfachgesetzlichen Recht der politischen Parteien wieder. In diesem Kontext ist das PartG-Taiwan nach den Grundsätzen des deutschen Parteienrechts ausgestaltet. Ziel dieses Teils der vorliegenden Arbeit ist es zu klären, welche (verfassungs-)rechtlichen Grundlagen der politischen Parteien in Taiwan bestehen.

Darüber hinaus wurde am 25. Juli 2016 das „Gesetz über die Behandlung des unrechtmäßig erworbenen Vermögens der Parteien und Massenorganisationen (PartG-KMT)"[21] erlassen. In diesem Gesetz wird der aus dem ehemaligen KMT-Regime stammenden Parteivermögen geregelt, indem das Gesetz über Parteien und andere politische Vereinigungen (PartG-DDR) als Vorbild betrachtet wird.

Auf diesen Grundlagen wird in diesem Teil eine Rechtsvergleichung der miteinander verflochtenen Parteienrechtsstruktur Deutschlands und Taiwans erarbeitet, um den Zusammenhang zwischen den Parteienrechtsinstitutionen und der Demokratisierung zu erhellen.

III. Methode

1. Zur historischen Analyse der Parteienrechtslehre

Betrachtet man das Vier-Phasen-Schema als Ausgang der Parteienrechtslehre, so wird das korrelative Verhältnis zwischen politischem Wandel und rechtlichen Auswirkungen deutlich. In diesem Sinne sind die Parteienrechtsforschung und der parteienrechtliche Wandel eng miteinander verwoben. Die zwischen der Parteipolitik und dem Parteienrecht bestehenden Wechselwirkungen reflektieren nicht nur das Versteckspiel des Staatsrechts gegenüber den Parteien, sondern stellen auch eine unauflösbare Verbindung dar, die sich aus den vielfältigen Rechtsformen zusammensetzt, die sich entsprechend den unterschiedlichen Funktionen der Parteien und dem Zweck der Parteienkontrolle bilden. Durch dieses Gedankenmodell lässt sich mithilfe einer historischen Analyse beweisen, dass sich der Zweck des Parteienrechts gemäß dem Strukturfunktionalismus entwickelte.

---

21 In Englisch: „The Act Governing the Handling of Ill-Gotten Properties by Political Parties and Their Affiliated Organizations"; in (traditionellem) Chinesisch: „政黨及其附隨組織不當取得財產處理條例 (zhèng dǎng jí qí fù suí zǔ zhī bù dāng qǔ dé cái chǎn chù lǐ tiáo lì)." Der Volltext in chinesischer Sprache ist abrufbar unter: http://law.moj.gov.tw/LawClass/LawAll.aspx?PCode = A0030286 (Zugriff am: 26.04.2018).

2. *Rechtsdogmatik und Rechtsgewinnung*

Das Parteienrecht ist nicht kodifiziert. Das Parteiengesetz regelt nur einen Teil des Wirkungsfeldes politischer Parteien, weitere rechtliche Bestimmungen befinden sich im Vereins-, Wahl- und Parlamentsrecht.[22] In diesem Kontext bedarf es einer Konstruktion der Parteienrechtsdogmatik, um Sinn und Zweck einer Norm zu ermitteln, eine systematisch-teleologische Erwägung zu ermöglichen und zwei Parallelrechtsordnungen in einer festgelegten Beziehungsstruktur zu etablieren.[23]

Das Parteiengesetz ist auch ein Sonderrecht. Die Gesetzgebungsbefugnis umfasst nach Ansicht des BVerfG insbesondere die Befugnis zur Konkretisierung des Parteibegriffs und zur Regelung der Rechtsstellung der Parteien im Rechtsverkehr und im gerichtlichen Verfahren, ferner die innere Ordnung und die Rechnungslegungspflicht sowie das Verfahren und den Vollzug des Parteiverbots.[24] In diesen Rechtsanwendungsgebieten besteht daher eine systematische Verortung jener Rechtsnormenrelevanz. Mit einer Konstruktion der Parteienrechtsdogmatik kann die Methode der Rechtsanwendung in den verschiedenen Rechtsanwendungsgebieten rationalisiert werden.

Eine Konstruktion der Parteienrechtsdogmatik bedingt die Bestimmung der parteienrechtlichen Prinzipien, deren Interpretation sich jedoch in unbeständiger Weise mit der unbestimmten Demokratietheorie verändert. In diesem variablen Zusammenhang zwischen Parteienrecht und Demokratietheorie bedarf es einer vernunftrechtlichen Argumentation als Parteienrechtslehre, um eine unparteiliche Entscheidung parteirechtlicher Fragen zu ermöglichen. Hinsichtlich der Fragestellung, inwiefern vernunftrechtliche Argumentationen in den offenen Entscheidungsgründen geführt werden können, betont Kriele drei Elemente: die Orientierung an den Maximen, die Erwägung der Folgen der Maximen sowie die Unparteilichkeit der Abwägung.[25] Die drei Elemente werden durch einen abstrakten Rechtsbegriff des Leitbildes vom Bundesverfassungsgericht in der parteienrechtsrelevanten Judikatur suggestiv und praktisch interpretiert.

---

22 Morlok, Notwendigkeit und Grundzüge einer Parteienrechtsdogmatik, a.a.O., 2015, S. 22.

23 Fabio, Richtlinienkonformität als ranghöchstes Normauslegungsprinzip?, NJW 1990, S. 959.

24 BVerfG, Urteil des Zweiten Senats vom 12. März 2008 – 2 BvF 4/03 – Rn. 79.

25 Kriele, a.a.O., S. 326 ff.

3. Rechtsvergleichung mit Taiwan

Eine Rechtsvergleichung als eine Methode zur Parteienrechtsforschung stellt an sich nichts Neues dar. Dimitris Th. Tsatsos als „ein Mann der Vielfalt“[26] entwickelte die Parteienrechtsforschung im europäischen Vergleich aus der Perspektive der parteienrechtskulturellen Gemeinsamkeiten[27] und arbeitete die Stellung der europäischen Parteien gemäß dem damaligen Art. 138a EGV heraus.[28] Aber bis heute fehlt jedoch eine Rechtsvergleichung des Parteienrechts, die die gemeinsame Entwicklung der deutschen Parteienrechtswissenschaft und den damit einhergehenden Rezeptionswandel in Taiwan herausarbeitet. Die vorliegende Arbeit soll diesbezüglich eine Änderung bewirken, indem die verschiedenen konstruktiven Zusammenhänge zwischen der Funktion des Parteienrechts und dem Stellenwert der Demokratisierung illuminiert werden.

In diesem Kontext ergibt sich für diese Arbeit die Leitfrage, ob die deutsche parteienrechtliche Regelungsmodalität im Rahmen des Funktionsbegriffs der Parteien, der innerparteilichen Demokratie, der Offenlegung der Parteienfinanzierung, der wehrhaften Demokratie und der rechtliche Behandlung der unrechtmäßig erworbenen Parteienvermögen in Taiwans Demokratisierung nachhaltig wirksam ist. An diese generelle Fragestellung schließen sich detaillierte spezifischere Untersuchungsfragen an:

(1) Aus welchen Gründen wurde das deutsche Parteienrecht in Taiwan als Vorbild empfunden und die deutsche verfassungsrechtliche Bändigung der politischen Parteien rezipiert bzw. adaptiert?
(2) Auf welche Weise und durch welche Rechtsform rezipierte Taiwan die deutschen Rechtsinstitutionen der politischen Parteien?

26 Morlok, Dimitris Th. Tsatsos (1930–2010) – Ein Mann der Vielfalt, in: Häberle/Kilian/Wolff (Hrsg.), Staatsrechtslehrer des 20. Jahrhunderts. Deutschland – Österreich – Schweiz, 2014, S. 993 ff.

27 Schneider/Tsatsos, Europäisches Parteienrecht im Vergleich – Zum Gegenstand und zur Methode, in: Tsatsos/Schefold/Schneider (Hrsg.), Parteienrecht im europäischen Vergleich, 1990, S. 19 f.

28 Tsatsos, Parteienrecht im europäischen Wandel, EuGRZ 1992, S. 133 ff.; P. M. Huber, Die politischen Parteien als Partizipationsinstrument auf Unionsebene, Mitteilungen des Instituts für Deutsches und Europäisches Parteienrecht (MIP), Heft 8/1998, S. 7 (22 f.).

(3) Worin besteht der Erfolg der Rezeption der deutschen rechtlichen Grundlagen politischer Parteien in Taiwan?

Die Darstellung der funktionellen und pragmatischen Zusammenhänge von Demokratie und Parteienrecht ist selbst eine interpretatorische Vorleistung, die die nachfolgende Untersuchung zuerst zu erbringen hat.

Zweiter Teil: Die Grundsteine der Parteienrechtslehre

A. Das Vier-Phasen-Schema von Heinrich Triepel

Im Jahr 1927 hielt Heinrich Triepel bei der Erinnerungsfeier für den Stifter der Berliner Universität König Friedrich Wilhelm III eine Rede unter dem Titel „Die Staatsverfassung und die politischen Parteien".[29] Am eindrücklichsten präzisierte Triepel sein Vier-Phasen-Schema (Bekämpfung, Ignorierung, Anerkennung und verfassungsmäßige Inkorporation) aus der Perspektive der Rechtskontrolle im Wandel von Staat und Parteien. Diese Rede basierte nicht auf einer politologischen oder soziologischen Perspektive, sondern fungierte als Wegbereiter für die Parteienrechtslehre.

Es lohnt sich daher, zu Anfang einen Blick auf dieses ursprüngliche Werk der parteienrechtlichen Literatur zu werfen, um durch das Wiederlesen zu neuen Einsichten zu gelangen. Darüber hinaus behandelt dieser Abschnitt eine Grundlegung der Parteienrechtslehre, die durch Zitate aus der Geschichtswissenschaft und der zeitgenössischen staatsrechtlichen Literatur ergänzt wird und diese im genannten Sinne einer erneuten Betrachtung unterzieht.

I. Bekämpfung

Die modernen Parteien in Deutschland entstanden Mitte des 19. Jahrhunderts. Während sich in den Revolutionsjahren 1848/49 in den politischen Gruppierungen der Konservativen, Liberalen, Demokraten, Sozialisten und Katholiken jene Kräfte nach gemeinsamen Grundüberzeugungen und Interessen in der Frankfurter Nationalversammlung herausgebildet hatten, die ein allgemeines und freies Wahlrecht sowie die Grundrechte des deutschen Volkes forderten, wurde die Verfassung des Deutschen Reiches vom 28. März 1849, auch Frankfurter Reichsverfassung (FRV) oder Paulskirchenverfassung genannt, für einen geeinten deutschen Bundesstaat erarbeitet. Zwar wählte die Frankfurter Nationalversammlung den preußischen König Friedrich Wilhelm IV. zum Kaiser der Deutschen, doch lehnte dieser die von der Frankfurter Nationalversammlung angebotene Kaiserkrone, die sogenannte „Krone aus der Gosse", ab. Fernerhin

---

29 Triepel, Die Staatsverfassung und die politischen Parteien, Rede bei der Feier der Erinnerung an den Stifter der Berliner Universität König Friedrich Wilhelm III. in der alten Aula am 3. August 1927/gehalten von Heinrich Triepel, 1927.

bekämpfte er die Frankfurter Nationalversammlung und die Paulskirchenverfassung und ließ die Deutsche Revolution von 1848/49 gewaltsam niederschlagen. Nach der Revolution kam den folgenden Geschehnissen für die Entwicklung des Parteienwesens Bedeutung zu: Einerseits spalteten sich die liberalen Kräfte in verschiedene Richtungen auf. Andererseits waren die revolutionären Interessengruppen auf die Vertretung ihrer Interessen durch die Fraktionsbildung in den Parlamenten angewiesen.[30]

Nachdem 1850 die „revidierte" preußische Verfassung in Kraft trat, intensivierte sich der politische Kampf zwischen der liberalen und der konservativen Volksvertretung im preußischen Abgeordnetenhaus. Im Jahr 1861 wurde die Deutsche Fortschrittspartei von elf liberalen Abgeordneten der Fraktion Vincke im preußischen Abgeordnetenhaus als erste deutsche Programmpartei im modernen Sinne gegründet. 1862 lehnte die Deutsche Fortschrittspartei die Fortsetzung der Reorganisation der preußischen Armee und die Anhebung der preußischen Militärausgaben ab. Daraus entstand der preußische Verfassungskonflikt. Otto von Bismarck, der zum preußischen Ministerpräsidenten berufen wurde, versuchte diesen Machtkampf zwischen Parlament und Krone durch die Lückentheorie zu lösen. Dahinter stand Bismarcks Voraussetzung, der Fall eines unauflöslichen Dissenses zwischen Monarch und Parlament sei in der Verfassung nicht geregelt. Demnach liege eine Lücke vor, die durch die Prärogative des Königs geschlossen werden müsse.[31] Durch die Anwendung der Lückentheorie gelang Bismarck der Erfolg der Heeresreform. Nach dem Deutsch-Dänischen Krieg, dem Preußisch-Österreichischen Krieg und dem Deutsch-Französischen Krieg wurde im Jahr 1871 das Deutsche Reich gegründet.

Im Reichstag verwandelte sich der zwischen Konservativen und Liberalen herrschende Konflikt zu Konflikten zwischen der bismarckischen Politik und der katholischen Partei (Deutsche Zentrumspartei) sowie zwischen den sozialistischen und sozialdemokratischen Organisationen (Sozialdemokratische Partei). Während des Kulturkampfs[32] und des Erlasses des Sozialistengesetzes[33] stilisierte Bismarck die Deutsche Zentrumspartei und die Sozialdemokratische Partei zu

---

30 Bergsträsser/Mommsen, Geschichte der politischen Parteien in Deutschland, 11. Aufl., 1965, S. 79 f.

31 W. Frotscher/B. Pieroth, Verfassungsgeschichte, 14. Aufl., 2015, S. 192 ff.; vgl. Kraus, Ursprung und Genese der „Lückentheorie" im preußischen Verfassungskonflikt, Der Staat 29 (1990), S. 209–234.

32 Ruppert, Kirchenrecht und Kulturkampf, 2002, S. 89.

33 Gesetz gegen die gemeingefährlichen Bestrebungen der Sozialdemokratie. ["Sozialistengesetz"]. Vom 21. Oktober 1878. RGBl. Nr. 34/1878, S. 351 ff.).

Reichsfeinden[34]. Der Antiparteienaffekt und die Bekämpfung der Parteien zeigten sich im § 1 Sozialistengesetz: „Vereine, welche durch sozialdemokratische, sozialistische und kommunistische Bestrebungen den Umsturz der bestehenden Staats- oder Gesellschaftsordnung bezwecken, sind zu verbieten."

Darüber hinaus wurde der Antiparteienaffekt als ideologisches Paradigma in der wissenschaftlichen Diskussion im 19. Jahrhundert betrachtet, während die politischen Parteien als Reichsfeinde in der politischen Wirklichkeit charakterisiert wurden. Dieser ursprüngliche Gedanke wurzelte in Jean-Jacques Rousseaus Gemeinwohllehre. In seinem Werk „Vom Gesellschaftsvertrag oder Grundsätze des Staatsrechts" heißt es: „Um wirklich die Aussage des Gemeinwillens zu bekommen, ist es deshalb wichtig, dass es im Staat keine Teilgesellschaft gibt und dass jeder Bürger nur seine Meinung vertritt."[35] Ähnlich argumentiert Georg Wilhelm Friedrich Hegel: „Es bietet sich von selbst das Interesse dar, daß unter den Abgeordneten sich für jeden besonderen großen Zweig der Gesellschaft, z.B. für den Handel, für die Fabriken usf. Individuen befinden, die ihn gründlich kennen und ihm selbst angehören; [...] in der Vorstellung eines losen unbestimmten Wählens ist dieser wichtige Umstand nur der Zufälligkeit preisgegeben."[36] Diese Grundgedanken wurden später im Staatsrecht des Deutschen Kaiserreiches aufgegriffen und weiterentwickelt.[37] Die politischen Parteien und die Fraktionen werden im Lehrbuch des deutschen Staatsrechts von Georg Meyer, Paul Laband und Julius Hatschek nicht thematisiert. Stattdessen erfolgte in diesem Werk eine thematische Erläuterung des Parlamentarismus, der Repräsentanten und des Reichstags; die politischen Parteien wurden durch politische Vereine oder Wahlvereine ersetzt.[38] Mit besonderem Augenmerk bewertete Paul Laband die politischen Parteien in seiner staatsrechtlichen Vorlesung an der Kaiser-Wilhelms-Universität Straßburg: „Dieses System des Parlamentarismus ist

---

34 Bergsträsser/Mommsen, a.a.O., S. 126 ff., 138 ff.; T. Nipperdey, Deutsche Geschichte 1866–1918, Bd. 2, 3. Aufl., 1995, S. 355 ff., 364 ff.; Shirvani, Die politischen Parteien im Staatsrecht des Deutschen Kaiserreiches, MIP, 2006, S. 77 (78).

35 Rousseau, Du contrat social ou Principes du droit politique. Vom Gesellschaftsvertrag oder Grundsätze des Staatsrechts, 1762. Zit: übersetzt von Eva Pietzcker und Hans Brockard, Buch II, 2010, S. 63 f.

36 Vgl. G. W. F. Hegel, Grundlinien der Philosophie des Rechts, 1820, § 311. Zit. nach: G. W. F. Hegel, Grundlinien der Philosophie des Rechts, in: Brandt (Hrsg.), 2013, § 311.

37 Shirvani, a.a.O., S. 77 (78 f.).

38 Meyer/Anschütz, Lehrbuch des deutschen Staatsrechtes, 6. Aufl., 1905; H. Schulze, Lehrbuch des deutschen Staatsrechtes, 1881; P. Laband, Das Staatsrecht des Deutschen Reiches, 2. Aufl., 1888; J. Hatschek, Das Parlamentsrecht des Deutschen Reiches, 1915.

unter Umständen ein sehr glückliches; [...] Wo die sozialen Zustände von der Art sind, daß solche Parteigruppen daraus hervorgehen, da ist kein Boden für den Parlamentarismus; da vernichtet ja die herrschende Partei den angefeindeten Stand. Da muß sich das Schauspiel der französischen Revolution wiederholen, daß erst die Girondisten, die Liberalen, die Privilegien des Adels und der Geistlichkeit, die historisch begründeten Rechte aufheben, und dann von den Jakobinern zur Guillotine geschleppt werden."[39]

II. Ignorierung

Obwohl die Existenz der Parteien in der politischen Wirklichkeit unumstritten war, enthielt das Verfassungsrecht keine Spezialvorschrift für Parteien oder Fraktionen. Die ursprünglichste Rechtskontrolle der politischen Parteien findet sich im Vereinsrecht und bürgerlichen Recht.[40] Zuerst wurden die politischen Parteien als politische Vereine im Rahmen des Bundesvereinsgesetzes vom 13. Juli 1854 geregelt. Das Bundesvereinsgesetz hatte die Einschränkung des Vereinswesens zum Zweck, da sich die Kommunisten nach dem Erlass des Manifests der kommunistischen Partei (1848) allerorts jeder revolutionären Bewegung, die sich gegen die bestehenden gesellschaftlichen und politischen Zustände richtete, anschlossen und diese unterstützten, wie z.B. die Allgemeine Deutsche Arbeiterverbrüderung. So hieß es in § 3 des Bundesvereinsgesetzes (politische Vereine): „In Beziehung auf politische Vereine insbesondere muß, sofern derartige Vereine nicht nach Maßgabe der Landesgesetzgebung überhaupt untersagt sind, oder doch einer jeden Fall besonders zu ertheilenden obrigkeitlichen Genehmigung bedürfen, die betreffende Staatsregierung sich in der Lage befinden, nach Maßgabe der Umstände, besondere vor übergehende Beschränkungen und Verbote erfassen zu können."[41]

Später stellte sich Bismarcks Sozialistengesetz im Jahr 1878 als Sonderrecht dar, anhand dessen zur Bekämpfung der Sozialdemokratie umfassende Verbote aufgestellt und drastische Polizeimaßnahmen ergriffen werden konnten.

39 Laband, Staatsrechtliche Vorlesungen: Vorlesungen zur Geschichte des Staatsdenkens, zur Staatstheorie und Verfassungsgeschichte und zum deutschen Staatsrecht des 19. Jahrhunderts, gehalten an der Kaiser-Wilhelms-Universität Strassburg 1872–1918, bearb. und hg. von Bernd Schlüter, 2004, S. 141–142.

40 Gusy, Die Lehre vom Parteienstaat in der Weimarer Republik, 1993, S. 15.

41 Vgl. Kotulla, Deutsches Verfassungsrecht 1806–1918, Eine Dokumentensammlung nebst Einführungen, 1. Band: Gesamtdeutschland, Anhaltische Staaten und Baden, 2006, S. 814.

In Anbetracht der allgemeinen Rechtsform der politischen Parteien wurden die politischen Parteien durch nichtwirtschaftliche Vereine (Idealvereine) im Sinne des Bürgerlichen Rechts mittelbar definiert. Seitdem das Bürgerliche Gesetzbuch am 1. Januar 1900 in Kraft trat, hat sich § 21 BGB nicht verändert, und § 21 BGB regelt die Parteien auch heute noch als nichtwirtschaftliche Vereine.[42]

Bemerkenswert ist, dass das Reichsvereinsgesetz vom 19.4.1908 den politischen Verein erneut definiert.[43] § 3 Absatz 1 ReichsvereinsG lautet: „Jeder Verein, der eine Einwirkung auf politische Angelegenheiten bezweckt (politischer Verein), muß einen Vorstand und eine Satzung haben." Damals war es noch umstritten, ob der Begriff der politischen Partei den politischen Verein gemäß § 3 Absatz 1 ReichsvereinsG verwendet werden konnte. Politische Parteien bemühen sich nicht um öffentliche Angelegenheiten, sondern sind parteipolitisch im Sinne der „aktuellen Beteiligung jener Interessentengruppen". Der Wortlaut „politische Angelegenheiten" ließ sich jedoch dahingehend interpretieren, dass darunter auch parteipolitische Angelegenheiten zu verstehen waren. Die Rechtsform des politischen Vereins war daher auf politische Parteien anwendbar.[44]

Obwohl in den vorliegenden Gesetzestexten das Wort „Partei" nicht erscheint, wurden politische Parteien tatsächlich als das regulierte Objekt bewertet. Diese Phase wurde durch die mittelbare Anwendung des ReichsvereinsGs von Heinrich Tripel „Ignorierung" genannt.[45]

III. Anerkennung

Die rechtliche Anerkennung der politischen Parteien wurde durch die Entwicklung der Verhältniswahl im Rahmen des Wahlrechts schrittweise festgehalten. Der Grundtyp der Verhältniswahl wurde 1857 vom Londoner Juristen Thomas Hare (1806–1891) in „The machinery of representation" zuerst eingehender begründet.[46] Das Haresche Modell besteht darin, dass der einzelne Wähler auf seinem Stimmzettel den Namen jedes Kandidaten in einem Wahlkreis auflistet. Angesichts des für Wähler komplexen Rankings entwickelte der belgische

42 § 21 Bürgerliches Gesetzbuch vom 18. 8. 1896 (RGBl. S. 195): *Ein Verein, dessen Zweck nicht auf einen wirtschaftlichen Geschäftsbetrieb gerichtet ist, erlangt Rechtsfähigkeit durch Eintragung in das Vereinsregister des zuständigen Amtsgerichts.*

43 19. April 1908 RGBl. S. 151.

44 Stier-Somlo, Reichsvereinsgesetz vom 19. April 1908: systematischer Kommentar, 1909, S. 79–80.

45 Triepel, a.a.O., S. 19–24.

46 Vgl. Hare, The machinery of representation, 2nd edn., 1857.

Rechtsgelehrte Victor d'Hondt (1841–1901) den Berechnungsmodus für die Verteilung der Sitze in Vertretungskörperschaften bei der Verhältniswahl. Nach seinem System werden die Stimmen der einzelnen Parteien durch eins, zwei, drei usw. dividiert.[47] Im Vergleich zum Hareschen System begünstigt d'Hondt'schens System die kleinen Parteigruppen, indem jede einzelne Stimme auch für den Wahlverlierer den gleichen Erfolgswert besitzt.

Der ungleiche Erfolgswert der Stimme bestand im Dreiklassenwahlrecht nach Steuerleistung in drei Abteilungen im Deutschen Kaiserreich: Von den politischen Parteien Deutschlands hat sich erst die Nationalliberale Partei mit der Reform des Wahlrechts im Deutschen Reich beschäftigt. Der ungleiche Erfolgswert der Stimme wurde in der Literatur empirische Belege gegeben: Die Nationalliberale Partei hat in Baden bei den Reichstagswahlen von 1887 bei 121831 für sie abgegebenen Stimmen 9 von 14 Mandaten erhalten. Im gleichen Land ist die Nationalliberale Partei bei den Reichstagswahlen von 1890 bei 82269 von insgesamt 258804 Stimmen[48] vollständig leer ausgegangen.[49] Die Forderung nach einer Wahlrechtsreform wurde durch die vortreffliche kleine Schrift „Reform des Wahlrechts im Reich und in Baden" vom badischen Staatsanwalt Karl Gageur deutschlandweit geäußert. Diese Schrift zeigte sowohl in Baden als auch in Württemberg in Bezug auf die Verhältniswahlbewegung erfolgversprechende Resultate. Das Verhältniswahlverfahren ist in Württemberg durch § 73 Gemeindeordnung vom 16. Juli 1906 eingeführt worden.[50] Danach war die Verhältniswahlbewegung in Bayern, Oldenburg, Sachsen und Elsass-Lothringen erneut erfolgreich.

Als das Verhältniswahlverfahren durch die Gemeindeordnung eingeführt wurde, bezeichnete Triepel diese Rechtsform der politischen Parteien als „Anerkennung".[51]

---

47 Siehe vor allem sein Werk Système pratique et raisonné de Représentation proportionnelle. Bruxelles 1882.

48 Von insgesamt 275247 Stimmen.

49 Cahn, Das Verhältniswahlsystem in den modernen Kulturstaaten. Eine staatsrechtlich-politische Abhandlung, 1909, S. 35 f.; Vgl. Gageur, Reform des Wahlrechts im Reich und in Baden, S. 37 ff.

50 § 73 Gemeindeordnung für das Königreich Württemberg vom 16. Juli 1906: *Die Wahl der unbesoldeten Mitglieder des Gemeinderats und der Mitglieder des Bürgerausschusses erfolgt nach dem Grundsatz der verhältnismässigen Vertretung der Wähler.* Vgl. A. Michel, Die Gemeindeordnung und die Bezirksordnung für das Königreich Württemberg, 1909, S. 68.

51 Triepel, a.a.O., S. 24.

IV. Verfassungsmäßige Inkorporation

Nach der Novemberrevolution hat der alte Obrigkeitsstaat sich bereits durch die Gewährung von Verfassungen in einen Volksstaat verwandelt.[52] Obwohl sich die Staatsform von einer konstitutionellen Monarchie zu einer parlamentarischen Republik gewandelt hat, verblieben die politischen Parteien in der Herrschaftsklasse. Die politischen Parteien wurden nicht mehr als „Reichsfeinde" betrachtet, sondern als Vertreter der Republik.

Als Führer der Sozialdemokratischen Partei stellte sich Friedrich Ebert an die Spitze der Revolution, um den Weg zu einer parlamentarischen Demokratie zu bahnen und eine zum russischen Bolschewismus analoge Entwicklung sowie einen Bürgerkrieg zu verhindern. Nach den Wahlen zur verfassungsgebenden Versammlung, deren Sitze nach dem Verhältniswahlrecht verteilt wurden, fand die Novemberrevolution am 11. August 1919 mit der Verabschiedung der neuen Weimarer Verfassung ihren formellen Abschluss. Art. 130 I WRV (Weimarer Verfassung) steht im engen Zusammenhang mit politischen Parteien. Hierin heißt es: „*Die Beamten sind Diener der Gesamtheit, nicht einer Partei.*" Die Entstehung dieses Artikels basiert auf dem ideologischen Paradigma des Antiparteienaffekts. Statt des Partei- oder Klasseninteresses darf der Beamte sich nur vom Staatsinteresse leiten lassen, um die staatliche Einheit zu stützen.[53] Heinrich Triepel hat die Phase der verfassungsmäßigen Inkorporation auf Art. 130 I WRV gegründet. Eine abschließende Betrachtung von Art. 124 I WRV[54] lässt erkennen, dass die Vereinigungsfreiheit auch auf politische Parteien anwendbar ist.[55]

---

52 Vgl. E. R. Huber, Deutsche Verfassungsgeschichte seit 1789, Bd. V, Weltkrieg, Revolution und Reichserneuerung: 1914–1919, 1978, § 40, S. 706 ff.

53 Anschütz, Die Verfassung des Deutschen Reiches vom 11. August 1919: ein Kommentar für Wissenschaft und Praxis, 3. Bearbeitung, 10. Aufl., 1929, S. 602–603.

54 Art. 124 I WRV: *Alle Deutschen haben das Recht, zu Zwecken, die den Strafgesetzen nicht zuwiderlaufen, Vereine oder Gesellschaften zu bilden. Dies Recht kann nicht durch Vorbeugungsmaßregeln beschränkt werden. Für religiöse Vereine und Gesellschaften gelten dieselben Bestimmungen.*

55 Anschütz, a.a.O., 1929, S. 576.

B. Die Vielfalt der Parteienstaatslehre in der Weimarer Republik[56]

In Heinrich Triepels Rede unter dem Titel „Die Staatsverfassung und die politischen Parteien" lassen sich zwei Schwerpunkte in der Parteienrechtslehre erörtern: Der erste Abschnitt umfasst – wie oben beschrieben – das Vier-Phasen-Schema (Bekämpfung, Ignorierung, Anerkennung und verfassungsmäßige Inkorporation). Den zweiten Abschnitt bildet die Parteienstaatslehre als Verfassungslehre. In der Weimarer Zeit begannen Staatsrechtslehrer mit der Begriffsbildung der Parteienstaatslehre, um die Ignorierung der politischen Parteien im Rahmen des Staatsrechts zu pointieren sowie das Verfassungsrecht auf die politische Wirklichkeit anzuwenden. Die Macht der Parteien sollte verfassungsmäßig sein.[57] Die Antwort auf die Frage, wie die Macht der Parteien verfassungsmäßig sein kann, hängt jedoch davon ab, ob eine positive oder aber eine negative Zuordnung von Staat und Parteien getroffen wird.

I. Negative und positive Zuordnung von Staat und Parteien

Von der Monarchie bis hin zur Republik wurde der ursprüngliche Parlamentarismus durch neue Verfassungsordnungen reformiert: Der heutige Parlamentarismus im Sinne der Volkssouveränität ist nicht länger gezwungen, Kompromisse mit der Macht eines Monarchen einzugehen; stattdessen monopolisiert die Volkssouveränität unmittelbar die Macht. Die Legitimation des heutigen Parlamentarismus baut auf der Staatsform der parlamentarischen Demokratie auf, in der die Volkssouveränität mit dem Repräsentativsystem verwoben ist.[58] Da die Legitimation der parlamentarischen Demokratie in der Weimarer Republik umstritten war, wurde sie im staatsrechtlichen Kontext zum Gegenstand heftiger Debatten zwischen Hugo Preuß und Carl Schmitt. Dementsprechend hängt die staatsrechtliche Bedeutung der politischen Parteien von der positiven oder negativen Zuordnung der parlamentarischen Demokratie ab.[59]

---

56 Die berühmte Parteienstaatslehre von Gerhard Leibholz zwischen Weimarer und Bonner Republik wird im dritten Teil C I erörtert.

57 Triepel, Die Staatsverfassung und die politischen Parteien, S. 29 ff.

58 Kelsen, Vom Wesen und Wert der Demokratie, 2. Aufl., 1929, S. 38 ff.; Leibholz, Das Wesen der Repräsentation unter besonderer Berücksichtigung des Repräsentativsystems, 1929, S. 78 ff., 163 ff.

59 Gusy, Die Lehre vom Parteienstaat in der Weimarer Republik, 1993 S. 58 ff., 73 ff.

1. Die negative Zuordnung von Staat und Parteien

Die negative Zuordnung von Staat und Parteien wird durch den Antiparteienaffekt als ideologisches Paradigma weiterentwickelt. Diese Ansicht wird durch das Interesse der Gesamtheit (Staatsinteresse) gegen Parteiinteressen nach Art. 130 I WRV („Die Beamten sind Diener der Gesamtheit, nicht einer Partei") reflektiert.[60] An dieser Stelle ist insbesondere Carl Schmitt besonders hervorzuheben, da er die Deutsche Einheit gegen eine politische Vielfalt der politischen Parteien verteidigte. In seiner Studie „Der Hüter der Verfassung", in der er sich kritisch mit dem Parteienstaat auseinandersetzte, ist der deutliche Einfluss seiner Verfassungslehre erkennbar. Darin heißt es: „Die Parteien, in denen die verschiedenen gesellschaftlichen Interessen und Tendenzen sich organisieren, sind die zum Parteienstaat gewordene Gesellschaft selbst, und weil es wirtschaftlich, konfessionell, kulturell determinierte Parteien gibt, ist es auch dem Staate nicht mehr möglich, gegenüber dem Wirtschaftlichen, Konfessionellen, Kulturellen neutral zu bleiben."[61]

Die weitere in der öffentlichen Meinung zutage tretende Kritik erklärt sich aus dem organisierten einheitlichen Verhältnis von Staat und Gesellschaft, das sich von der Selbstorganisation der Parteien im postulativen Sinne unterscheidet. Schmitt ist deshalb überzeugt: „Statt dessen sind heute die meisten größeren Parteien teils selbst feste, durchorganisierte Gebilde, teils stehen sie in einem durchorganisierten sozialen Komplex mit einer einflussreichen Bürokratie, einem stehenden Heer bezahlter Funktionäre und einem ganzen System von Hilfs- und Stützorganisationen, in welche eine geistige sozial und wirtschaftlich zusammengehaltene Klientel gebunden ist."[62] Der Parteienstaat im Sinne der parlamentarischen Demokratie und der liberale Parteibegriff sind noch nicht in der Verfassung geregelt, sondern verbergen sich hinter jener Formel der „Selbstorganisation der Gesellschaft durch eine Partei"[63]. In diesem Kontext sind die Wirklichkeit des Parlamentarismus und das parteipolitische Leben weit voneinander entfernt.[64] Hinsichtlich der politischen Parteien gilt auch hier Fritz van Calkers Satz: „Die Idee der Partei trennt, die Idee der Politik eint."[65]

---

60 Anschütz, Die Verfassung des Deutschen Reiches vom 11. August 1919: ein Kommentar für Wissenschaft und Praxis, 1929, S. 576.
61 C. Schmitt, Der Hüter der Verfassung, 1931, S. 79.
62 C. Schmitt, a.a.O., S. 83.
63 C. Schmitt, a.a.O., S. 87.
64 C. Schmitt, Die geistesgeschichtliche Lage des heutigen Parlamentarismus, 1926, S. 6.
65 Calker, Wesen und Sinn der politischen Parteien, 1930, S. 8, 37.

2. *Die positive Zuordnung von Staat und Parteien*

Hugo Preuß, der Vater der Weimarer Verfassung, äußerte eine gegen Rousseaus Konzept der volonté générale gerichtete Anmerkung und kritisierte diesbezüglich irrtümlicherweise, dass eine organisatorische Zwischenbildung zwischen Individuen und der Gesamtheit fehle. Um für die organisierende Funktion der politischen Parteien zu plädieren, ging Preuß davon aus, dass erst die Parteien der Demokratie die Lebensfähigkeit geben, die das unorganisierte Nebeneinander gleichberechtigter Individuen nicht habe besitzen können.[66] Darüber hinaus schreibt er: „Um die Repräsentation der öffentlichen Meinung des ganzen Volkes rechtlich zu organisieren, setzt diese rechtliche Organisation die Selbstorganisation des Volkes in politischen Parteien stillschweigend voraus.“[67]

Hierfür hat Preuß die Parteiendemokratie als Demokratievorbild der Weimarer Verfassung theoretisch geplant: „Gerade um diese volle staatspolitische Verantwortlichkeit und nur um sie handelt es sich im Parteienkampf der Demokratie. Deshalb haben die Parteien als solche hier keinen Selbstzweck; sie sind vielmehr lediglich Mittel für die staatspolitischen, das heißt nationalen Zwecke.“[68] Darüber hinaus hat er darin auch die politische Wirklichkeit berücksichtigt: Zuerst sind im Rahmen der zu schaffenden demokratischen Verfassung die unausbleiblichen sozialpolitischen Kämpfe der Zukunft friedlich auszutragen, um die Stellung zur konstituierenden Nationalversammlung des deutschen Volksstaates auf dem Weg zu einer parlamentarischen Demokratie gegen den Bolschewismus zu verteidigen.[69] Die zweite Statuierung betrifft die überkommene Parteienzersplitterung und die Einführung des Verhältniswahlrechts.[70] Einerseits führt die Vielfalt der politischen Parteien zur Einführung des Verhältniswahlrechts, da die Vielfalt der politischen Parteien zur Bildung eines parlamentarischen demokratischen Staates führt. Andererseits besitzen die politischen Parteien einen Träger des Rechts auf proportionale Repräsentation in der Verhältniswahl, damit die politisch-soziale Kollektivität der Parteien durch die Verhältniswahl

---

66 Preuß, Reich und Länder, Bruchstücke eines Kommentars zur Verfassung des Deutschen Reiches, 1928, S. 269 f.

67 Preuß, a.a.O. S. 45.

68 Preuß, Nationale Demokratie (26.09. 1920), in: ders., (Hrsg.), Staat, Recht und Freiheit, 2006, S. 429 (432).

69 Preuß, Volksstaat oder verkehrter Obrigkeitsstaat? (14.11. 1918), in: ders., (Hrsg.), Staat, Recht und Freiheit, 2006, S. 365 (368).

70 Preuß, Parlamentarische Regierungsbildung (09.10. 1921), in: ders., (Hrsg.), Staat, Recht und Freiheit, 2006, S. 442 (444).

im Staat hervorgehoben wird.[71] Abschließend kommt die Koalitionsregierung in Betracht. Im Unterschied zur Initiative des Zweiparteiensystems in England, Frankreich und den USA schließt die überkommene Parteienzersplitterung eine Parteienkoalition als Grundlage einer Regierungsbildung aus.[72] Hier entwickelte Preuß die Grundgedanken seiner Staatsauffassung: Zudem ist die plebiszitäre Präsidentschaft mit der Koalitionsregierung in der Republik zusammen gestaltet, damit die deutsche Republik nur die demokratische Selbstorganisation des deutschen Volkes als eine politische Gesamtheit sein kann.[73]

Vor diesem Hintergrund wird der Begriff der politischen Parteien nicht mit Reichsfeinden gleichgesetzt. Stattdessen wurde den politischen Parteien eine relevante Funktion beim Entwurf der WRV zugeschrieben. So schrieb Richard Thoma in Bezug auf die politischen Parteien Folgendes: „Die moderne Demokratie mit ihrem Massenwahlrecht könnte gar nicht leben ohne Parteien."[74]

II. Die Parteienstaatslehre von Otto Koellreutter

Der im Staatsrecht verwendete Begriff „Parteienstaat" stammt ursprünglich aus Otto Koellreutters Schrift „Die politischen Parteien im modernen Staate"[75]. Koellreutter war der Ansicht, dass der Parteienstaat eine negative Zuordnung von Staat und Parteien darstellt. Er definierte den Parteienstaat als einen Staat, „dessen staatsrechtliche Organisationsform ohne entscheidende Mitwirkung der politischen Parteien nicht funktionsfähig wäre" und formulierte die Grenzen des deutschen Parteienstaats, um einer Überwucherung des Parteienstaats entgegenzuwirken.[76] Zu diesem Zweck wurde die Weimarer Verfassung im Hinblick auf das Problem des Parteienstaats systematisch kommentiert. Obwohl die

71 Thoma, Der Begriff der modernen Demokratie in seinem Verhältnis zum Staatsbegriff. Prolegomena zu einer Analyse des demokratischen Staates der Gegenwart, in: Hauptprobleme der Soziologie, Erinnerungsgabe für Max Weber, Bd. 2, 1923, S. 39 (60–63); Heller, Die Gleichheit in der Verhältniswahl nach der Weimarer Verfassung: ein Rechtsgutachten, 1929, S. 22 ff.

72 Preuß, Parlamentarische Regierungsbildung (09.10. 1921), in: ders., (Hrsg.), Staat, Recht und Freiheit, 2006, S. 442 (444).

73 Preuß, Denkschrift zum Entwurf des allgemeinen Teils der Reichsverfassung (3. Januar 1919)., in: ders., (Hrsg.), Staat, Recht und Freiheit, 2006, S. 368 (370, 384 ff.).

74 Thoma, Der Begriff der modernen Demokratie in seinem Verhältnis zum Staatsbegriff. Prolegomena zu einer Analyse des demokratischen Staates der Gegenwart, in: Hauptprobleme der Soziologie, Erinnerungsgabe für Max Weber, Bd. 2, 1923, S. 39 (63).

75 Koellreutter, Die politischen Parteien im modernen Staate, 1925, S. 12 ff.

76 Koellreutter, a.a.O., S. 86, 89.

Weimarer Verfassung die Parteien nur in Art. 130 I mit den Worten „Diener der Gesamtheit, nicht einer Partei" ausdrücklich erwähnte, wird dieser Gedanke des Antiparteienaffekts durch Koellreutters Interpretation in der Weimarer Verfassung erschöpft.

Weiterhin wird auf dem Grundsatz der Volkssouveränität nach Art. 1 WRV festgestellt, dass die politische Willensbildung sich nicht allein durch das Volk im Sinne der Verfassung unmittelbar vollzieht, sondern dass auch die politischen Parteien indirekt daran mitwirken. Die Funktion der Parteien, die Masse der stimmberechtigten Staatsbürger politisch zusammenzuschließen, die auch die Kandidaten für die Volksvertretung aufstellen, wird hervorgehoben.[77]

Darüber hinaus gestaltet sich der politische Wille des Parlaments durch Kampf und Zusammenwirken der Fraktionen der politischen Parteien.[78] Im Hinblick auf das Repräsentativprinzip nach Art. 21 WRV: („Die Abgeordneten sind Vertreter des ganzen Volkes. Sie sind nur ihrem Gewissen unterworfen und an Aufträge nicht gebunden") erkennt man die Verankerung des freien Mandats in der Weimarer Verfassung. De facto ist das Repräsentativprinzip im Sinne des freien Mandats jedoch von der Fraktionsdisziplin, dem Fraktionszwang und dem Parteiwillen abgewichen. Wie Koellreutter erwähnt: „Der heutige Volksvertreter befindet sich durchaus im Banne der Parteimaschine. Ihr muß er sich verschreiben, wenn er als Kandidat auf die Liste gesetzt werden soll."[79] Heute stimmt der Abgeordnete nicht nach dem Interesse der Gesamtheit, sondern allein nach dem Parteiinteresse.

Der Sieg des Parteienstaats in der modernen Demokratie zeigte sich später mit der Einführung des Verhältniswahlrechts durch Art. 17 und Art. 22 WRV, wo es heißt: „nach den Grundsätzen der Verhältniswahl gewählt". Sowohl Gemeinde- als auch Reichstagswahlen zogen vor allem den Ausbau der Parteiorganisation in ungeahntem Maße nach sich. Die privilegierte Stellung der politischen Parteien ragte innerhalb der Gleichheitstendenz im Wahlrecht heraus.[80]

Vor diesem Hintergrund stellte Koellreutter fest, daß der „deutsche Parteienstaat verfassungsmäßig heute Wirklichkeit geworden ist."[81] Um einen Parteienstaat im Staatsrecht zu beschränken, schlug Koellreutter abschließend drei verfassungsrechtliche Gegengewichte zum überwuchernden Parteienstaat

---

77 Koellreutter, a.a.O., S. 63.
78 Koellreutter, a.a.O., S. 63.
79 Koellreutter, a.a.O., S. 64.
80 Koellreutter, a.a.O., S. 66.
81 Koellreutter, a.a.O., S. 86.

vor: Zum Feststellen der Stellung des Staatsoberhaupts[82], zur Garantie unparteilichen Fachbeamtentums[83] und zur Einrichtung eines berufsständischen Vertretungsorgans neben der „politischen" Volksvertretung[84]. Diese verfassungsrechtlichen Gegengewichte hatte jedoch keine Funktion. Nach der Machtübernahme der NSDAP blieb die Weimarer Verfassung weiterhin außer Funktion. Hinsichtlich des Parteienstaats gilt hier Koellreutters Wort: „Da im modernen Parteiwesen die Herrschaft der Parteileitung wieder eine ziemlich unbeschränkte ist, so wäre das Ergebnis die Diktatur des Parteiführers im modernen Staat."[85]

III. Die Parteienstaatslehre von Gustav Radbruch

Für die positive Zuordnung des Parteienstaats steht Gustav Radbruchs Schrift „Die politischen Parteien im System des deutschen Verfassungsrechts" an einem wichtigen Standort, denn mit seinem Argument könne die Partei nicht mehr als eine „extrakonstitutionelle Erscheinung"[86] angesprochen werden, sondern berechtige viel mehr dazu berechtigen würde, von einem „parteienstaatlichen Verfassungsrecht" zu sprechen.[87]

Hierbei wird der Widerspruch zwischen der demokratischen Ideologie und der Soziologie der Demokratie als Ausgangspunkt gewählt, um die soziologische Wirklichkeit des Parteienstaats ohne das entsprechende Staatsrecht der Demokratie hervorzuheben. Einerseits beruft sich nach Radbruch die demokratische Ideologie auf den Gedanken der Souveränität des Volkes, der Identität von Regierten und Regierenden sowie der Auffassung des Volks als eine Summe freier und gleicher Einzelmenschen;[88] andererseits bietet die Soziologie der Demokratie unter „Mitwirkung der Parteien" eine durchaus andere Seite: Die Souveränität des Volkes bedeutet nicht die aller über alle, sondern die Herrschaft der stärkeren Parteien über die schwächeren Parteien. Die Identität von

82 Koellreutter, a.a.O., S. 87 f.
83 Koellreutter, a.a.O., S. 88 f.
84 Koellreutter, a.a.O., S. 90 f.
85 Koellreutter, a.a.O., S. 86 f.
86 Triepel, a.a.O. S. 24.
87 Radbruch, Die politischen Parteien im System des deutschen Verfassungsrechts, in: Handbuch des Deutschen Staatsrechts. Erster Band.,1930, S. 285 ff; zit. nach: Radbruch, Die politischen Parteien im System des deutschen Verfassungsrechts, in: G. Radbruch, Gesamtausgabe, Bd. 14 (Staat und Verfassung), bearbeitet von Hans-Peter Schneider, 2002, S. 42 ff.; vgl. M. D. Klein, Demokratisches Denken bei Gustav Radbruch, 2007, 212 ff. m.w.N.
88 Radbruch, a.a.O., S. 42.

Regierten und Regierenden findet nur innerhalb der Parteien statt. Das Volk als eine Summe freier und gleicher Einzelmenschen wird durch eine Differenz zwischen Parteimitgliedern und Parteimitläufern gestört.[89] In diesem Kontext beurteilte er die Unvermeidlichkeit der Entwicklung des Volksstaats zum Parteienstaat.[90]

Radbruch versuchte die Verankerung der soziologischen Wirklichkeit des Parteienstaates im Staatsrecht der Demokratie durch Interpretation dreier Stellen in der Reichsverfassung zu erreichen. Erstens sollte der Ursprung der Staatsgewalt die Parteien als letzte Kreationsorgane aller anderen Organe des Parteienstaats anführen und zweitens sollte die Stellung des gewählten Abgeordneten dessen Einordnung in seine Fraktion nicht verleugnen. Drittens sollte bei der Regierung auch die Fraktion erwähnt werden, die sie trägt.[91]

Weiterhin interpretierte Radbruch die Bedeutung von Art. 21 und Art. 130 WRV im Sinne des „ganzen Volkes" und „der Gesamtheit" dahingehend, dass die Überparteilichkeit der Regierung in der tradierten Ideologie des alten Obrigkeitsstaats wurzele. Der Obrigkeitsstaat, dessen Regierung sich nicht auf die parteipolitische Mehrheit des Parlaments stützte, hatte zu seiner notwendigen Grundlage den ideologischen Glauben an die Möglichkeit eines Standpunkts über den Parteien: „Das Vaterland über die Partei."[92] Diese obrigkeitsstaatliche Auffassung lässt sich jedoch nicht mit der demokratischen Ideologie des Volksstaates in der existierenden Verfassung vereinbaren, weil die politischen Parteien als organisatorische Zwischenbildung zwischen den Individuen und der Gesamtheit zur Mitwirkung einer kollektiven Meinungs- und Willensbildung in jedem größeren Personenkreis unverzichtbar sind.[93]

Zusammenfassend stellte Radbruch fest, dass kein Gebiet des Verfassungslebens gegenüber dem Normierungswillen des Gesetzes eine so kräftige Eigengesetzlichkeit zeigt wie das Parteienwesen. Der deutsche Parteienstaat habe den Parteien staatsrechtliche Rechte verliehen, ihre Handhabung aber dem politischen Pflichtgefühl überlassen, ohne die politischen Pflichten auch rechtlich zu sanktionieren.[94] Vor allem wird Radbruchs Auffassung als Begründung des Parteienartikels im Grundgesetz in den Vordergrund gerückt.

---

89 Radbruch, a.a.O., S. 43.
90 Radbruch, a.a.O., S. 43 f.
91 Radbruch, a.a.O., S. 46.
92 Radbruch, a.a.O., S. 46, 52.
93 Radbruch, a.a.O., S. 44, 47.
94 Radbruch, a.a.O., S. 53.

C. Die Verfassungsdogmatik des Parteienartikels

Vergleicht man die erste Auflage von Hans Kelsens Denkschrift „Vom Wesen und Wert der Demokratie" aus dem Jahr 1920 mit der zweiten Auflage von 1929, so wird die Hervorhebung der Parteikontrolle in der zweiten Auflage deutlich: „Könnte man sich dazu entschließen, die politischen Parteien gesetzlich zu organisieren und in konsequenter Durchführung des Gedankens der Proportionalwahl den so gesetzlich organisierten Parteien die Auswahl der ihnen im Verhältnis zu ihrer ziffermäßigen Stärke gebührenden Abgeordneten zu überlassen, dann stünde nichts im Wege, der **zu einem Wesensbestandteil der Verfassung gewordenen Partei** auch das Recht der Abberufung der Abgeordneten zu geben."[95]

Nach dem Zweiten Weltkrieg führte der Staatsrechtler Theodor Maunz denselben Gedanken in Hinblick auf eine verfassungsrechtliche Verankerung der politischen Parteien in der Verfassung des Landes Baden vom 18. Mai 1947 aus.[96] Die Parteienrechte, Parteienpflichten, das Prinzip der freien Parteibildung, die Möglichkeit des Parteiverbotes, die Fünfprozentklausel, der Parteibegriff sowie die Freiheit des Parteiaustritts wurden in der Verfassung des Landes Baden durch Art. 118 bis Art. 121 festgelegt. Die Verfassung des Landes Baden wird als Pionierleistung einer verfassungsrechtlichen Verankerung der politischen Parteien betrachtet.[97]

I. Die Entstehungsgeschichte von Art. 21 GG.

Führt man sich die wesentlichen dogmatischen Zusammenhänge in Art. 21 GG vor Augen, dient dies der besseren Durchdringung der sogleich zu erörternden Entstehungsgeschichte des Art. 21 GG.

---

95 Kelsen, Vom Wesen und Wert der Demokratie, 1. Aufl., 1920, S. 13 f.; Kelsen, Vom Wesen und Wert der Demokratie, 2. Aufl., 1929, S. 23, 44.

96 Feuchte, Quellen zur Entstehung der Verfassung des Landes Baden von 1947, 2. Teil, 2001, S. 395 f.; Pfetsch, Zur Verfassung des Landes Baden im Mai 1947, in: P. L. Weinacht (Hrsg.), Gelbrotgelbe Regierungsjahre. Die Badische Politik nach 1945, 1988, S. 127 (144).

97 Feuchte, a.a.O., S. 395 f.; Pfetsch, a.a.O., S. 144.

1. *Der Verfassungskonvent auf Herrenchiemsee*

Im Bayerischen Entwurf eines Grundgesetzes für den Verfassungskonvent erschien kein spezieller Parteienartikel.[98] Der Parteienartikel wurde zuerst im Verfassungskonvent von Herrenchiemsee zugeordnet. Im Bericht des Unterausschusses I äußerte Carlo Schmid auf der 2. Sitzung folgenden Vorschlag: „Parteien dürfen von den Wahlen nur ausgeschlossen werden, wenn in einem geordneten gerichtlichen Verfahren festgestellt worden ist, daß sie die Beseitigung der Freiheitsrechte und die Gewaltherrschaft anstreben."[99] Otto Suhr kommentierte dies mit den folgenden Worten: „Der Vorschlag […] denke nur daran, die Beseitigung gefährlicher Parteien zu gewährleisten, berücksichtige aber nicht die Zulassung von Massenorganisationen neben den politischen Parteien."[100] Fritz Baade stimmte Carlo Schmid zu: „Volkswahlen müssen durchgeführt werden unter der Bedingung einer wirklichen Konkurrenz. Bei diesen Wahlen müssen nicht weniger als zwei politische Parteien, die miteinander in wirksamer Konkurrenz stehen, ihre Programme und ihre Kandidaten der Volksentscheidung unterbreiten."[101] Als Hermann Brill ein „Gesetz über die politischen Parteien" forderte, warnte Otto Suhr davor, „die Gerichtsbarkeit zu überhöhen und letzten Endes zum Richter über die anderen Organe zu machen". Schließlich steht im Bericht des Unterausschusses I in der Zusammenfassung: „Die Länder müssen eine Volksvertretung haben, die aus allgemeinen, unmittelbaren, freien, gleichen und geheimen Wahlen hervorgeht, bei denen sich mindestens zwei voneinander unabhängige Partien mit eigenen Programmen und Kandidaten bewerben müssen. […] Parteien dürfen von Wahlen und Abstimmungen nur ausgeschlossen werden, wenn in einem geordneten gerichtlichen Verfahren festgestellt worden ist, daß sie die Beseitigung der Freiheitsrechte und die Gewaltherrschaft anstreben. Abreden der Parteien, durch die die Abgeordneten in ihrer Stimmabgabe so gebunden werden, als ob nur eine Partei in einem Landtage vertreten sei, sind unzulässig."[102]

---

98 Der Parlamentarische Rat 1948–1949: Akten und Protokolle, Bd. 2: Der Verfassungskonvent auf Herrenchiemsee, bearbeitet von Peter Bucher, Deutscher Bundestag und Bundesarchiv (Hrsg.), 1981, S. 1 ff.

99 Der Parlamentarische Rat 1948–1949: Akten und Protokolle, Bd. 2: Der Verfassungskonvent auf Herrenchiemsee, a.a.O., S. 211 Zitat 72.

100 a.a.O., S. 211 Zitat 72.

101 a.a.O., S. 211 Zitat 72.

102 Der Parlamentarische Rat 1948–1949: Akten und Protokolle, Bd. 2: Der Verfassungskonvent auf Herrenchiemsee, a.a.O., S. 209–211.

Außerdem bestand Einverständnis darüber, dass das Grundgesetz nicht an der Wirklichkeit der politischen Parteien vorbeigehen dürfe. Wenn sie auch nicht als Organe im rechtlichen Sinne des Wortes angesprochen werden könnten, so seien sie doch entscheidende Elemente allen staatlichen Lebens.[103] Der Unterausschuss hielt dafür, eigene Vorschläge für die Ausstattung eines Gesetzes über das politische Parteienwesen mit den folgenden Grundsätzen zu empfehlen:

1. Eine demokratische Staatspraxis ist ohne ein gut funktionierendes Parteiwesen unmöglich. Deshalb ist es aus allgemeinen Gründen notwendig, für das Verfassungselement der politischen Partei durch Gesetz eine Rechtsreform zu finden.
2. Das Gesetz hat zuerst zu verhüten, daß politische Parteien, die die Einrichtung einer Diktatur erstreben, sich krimineller Mittel bedienen. Um das zu erreichen, sind entsprechende Vorschriften des Strafgesetzbuchs unter dem Gesichtspunkt der politischen Partei zu qualifizieren und neue Tatbestände zu schaffen, die sich gegen Kampfverbände richten.
3. Ein besonderes Zulassungsverfahren für politische Parteien soll nicht stattfinden; Parteibildungen können nach den allgemeinen Bestimmungen des Vereinsrechts frei erfolgen.
4. Alle politischen Parteien müssen eine demokratische Organisation besitzen:
   a) Satzung und Programm müssen in gewissen Absätzen neu bestätigen oder revidiert werden.
   b) Die Vorstände müssen jährlich in geheimen Wahlen neu bestellt werden.
   c) Vorstände und die übrigen Parteiorgane müssen auf öffentlichen Tagungen von Parteidelegierten politische und finanzielle Rechenschaft ablegen.
5. Bei politischen Wahlen sind alle Parteien den gleichen Bedingungen zu unterwerfen:
   a) Wahlkandidaten müssen in Vorwahlen durch die Urabstimmung der Mitglieder bestimmt werden. Bei Verhältniswahlen mit geschlossenen Listen sind sie in der Reihenfolge der Höchstbestimmung in den Vorwahlen auf den Wahlvorschlag zu setzen.
   b) Für jeden Kandidaten ist ein Höchstbetrag an Wahlkosten zu bestimmen.
   c) Splitterparteien sind durch das Erfordernis einer Mindestzahl von Wählerstimmen für die Zuteilung eines Mandats von der Teilnahme an der Volksvertretung auszuschließen. Sie können, nachdem sie sich beworben haben, aufgelöst werden.

---

103 a.a.O., S. 212.

6. Die Durchführung der Vorwahlen der Wahlkandidaten und die Finanzwirtschaft der Partei ist durch öffentliche Behörden zu kontrollieren.
7. Zuwiderhandlungen gegen die strafbaren Tatbestände des Gesetzes über das politische Parteiwesen sind durch Schwurgerichte abzuurteilen.[104]

Im Bericht des Unterausschusses III wird die Forderung des Parteiengesetzes thematisiert. Damit die Parteien im Grundgesetz als Organe der politischen Willensbildung anerkannt werden, wird ein Sondergesetz über Parteirechtsverhältnisse vorausgesetzt.[105] So forderte Otto Suhr auf der 5. Sitzung des Unterausschlusses III „die Schaffung eines Parteiengesetzes, das auch positiv die staatsrechtlichen Aufgaben und Pflichten der Parteien festzulegen habe. Es genüge nicht, nur negative Bestimmungen gegen undemokratische Parteien in einem Bundesgesetz vorzusehen."[106] Weiterhin wird der Inhalt des Parteienartikels vorläufig ausgestaltet: „Das Grundgesetz selbst erklärt die Bildung von Parteien für frei. Nur das Verfassungsgericht kann Parteien, die sich nach der Art ihrer Tätigkeit die Beseitigung der freiheitlichen und demokratischen Grundordnung zum Ziel gesetzt haben, für verfassungswidrig erklären; dabei kann es auch durch einstweilige Anordnung einzelne beschränkende Maßnahmen treffen oder dazu ermächtigen. Ohne verfassungsgerichtliche Entscheidung können die Behörden gegen eine Partei nicht wegen Verfassungswidrigkeit einschreiten."[107] Die Funktion der politischen Willensbildung, die Bildungsfreiheit, das Parteiverbot, die Verfassungswidrigkeit politischer Parteien und das Entscheidungsmonopol des Bundesverfassungsgerichts werden nämlich bereits in dieser Phase geregelt. Danach werden diese Begriffe in Art. 33 im Artikulierten und Kommentierenden Teil in der 1. Hauptfassung verankert:

Art. 33

(1) Die Wahlvorschläge können nur von politischen Parteien eingereicht werden.
(2) Die Bildung politischer Parteien ist frei.
(3) Durch Bundesgesetz können die Rechtsverhältnisse der Parteien und ihre Mitwirkung bei der politischen Willensbildung näher geregelt werden. Das Gesetz kann insbesondere bestimmen, daß Wahlvorschläge einer Partei von den Mitgliedern im Wege der Vorwahl beschlossen sein müssen.

---

104 a.a.O., S. 212 f.
105 a.a.O., S. 280.
106 a.a.O., S. 281 (Fn. 4).
107 a.a.O., S. 281.

(4) Das Bundesverfassungsgericht kann Parteien, die sich nach der Art ihrer Tätigkeit die Beseitigung der freiheitlichen und demokratischen Grundordnung zum Ziel gesetzt haben, auf Antrag der Bundesregierung, der Zustimmung des Bundesrates bedarf, für verfassungswidrig erklären. Das Gericht kann einstweilige Anordnungen gegen solche Parteien treffen. Ohne verfassungsgerichtliche Entscheidung kann keine Behörde gegen eine Partei wegen verfassungswidriger Betätigung einschreiten.
(5) Sieht das Bundeswahlgesetz die Verhältniswahl vor, so kann es bestimmen, daß Parteien, die nicht wenigsten 5 v. H. aller gültigen Stimmen auf sich vereinigen, keinen Sitz erhalten und daß auf zusammengerechnete Reststimmen einer Partei nicht mehr Sitze entfallen, als die Partei in den Wahlkreisen unmittelbar erlangt hat.

Abschließend richtete sich der Bericht zum Verfassungskonvent auf Herrenchiemsee auf drei Grundsätze: Keine Einzelpartei, Parteikontrolle und das Parteiengesetz.[108] Diese grundsätzlichen Forderungen waren bereits in Art. 47 im Entwurf von Herrenchiemsee vorgesehen.

Artikel 47

(1) Wahlvorschläge können nur von Wählergruppen eingereicht werden, die sich den Vorschriften über politische Parteien unterstellen.
(2) Die Bildung politischer Parteien ist frei. Abreden der Parteien, durch die die Abgeordneten in ihrer Stimmabgabe so gebunden werden, als ob in der abstimmenden Körperschaft nur eine Partei vertreten sei, sind verboten.
(3) Durch Bundesgesetz können die Rechtsverhältnisse der Parteien und ihre Mitwirkung bei der politischen Willensbildung näher geregelt werden. Das Gesetz kann insbesondere bestimmen, daß Wahlvorschläge einer Partei von den Mitgliedern im Wege der Vorwahl beschlossen sein müssen.
(4) Das Bundesverfassungsgericht kann Parteien, die sich nach der Art ihrer Tätigkeit die Beseitigung der freiheitlichen und demokratischen Grundordnung zum Ziel gesetzt haben, auf Antrag der Bundesregierung, welcher der Zustimmung des Bundesrats (Senats) bedarf, für verfassungswidrig erklären. Das Gericht kann einstweilige Anordnungen gegen solche Parteien treffen. Ohne verfassungsgerichtliche Entscheidung kann keine Behörde gegen eine Partei wegen verfassungswidriger Betätigung einschreiten.
(5) Das Bundeswahlgesetz kann bestimmen, daß Parteien, die nicht wenigstens 5 v. H. aller gültigen Stimmen auf sich vereinigen, keinen Sitz erhalten,

108 a.a.O., S. 523, 537, 589.

und daß auf zusammengerechnete Reststimmen einer Partei nicht mehr Sitze entfallen, als die Partei in den Wahlkreisen unmittelbar erlangt hat.

Nach dem Verfassungskonvent von Herrenchiemsee wurden die verfassungsrechtliche Bändigung der politischen Parteien nach der Parteienfunktion im Sinne der wehrhaften Demokratie, der repräsentativen Demokratie sowie der Konkurrenzdemokratie entfaltet. Die Parteienfunktion, die Gründungsfreiheit der Parteien, das Parteiverbot, das Parteiengesetz und die Sperrklausel wurden in dem Verfassungsentwurf erhoben.

2. Der Parlamentarische Rat

Am 1. September 1948 traten in Bonn die Väter und Mütter des Grundgesetzes zum „Parlamentarischen Rat" zusammen, um das Grundgesetz für die Bundesrepublik Deutschland auszuarbeiten. Der Parteienartikel fand sich in Art. 21a in der 1. Lesung des Hauptausschusses.[109] Nach der Stellungnahme des Allgemeinen Redaktionsausschusses hat sich Art. 21a Entwurf zum Grundgesetz teilweise verändert:

Art. 21a

(Entwurf zum Grundgesetz in der vom Allgemeinen Redaktionsausschuss redigierten Fassung)

(1) Die Parteien wirken bei der politischen Willensbildung des Volkes mit. Ihre Gründung ist frei. Ihre innere Ordnung muß demokratischen Grundsätzen entsprechen.
(2) Eine Partei, die nach ihren Zielen oder nach dem Verhalten ihrer Anhänger darauf ausgeht, die freiheitliche oder demokratische Grundordnung zu beseitigen, ist durch das Bundesverfassungsgericht für verfassungswidrig zu erklären.
(3) Die Vorschriften über Parteien finden auf andere Vereinigungen Anwendung, soweit sie Wahlvorschläge zum Bundestag oder zu Volksvertretungen in den Ländern einreichen oder ein Volksbegehren betreiben.
(4) Das Nähere regeln Gesetze des Bundes.

In Art. 21a Absatz 1 Satz 2 wurde „Bildung" aufgrund eines Missverständnisses durch „Gründung" ersetzt. Besonderes Augenmerk richtete sich auf die innerparteiliche Demokratie, die in Art. 21a Absatz 1 Satz 3 als Initiative gefordert

---

109 Der Parlamentarische Rat, 1948–1949: Akten und Protokolle, Bd. 7, Entwürfe zum Grundgesetz, bearb. von Michael Hollmann, 1995, S. 97.

wurde. Der ursprüngliche Begriff der innerparteilichen Demokratie stammt von dem Zentrumspolitiker Carl Spiecker aus den „Richtlinien für eine künftige deutsche Verfassung vom 12. August 1948". Nach seinem folgenden Vorschlag wurde eine neue Bestimmung über die politischen Parteien im Grundgesetz festgestellt: „Politische Parteien sind staatspolitische Gebilde und dem Allgemeinwohl verpflichtet. Sie müssen nach demokratischen Prinzipien organisiert sein, insbesondere müssen die Wahl der Parteivorstände und die Auswahl der Kandidaten für die öffentlichen Körperschaften nach demokratischen Grundsätzen erfolgen. Die Sauberkeit des politischen Kampfes muss auch strafrechtlich gesichert werden."[110]

Der abstrakte Begriff der innerparteilichen Demokratie wurde in der Anmerkung des Parlamentarischen Rats beispielhaft konkretisiert: „Wahl der Organe der Parteien durch regelmäßig wiederkehrende geheime Wahlen, Notwendigkeit der Aufstellung von Satzungen und Programmen, die einer Abstimmung zu unterziehen sind, die Aufstellung von Kandidaten auf Grund von Vorschlagslisten, auf die die Mitglieder Einfluss haben sollen, Ablegung von Rechenschaftsberichten über die politische Tätigkeit und der Finanzwirtschaft gegenüber den Mitgliedern."[111]

In der 2. Lesung des Plenums ergänzte Johannes Brockmann, ebenfalls Zentrumspolitiker, den Änderungsantrag nach Art. 21a Abs. 1 bei der Parteienfinanzierung wie folgt: „Die Parteien wirken bei der politischen Willensbildung des Volkes mit. Ihre Gründung ist frei. Ihre innere Ordnung muß demokratischen Grundsätzen entsprechen und durch Offenlegung der Finanzquellen gegen undemokratische Einflüsse gesichert sein."[112] Seine Begründung lag in der Reflexion der Spendenfinanzierung der Industrie und Banken zum Aufstieg der NSDAP und der verstärkten Forderung der Öffentlichkeit nach einer Offenlegung der Parteifinanzen.[113] In der Generalaussprache der ersten Plenarsitzung des Parlamentarischen Rates am 8. September 1948 äußerte Carlo Schmidt: „[...] Nun

110 Spiecker, Richtlinien für eine künftige deutsche Verfassung vom 12. August 1948, in: Wolfgang Benz (Hrsg.), Bewegt von der Hoffnung aller Deutschen: zur Geschichte des Grundgesetzes, 1979, S. 429; Klein, in: Maunz/Dürig/Herzog (Hrsg.), Grundgesetz Kommentar, Bd. III, 2015, Art. 21 Rn. 24.

111 Der Parlamentarische Rat, 1948–1949: Akten und Protokolle, Bd. 7, Entwürfe zum Grundgesetz, bearb. von Michael Hollmann, 1995, S. 145.

112 Der Parlamentarische Rat, Drucksache Nr. 815.

113 Der Parlamentarische Rat, Stenographischer Bericht, S. 96; Rübenkönig, Die Rechenschaftspflicht der politischen Parteien nach Art. 21 Absatz 1 Satz 4 Grundgesetz, 2003, S. 41 ff.

scheint es mir richtig zu sein, daß man sehr bald ein Parteiengesetz erläßt, und mir scheint weiter richtig zu sein, daß man in das Grundgesetz Mindestbestimmungen für ein solches Parteiengesetz aufnimmt […] Ich denke, man könnte vielleicht vorsehen, daß die politischen Parteien über die Mittel, die ihnen zufließen, periodisch Rechenschaft legen müssen oder daß sie Kandidaten in Urwahlen aufstellen müssen oder daß sie einmal im Jahr in Mitgliederversammlungen über ihr Tun Rechnung legen müssen und ähnliches. Ich könnte mir vorstellen, daß sich auf diese Weise einiges zum Nutzen der Demokratie ändern könnte“[114]

Dieser Absatz wurde in der 3. Lesung im Plenum des Abg. Friedrich Wilhelm Wagner sowie Georg August Zinn (beide SPD) in zwei Sätzen umformuliert: „Die Parteien wirken bei der politischen Willensbildung des Volkes mit. Ihre Gründung ist frei. Ihre innere Ordnung muß demokratischen Grundsätzen entsprechen. Sie müssen über die Herkunft ihrer Mittel öffentlich Rechenschaft geben.“ Die schriftliche Begründung der Antragsteller lautete wie folgt: „Die seitherige Fassung des Art. 21 Abs. 1 S. 3 ist sprachlich schlecht und könnte dahin missverstanden werden, daß eine polizeiliche Finanzkontrolle der Parteien beabsichtigt sei. Beabsichtigt ist lediglich, Vorsorge zu treffen, dass die Öffentlichkeit Kenntnis über die Herkunft der Mittel der Partei erhält, damit ersichtlich ist, wer hinter einer politischen Gruppe steht.“[115] Im Hinblick auf diese Änderung wurde der Zweck des Artikels durch Umformulierung verschoben bzw. die Stelle „gegen undemokratische Einflüsse“ durch „wer hinter einer politischen Gruppe steht“ ersetzt.[116]

Schließlich trat das Grundgesetz der Bundesrepublik Deutschland am 23. Mai 1949 in Kraft. Art. 21 Abs. 1 S. 4 GG wurde jedoch am 21.12.1983 in die hier zitierte Form geändert.[117] Darüber hinaus ist der Ausschluss von der Parteienfinanzierung in Art. 21 Absatz 3 und 4 GG in Reaktion auf das NPD-Urteil des BVerfG von 17.01.2017 durch das Gesetz zur Änderung des Grundgesetzes (Artikel 21) vom 13.07.2017 verankert.[118] Heute heißt es in Art. 21 GG:

---

114 Der Parlamentarische Rat, Stenographischer Bericht, S. 15.

115 Der Parlamentarische Rat, Drucksache Nr. 897.

116 Der Parlamentarische Rat, Drucksache Nr. 897. Vgl. Klaus-Berto von Doemming/Rudolf Werner Füsslein/Werner Matz: Entstehungsgeschichte der Artikel des Grundgesetzes, JöR n.F. 1 (1951), S. 207.

117 Die 1949 verabschiedete Fassung lautete: „Sie müssen über die Herkunft ihrer Mittel öffentlich Rechenschaft geben.“ Vgl. Bundesgesetzblatt Teil I, 1983, Nr. 52 vom 23. Dezember 1983, S. 1481; Vorschläge der Sachverständigen-Kommission, Bericht zur Neuordnung der Parteienfinanzierung, 1983.

118 BGBl. I 2017 S. 2346.

Art. 21 GG:

(1) Die Parteien wirken bei der politischen Willensbildung des Volkes mit. Ihre Gründung ist frei. Ihre innere Ordnung muß demokratischen Grundsätzen entsprechen. Sie müssen über die Herkunft und Verwendung ihrer Mittel sowie über ihr Vermögen öffentlich Rechenschaft geben.

(2) Parteien, die nach ihren Zielen oder nach dem Verhalten ihrer Anhänger darauf ausgehen, die freiheitliche demokratische Grundordnung zu beeinträchtigen oder zu beseitigen oder den Bestand der Bundesrepublik Deutschland zu gefährden, sind verfassungswidrig.

(3) Parteien, die nach ihren Zielen oder dem Verhalten ihrer Anhänger darauf ausgerichtet sind, die freiheitliche demokratische Grundordnung zu beeinträchtigen oder zu beseitigen oder den Bestand der Bundesrepublik Deutschland zu gefährden, sind von staatlicher Finanzierung ausgeschlossen. Wird der Ausschluss festgestellt, so entfällt auch eine steuerliche Begünstigung dieser Parteien und von Zuwendungen an diese Parteien.

(4) Über die Frage der Verfassungswidrigkeit nach Absatz 2 sowie über den Ausschluss von staatlicher Finanzierung nach Absatz 3 entscheidet das Bundesverfassungsgericht.

(5) Das Nähere regeln Bundesgesetze.

II. Die kontinuierliche Erläuterung im Lehrbuch und Kommentar

1. Das klassische Lehrbuch „Deutsches Staatsrecht" *von Theodor Maunz*

Das erste wirkmächtige Lehrbuch zum Staatsrecht der Bundesrepublik stammt von Theodor Maunz,[119] der vor allem als Staatsrechtslehrer bekannt ist. Nach Ansicht von Michael Stolleis sei das Lehrbuch ein erwünschte Buch, das nun alle benutzen, die über die positivrechtlichen Grundlagen und wichtigsten Streitfragen informiert sein wollten.[120] Zur Erörterung des Wandels des Parteienartikels in Bezug auf einen eigenen dogmatischen Gehalt ist es sinnvoll, bei der Untersuchung der Interpretationen von Parteien unterschiedliche Auflagen der Lehrbücher zu verwenden.

Die erste Auflage des Lehrbuchs „Deutsches Staatsrecht" besteht aus folgenden Kapiteln: I. Parteibildung und Parteien, II. Die Parteien nach dem Grundgesetz, III. Landesverfassungen zum Parteienrecht und IV. Das Parteiengesetz im

119 Maunz, Deutsches Staatsrecht. Ein Studienbuch, C. H. Beck, München und Berlin, 1951; von der 27. Auflage (1988) an übernahm Reinhold Zippelius schrittweise die Neubearbeitungen; von der 31. Auflage (2005) mit Thomas Wütenberger erschienen.

120 M. Stolleis, Geschichte des öffentlichen Rechts in Deutschland, Band 4: Staats- und Verwaltungsrechtswissenschaft in West und Ost 1945–1990, 2012, S. 143.

§ 10 Die politischen Parteien von 7 Seiten abgehandelt.[121] Im ersten Teil wurde der traditionellen Parteilehre im Verhältnis zwischen Parteitypen und sozialem Zustand nachgegangen.[122] Zwar wurden die parteienrechtlichen Regelungen in der Landesverfassung, z.B. der Rheinland-pfälzischen und Badischen Verfassung, in der ersten Auflage dargestellt, doch wurde dieser Teil mit der achten Auflage aufgehoben.[123] Während in der ersten Auflage des Lehrbuchs die Parteien nach dem Grundgesetz nur nach Wortlaut und Zweck des Vereinsgesetzes von 1908 ausgelegt wurden, wurden das SRP-[124] und KPD- Urteil[125] mit dem Gesetz über das Bundesverfassungsgericht (BVerfGG) in der achten Auflage des Lehrbuchs exemplarisch analysiert.[126] Darüber hinaus beeinflussten diese Rechtsprechungen des BVerfG das Parteiengesetz, in dessen das BVerfG der gesetzliche Parteibegriff im Sinne des verfassungsmäßigen Zieles eingeräumt wurde.[127] Nach Erlass des Parteiengesetzes erschien in diesem Lehrbuch nicht nur die Erläuterung der Legaldefinition des Parteibegriffs gemäß § 2 Abs. 1 PartG, sondern auch die Kommentierung der verfassungsrechtlichen Rechtsprechung über die staatliche finanzielle Fürsorge für die politischen Parteien.[128] Der gesamte Inhalt zeigt, dass die damalige verfassungstheoretische und politische Auffassung einer realistischen Beurteilung der Parteipolitik entsprach, während in der Weimarer Republik eine entsprechende staatsrechtliche Regelung für politische Parteien fehlte.[129]

Ab der 27. Auflage (1988) wurde das Lehrbuch von Theodor Maunz und Reinhold Zippelius zusammen bearbeitet. In Hinblick auf das Kapitel über Parteien wurde der ursprüngliche Titel „Die politischen Parteien" durch „Die Bundesrepublik als Parteiendemokratie" ersetzt. Der neue Inhalt gliederte sich thematisch in I. Funktion und Arten der Parteien im Allgemeinen, II. Die rechtliche Ordnung des Parteienwesens und III. Parteienkritik auf und befasste sich intensiv mit diesen Themen.[130] Im ersten Teil „Funktion und Arten der Parteien

---

121 Maunz, Deutsches Staatsrecht. Ein Studienbuch, 1951, S. 48 ff.

122 Maunz, Deutsches Staatsrecht. Ein Studienbuch, 1951, S. 48 f.

123 Maunz, Deutsches Staatsrecht. Ein Studienbuch, 1951, 53; Maunz, Deutsches Staatsrecht. Ein Studienbuch, 1958, 8. Aufl., S. 69.

124 BVerfGE, 2, 1.

125 BVerfGE, 5, 85.

126 Maunz, Deutsches Staatsrecht. Ein Studienbuch, 1951, 49 ff; Theodor Maunz, Deutsches Staatsrecht. Ein Studienbuch, 8. Aufl., 1958, S. 64 ff.

127 Maunz, Deutsches Staatsrecht. Ein Studienbuch, 8. Aufl., 1958, S. 70.

128 BVerfGE 20, 56; 20, 119; 20, 134; 24, 300; vgl. Maunz, Deutsches Staatsrecht. Ein Studienbuch, 23. Aufl., 1980, S. 84 ff.

129 Maunz, Deutsches Staatsrecht. Ein Studienbuch, 23. Aufl., 1980, S. 89.

130 Maunz/Zippelius, Deutsches Staatsrecht, 27. Aufl., 1988, S. 74 ff.

im Allgemeinen" wird der funktionelle Zusammenhang zwischen parlamentarischer Demokratie und Parteien in der neuen Auflage hervorgehoben. Neben den neuen Rechtsprechungen des Bundesverfassungsgerichts im Rahmen der streitbaren Demokratie[131] und der Chancengleichheit der Parteien[132] steht die Parteienkritik im Vordergrund. Die Parteienkritik bezieht sich auf die einseitig politologische Kritik (z.B. Ämterpatronage durch Parteien, Parteienverdrossenheit) und Reformen (z.B. die stärkere Demokratisierung und Transparenz des Wahlvorschlags), um Reflexionen bezüglich des heutigen Parteiwesens zu aktivieren.[133] Diese Inhalte sind in der neuesten, 32. Auflage (2008), die von Thomas Würtenberger verfasst wurde, noch enthalten.[134]

2. *Die Kommentare zum Grundgesetz und Parteiengesetz*

Anhand der zahlreichen Kommentare zum Grundgesetz lässt sich auch die Entwicklung der verfassungsrechtlichen Dogmatik in Bezug auf die politischen Parteien erkennen. In den frühesten Kommentaren beschäftigten sich die Erläuterungen des Parteienartikels sowohl mit der Entstehungsgeschichte[135] als auch mit dem Wortlaut des Art. 21 Abs. 2 GG. Der Tatbestand der Verfassungswidrigkeit von Parteien im Sinne der streitbaren Demokratie wurde durch die Bemerkungen von Kurt Georg Wernicke im „Bonner Kommentar (BK)" und Hermann von Mangoldt in „Das Bonner Grundgesetz" konkret formuliert.[136] Sodann wurden die Willensbildungsfunktion, die freie Gründung, die innere Ordnung und die finanzielle Rechenschaftslegung der Parteien durch die Bemerkung von Friedrich Klein in „Das Bonner Grundgesetz" mit dem thematisierten Wortlaut und den Rechtsprechungen des Bundesverfassungsgerichts kontinuierlich dogmatisiert.[137]

Nach dem Erlass des Parteiengesetzes bildeten sich zweierlei Arten von Kommentierungen der politischen Parteien heraus: einerseits die Kommentare zum Parteienartikel des Grundgesetzes, andererseits die Kommentare zum Parteiengesetz. In den meisten Kommentaren zum Grundgesetz wird die verfassungsrechtliche Stellung der politischen Parteien im Rahmen der Parteienfreiheit, -gleichheit und

131 BVerfGE 39, 357.
132 BVerfGE 20, 97 ff.; 73, 95 ff.
133 Maunz/Zippelius, Deutsches Staatsrecht, 1991, 27. Aufl., 1988, S. 82 f.
134 Maunz/Zippelius/Würtenberger, Deutsches Staatsrecht, 32. Aufl., 2008, S. 93 ff.
135 von Mangoldt, Das Bonner Grundgesetz (mit einem Geleitwort von Gerhard Leibholz), 1953, S. 141 ff.
136 von Mangoldt, a.a.O., S. 148; Wernicke, Kommentar zum Bonner Grundgesetz, 1950, Art. 21 II a.
137 von Mangoldt-Klein, Das Bonner Grundgesetz, 2. Aufl., 1966, S. 619 ff.

-öffentlichkeit erläutert, so wie etwa von Hans Hugo Klein[138], Rudolf Streinz[139], Martin Morlok[140], Jörn Ipsen[141] und Winfried Kluth[142] in den Kommentaren herausgearbeitet. Die Ausarbeitungen der Kommentare zum Parteiengesetz dagegen beschäftigen sich mit den anwenderbezogenen parteienrechtlichen Problemen, Strukturierungen, Vorkehrungen und Regelungen.[143] In Bezug auf den Zusammenhang zwischen Kommentaren zum Grundgesetz und zum Parteiengesetz stellt sich die Frage, wie das Parteiengesetz sich positioniert und ob eine eigene Parteienrechtswissenschaft benötigt wird.

D. Die Begründung der Parteienrechtswissenschaft

Das Inkrafttreten des Parteiengesetzes von 1967 brachte neue Schriften in der Entwicklung der Parteienrechtslehre hervor. Als politische Parteien juristisches Neuland betraten, handelte es sich beim Gesetz über die politischen Parteien (Parteiengesetz) um einen Rechtsbegriff der politischen Parteien, der sich aus der Diskussion der Parteienrechtskommission sowie aus der Interpretation des Bundesverfassungsgerichts zusammensetzte.[144] Danach wurden die Rolle und die Verwirklichung des Parteiengesetzes erörtert. Wenn die Parteienrechtswissenschaft nach Ansicht von Martin Morlok ein Sammelbegriff ist, der unterschiedliche Richtungen aus der wissenschaftlichen Erforschung des Parteienrechts vereint, so würde der Querschnittscharakter des Parteienrechts

---

138 Klein, in: Maunz/Dürig/Herzog (Hrsg.), Grundgesetz Kommentar, Bd. III, 2015, Art. 21 Rn. 248 ff.

139 Streinz, in: von Mangoldt/Klein/Starck/Huber/Voßkuhle (Hrsg.), Kommentar zum Grundgesetz, Bd. II, 7. Aufl., 2018, Art. 21 Rn. 99 ff.

140 Morlok, in: Horst Dreier (Hrsg.), Grundgesetz Kommentar, Bd. II, 3. Aufl., 2015, Art. 21 Rn. 46 ff.

141 Ipsen, in: Sachs (Hrsg.), Grundgesetz, 8. Aufl., 2018, Art. 21, 15 ff.

142 Kluth, in: Epping/Hillgruber(Hrsg.), Grundgesetz Kommentar, 2. Aufl., 2013, Art. 21 Rn. 108 ff.

143 Ipsen (Hrsg.), Parteiengesetz, 2018, 2. Aufl., S. VII; Kersten/Rixen (Hrsg.), Parteiengesetz und europäisches Parteienrecht, Kommentar, 2009, S. V; Rossi/Lenski (Hrsg.), Parteiengesetz und Recht der Kandidatenaufstellung. Handkommentar, 2011, S. 5; Morlok, Parteiengesetz, in: Nomos-Erläuterungen zum deutschen Bundesrecht, PartG, 2. Aufl., 2013, Rn. 1–3.

144 Parteienrechtskommission, Rechtliche Ordnung des Parteiwesens, Bericht der vom Bundesminister des Innern eingesetzten Parteienrechtskommission, 1957, S. 116 ff.; BVerfG 3, 19; 12, 10; 20, 56; 44, 125; 73, 40; 83, 37; 83, 60; 85, 264; 89, 266; 91, 262; 91, 276.

hervorgehoben.[145] Im Wandel von der ersten Generation bis zur zweiten Generation des Parteienrechts kommt dem politikwissenschaftlichen Begriff der Politikverdrossenheit die wichtige Eigenschaft zu, dem Zweck und der Methode des Parteienrechts eine neue Orientierung zu verleihen.[146] Unter diesem Aspekt korrespondiert das Parteienrecht mit der ökonomischen Theorie der Demokratie. Das Parteienrecht wird als eine Marktregel betrachtet, und die Theorie des Wettbewerbsrechts eröffnet der Parteienrechtswissenschaft neue Einfluss- und Mitwirkungsmöglichkeiten.[147] Diese gilt es genauer herauszuarbeiten.

I. Die Ausgestaltung des Parteibegriffs und des Parteienrechts

Zwischen dem Verfassungsauftrag aus dem damaligen Art. 21 Abs. 3 (jetzt Abs. 5) GG im Jahr 1949 und dem Inkrafttreten des Parteiengesetzes im Jahr 1967 vergingen 18 Jahre. In diesem langen Zeitraum haben die Verhandlungen des 38. Deutschen Juristentages 1950, die vom Bundesminister des Innern eingesetzte Parteienrechtskommission 1955 und das BVerfG zur Ausgestaltung des Parteienrechts und des Parteibegriffs wesentliche Beiträge geleistet.

1. Empfehlungen des 38. Deutschen Juristentages

In der Versammlung des 38. Deutschen Juristentages hielt Gerhard Leibholz ein Referat unter dem Titel „Verfassungsrechtliche Stellung und innere Ordnung der Parteien", in der seine berühmte Parteienstaatslehre über das Verhältnis von Art. 21 und Art. 38 GG formuliert wird.[148] Bei genauerer Betrachtung der Empfehlungen an das Plenum dieser Abteilungsversammlung lässt sich feststellen dass das Ziel der Versammlung darin bestand, Empfehlungen zur Gestaltung und zu Verwirklichungsgrenzen des Parteiengesetzes zu unterbreiten. Die vom Redaktionskomitee erarbeitete These betraf den Parteibegriff, den Mandatsverlust bei Parteiverbot oder Parteiausschluss, das zuständige Parteigericht, die

---

145 Morlok, Parteienrecht als Wettbewerbsrecht, in: P. Häberle (Hrsg.), Festschrift Tsatsos zum 70. Geburtstag, 2003, S. 412.

146 Arzheimer, Politikverdrossenheit. Bedeutung, Verwendung und empirische Relevanz eines politikwissenschaftlichen Begriffs, 2002, S. 28 ff.; Morlok, Für eine zweite Generation des Parteienrechts, in: Tsatsos (Hrsg.), 30 Jahre Parteiengesetz in Deutschland, 2002, S. 53 ff.

147 Anthony Downs, Ökonomische Theorie der Demokratie, 1968, S. 24 ff.; Morlok, Parteienrecht als Wettbewerbsrecht, in: P. Häberle (Hrsg.), Festschrift Tsatsos zum 70. Geburtstag, 2003, S. 408 (413 f.).

148 Leibholz, Verfassungsrechtliche Stellung und innere Ordnung der Parteien, in: Verhandlungen des 38. deutschen Juristentages, Staatsrechtliche Abteilung, 1951, S. C2 ff.

Nominierung von Kandidaten einer Parteiversammlung oder des Parteivorsitzenden, die Angemessenheit der geheimen Abstimmungen und die Transparenz bei der Parteienfinanzierung.[149]

Die Diskussionen des Redaktionsausschusses hatten zum Ergebnis dass im Vergleich mit Art. 21 Abs. 1 Satz 1 GG ein bestimmter gesetzlicher Parteibegriff benötigt wurde, der eine Betätigung im Bereich des Bundes bestimmt.[150] Das Rechtsverhältnis von Mandatsverlust und Parteiausschluss wurde damals sprachlich noch nicht vereinheitlicht. Wichtig ist jedoch, dass sich die Ausgestaltung des Parteiengesetzes nicht nur nach Art. 21 GG durchsetzte, sondern dass Art. 21 GG nur als Rahmenvorschrift fungierte, so wie es analog auch beim Verhältnis von Art. 38 GG und dem Wahlrecht der Fall war.[151] Nachdem die politischen Parteien im Verfassungstext genannt und mit Funktionsgarantien ausgestattet worden waren, wurde die Verfassungsdogmatik durch die Interpretation des Parteienartikels entwickelt. An dieser Stelle hat Gerhard Leibholz den Zweck und Inhalt des Parteiengesetzes in dem Referat grundlegend formuliert.[152]

2. *Beratungen der Parteienrechtskommission*

Auf die gleiche Weise verfuhr die vom Bundesminister des Innern eingesetzte Parteienrechtskommission 1955 zur Gestaltung des Parteienrechts. Die Parteienrechtskommission setzte sich aus Vertretern verschiedener Wissenschaftsgebiete (Staatsrecht, Philosophie, Geschichte, Soziologie und Politische Wissenschaft) zusammen. Ihre Aufgabe bestand in der Erörterung der Möglichkeiten des Parteienrechts gemäß des damaligen Art. 21 Abs. 3 (jetzt Abs. 5) GG erteilten Gesetzgebungsauftrags. Aus der Sicht der Parteienrechtskommission wird der Inhalt des Parteienrechts nicht durch die Anordnungen des Art. 21 GG begrenzt, sondern auch andere Zusammenhänge wie die Registrierung der Parteien werden berücksichtigt.[153] Um die Ausgestaltung des Parteiengesetzes zu erarbeiten, hatte die

149 Ständige Deputation des deutschen Juristentages, Diskussion, in: Verhandlungen des 38. deutschen Juristentages, Staatsrechtliche Abteilung, 1951, S. C 104 f.; vgl. Anhang 1.

150 Ständige Deputation des deutschen Juristentages, Diskussion, in: Verhandlungen des 38. deutschen Juristentages, Staatsrechtliche Abteilung, 1951, S. C 97; vgl. Anhang 2.

151 Ständige Deputation des deutschen Juristentages, Diskussion, in: Verhandlungen des 38. deutschen Juristentages, Staatsrechtliche Abteilung, 1951, S. C 72.

152 Ständige Deputation des deutschen Juristentages, Diskussion, in: Verhandlungen des 38. deutschen Juristentages, staatsrechtliche Abteilung, 1951, S. C 97; vgl. Anhang 2.

153 Parteienrechtskommission, Rechtliche Ordnung des Parteiwesens, Bericht der vom Bundesminister des Innern eingesetzten Parteienrechtskommission, 1957, S. XII.

Parteienrechtskommission das Parteienrecht durch die enthaltenen Ausführungsvorschriften zu Art. 21 in 5 Abschnitte unterteilt: Der Begriff der Partei (zu Art. 21 Abs. 1 Satz 1 GG), Registrierung der Parteien, Die innere Ordnung der Parteien (zu Art. 21 Abs. 1 Satz 3 GG), Rechenschaftslegung über Herkunft der Mittel (zu Art. 21 Abs. 1 Satz 4 GG) und Auflösung von Parteien (zu Art. 21 Abs. 2 GG).

In Hinblick auf den Parteibegriff teilten die Parteienrechtskommission und die Beratung des 38. Deutschen Juristentages die gleiche Meinung: Sie waren der Ansicht, dass ein Parteiengesetz auf keine Aussage zum Parteibegriff verzichten konnte.[154] Bevor die Parteienrechtskommission auf weitere Schriften zur Bestimmung des Parteibegriffs einging, hatte das Bundesverfassungsgericht schon in der Anwendung des Art. 21 den Parteibegriff selbstständig ausgelegt. Vorherige Interpretationen des Parteibegriffs wurden im Rahmen des Mehrparteienprinzips und des Grundsatzes der Chancengleichheit der politischen Parteien vorgenommen.[155] Sowohl Art. 21 GG als auch das Mehrparteienprinzip und die Chancengleichheit werden nämlich als verfassungsrechtliche Grenzen einer Parteibegriffsbestimmung für den Gesetzgeber betrachtet.[156]

Vor diesem Hintergrund wurde die gesetzliche Begriffsbildung nicht durch die Form des Tatbestandes, sondern durch die Form des Merkmals formuliert, um das verfassungswidrige Risiko des Parteiengesetzes zu verringern. Zur Definition des Parteibegriffs schlug die Parteienrechtskommission Folgendes vor:

1. die Teilnahme an Wahlen,
2. das Streben nach unmittelbarer Beteiligung an der politischen Willensbildung im Parlament,
3. ein politisches Programm, dessen Forderungen im Wege der Teilnahme an der politischen Willensbildung verwirklicht werden sollen,
4. ein gewisses Mindestmaß an Dauer und Festigkeit. Anzeichen dafür ist es, daß eine politische Gruppe entweder
   a) bereits im Parlament vertreten ist, oder
   b) über ein Minimum an ausgebauter Organisation (Vorstand, Satzung, Untergliederungen mit entsprechenden Vorständen und Geschäftsstellen) verfügt, oder
   c) eine Rechtsform annimmt, die wesensmäßig auf Dauer bestimmt ist.[157]

---

154 Parteienrechtskommission, a.a.O., S. 117.

155 Parteienrechtskommission, a.a.O., S. 125 f.; BVerfGE 2, 1 (137); 5, 85 (140 f.).

156 Parteienrechtskommission, a.a.O., S. 125 f.; BVerfGE 2, 1 (137); 5, 85 (140 f.).

157 Parteienrechtskommission, a.a.O., S. 133.

3. *Mitwirkung des Bundesverfassungsgerichts*

Die überraschenden Urteile des Bundesverfassungsgerichts vom 19. Juli 1966 über die Unzulässigkeit der staatlichen Parteifinanzierung bewirkten, dass das Parteiengesetz nach dem verfassungsrechtlichen Gesetzesvorbehalt vom 28. Juli 1967 schließlich in Kraft trat. Die Struktur des Parteiengesetzes ist nach der Beratung der Parteienrechtskommission geregelt. Relevant ist im ersten Abschnitt insbesondere § 2 PartG, in dem der bereits im Grundgesetz in seinen konstituierenden Elementen enthaltene Parteienbegriff gem. Art. 21 Abs. 5 GG des näheren konkretisiert wurde.[158] In diesem begrenzten Spielraum rezipierte § 2 PartG Merkmale von der Parteienrechtskommission: § 2 Abs. 1 PartG: „Parteien sind Vereinigungen von Bürgern, die dauernd oder für längere Zeit für den Bereich des Bundes oder eines Landes auf die politische Willensbildung Einfluß nehmen und an der Vertretung des Volkes im Deutschen Bundestag oder einem Landtag mitwirken wollen, wenn sie nach dem Gesamtbild der tatsächlichen Verhältnisse, insbesondere nach Umfang und Festigkeit ihrer Organisation, nach der Zahl ihrer Mitglieder und nach ihrem Hervortreten in der Öffentlichkeit eine ausreichende Gewähr für die Ernsthaftigkeit dieser Zielsetzung bieten. Mitglieder einer Partei können nur natürliche Personen sein."

Diese Definition des Parteibegriffs gemäß § 2 Abs. 1 PartG ist durch drei Merkmale gekennzeichnet: ein Strukturmerkmal (Vereinigungen von Bürgern), ein Zielmerkmal (Einflussnahme auf die politische Willensbildung) und das Erfordernis der Ernsthaftigkeit (nach dem Gesamtbild der tatsächlichen Verhältnisse). Angesichts der Judikatur des Bundesverfassungsgerichts in Hinblick auf den Parteibegriff wurden die drei Merkmale gemäß § 2 Abs. 1 PartG in verfassungsmäßiger Weise anerkannt und konkretisiert.[159] Nach Ansicht von Leibholz habe das heutige Parteiengesetz in Hinblick auf den Parteibegriff und im 1., 2., 3., 7. (ursprünglich 6.) und 8. Abschnitt im Vergleich zum Parteiengesetz in seiner ersten Fassung seither keine wesentlichen Änderungen erfahren. Dieses

158 Leibholz, Zum Parteiengesetz von 1967, in: Ehmke/Schmid/Scharoun (Hrsg.), Festschrift für Adolf Arndt, 1969, S. 188.

159 BVerfGE 47, 198 (222); 79, 379 (384); 89, 266 (269 ff.); 91, 262 (266 f.); 91, 276 (284 ff.). Zum Zielmerkmal: BVerfGE 20, 56 (114); 44, 125 (139f.); 73, 40 (85); 83, 37 (50); 83, 60 (71); 85, 264 (284); zur Ernsthaftigkeit: BVerfGE 3, 19 (27); 12, 10 (27); 89, 266 (270); 91, 262 (270 f.); 91, 276 (288 f.), Beschlüsse des Zweiten Senats vom 23. Juli 2013 – 2 BvC 1/13 bis 2 BvC 12/13.

Parteiengesetz erfährt vom Gesetzgeber, vom Bundesverfassungsgericht und von Staatsrechtslehrern eine Bewertung als eine „reife Leistung".[160]

II. Die zweite Generation des Parteienrechts

Durch das Inkrafttreten des Parteiengesetzes von 1967 wurde nicht nur der Stufenbau des Parteienrechts im verfassungsrechtlichen Parteienartikel (Art. 21 GG), im Parteiengesetz und in der innerparteilichen Satzung vervollständigt; darüber hinaus werden in der Wissenschaft seit 1990 Diskussionen zur Positionierung sowie politischen Wirklichkeit des Parteienrechts geführt. Die Begriffe „Parteienverdrossenheit", „Politikverdrossenheit" und „Krise der Demokratie" werden als ein Ausgangspunkt für die zweite Generation des Parteienrechts betrachtet.[161]

1. Krisensymptome des Parteienstaats

Die Krise der parteienstaatlichen Demokratie basierte auf dem Widerspruch von Machterweiterung und gleichzeitigem Vertrauensverlust der politischen Parteien. Während sowohl die Anzahl der Parteimitglieder als auch die Wahlbeteiligung seit 1990 sanken, nahm die Macht der politischen Parteien durch die Bürokratie u. a. auf dem Gebiet der Medien, des Beamtentums und der

160 Klein, Bundesverfassungsgericht und Parteiengesetz, in: Ipsen (Hrsg.) 40 Jahre Parteiengesetz, 2009, S. 29.

161 Kimminich, Die Parteien im Rechtsstaat: Herausforderung durch die „Alternative", DÖV 1983, 217 ff.; Stolleis, Parteienstaatlichkeit – Krisensymptome des demokratischen Verfassungsstaats?, VVDStRL.44 (1986), S. 7 (17 ff.); P. M. Huber, Der Parteienstaat als Kern des politischen Systems, JZ 1994, S. 689 ff.; Morlok, Für eine zweite Generation des Parteienrechts, in: Tsatsos (Hrsg.), 30 Jahre Parteiengesetz in Deutschland, 2002, S. 53 ff.; Shirvani, Das Parteienrecht und der Strukturwandel im Parteiensystem, 2010, S. 105 ff.; P. M. Huber, Das Demokratiekonzept des Grundgesetzes vor neuen Herausforderungen, in: Bitburger Gespräche Jahrbuch 2012/I, S. 29 (32 f.); E. V Towfigh, Das Parteien-Paradox, 2015, S. 149 ff.; zur Debatte der normativen Theorie im Rahmen der Politikwissenschaft vgl. Arzheimer, Politikverdrossenheit. Bedeutung, Verwendung und empirische Relevanz eines politikwissenschaftlichen Begriffs, 2002, S. 28 ff, 77; E. Fraenkel, Ursprung und politische Bedeutung der Parlamentsverdrossenheit, in: Stolte/Wisser (Hrsg.), Integritas. Geistige Wandlung und menschliche Wirklichkeit, 1966, S. 244 ff.; E. Denninger, Die Herrschaftsordnung der parlamentarischen Demokratie. Die rechtsstaatliche Demokratie zwischen Staatsverwaltung, Parteien und Verbänden, in: Randelzhofer, Albrecht/Süss, Werner (Hrsg.), Konsens und Konflikt: 35 Jahre Grundgesetz, 1986, S. 200–213.

Wissenschaften weiter zu. In diesem Kontext setzte nicht nur ein Schwinden von Wählern und Parteien ein, sondern auch ein Legitimationsproblem des Parteienstaats zwischen Norm und Wirklichkeit.[162]

In Bezug auf die besonders intensiv diskutierten Krisensymptome des Parteienstaats hatten der Heidelberger Politikwissenschaftler Klaus von Beyme und der Speyerer Staatsrechtslehrer Hans Herbert von Arnim in einer Reihe von Monographien und Fachbeiträgen die politische Wirklichkeit des Parteienrechts wesentlich aufbereitet. Aus von Beymes Perspektive kann sich eine intensivere Beschäftigung mit der Elitentheorie über Politik und Parteien prinzipiell als lohnend erweisen: Hier stellt sich die Frage, was politische Klassen seien und was politische Klassen tun.[163]

2. *Kritik an der politischen Klasse*

Zwar übte von Beyme keine fundamentale Kritik an den politischen Parteien, doch wird der Begriff der politischen Klassen gelegentlich als tendenziell pejoratives Synonym für den Begriff der politischen Eliten verwandt. Er definierte die politischen Klassen aus Strukturanalysen im Rahmen des Parteienstaats: „Die politische Klasse ist ein Kartell der Parteieliten; sie tritt hauptsächlich durch den Ausbau des Parteienstaats in der modernen Demokratie in Erscheinung."[164] Zur Kritik der politischen Klasse gab eine Rede des damaligen Regierenden Bürgermeisters von Berlin Richard von Weizsäcker im Jahr 1982: Der Einfluss der Parteien habe sich quasi „fettfleckartig" über nahezu alle staatlichen Institutionen immer weiter ausgedehnt; sie beherrschten die gesetzgebenden Körperschaften, da man nur auf dem Weg über Parteinominierung Abgeordneter werden könne.[165] In neuerer Zeit sind zwei Tendenzen zum Eigennutz der politischen Klasse erkennbar: Zum einen wird die „Parteiräson" gelegentlich wieder über

162 Stolleis, Parteienstaatlichkeit – Krisensymptome des demokratischen Verfassungsstaats?, VVDStRL.44 (1986), S. 16 ff., 22 ff.; Morlok, Für eine zweite Generation des Parteienrechts, in: Tsatsos (Hrsg.), 30 Jahre Parteiengesetz in Deutschland, 2002, S. 53 f.; Shirvani, Das Parteienrecht und der Strukturwandel im Parteiensystem, 2010, S. 105 ff.

163 von Beyme, Der Begriff der politischen Klasse – Eine neue Dimension der Elitenforschung?, Politische Vierteljahresschrift, Vol. 33, No. 1 (März 1992), S. 8, 15; ders, Die politische Klasse im Parteienstaat, 1993, S. 38 f.

164 von Beyme, Die politische Klasse im Parteienstaat, 1993, S. 9.

165 von Weizsäcker, Krise und Chance unser Parteiendemokratie, Aus Politik und Zeitgeschichte, H. 42/1982, S. 1–12; vgl. Streinz, in: von Mangoldt/Klein/Starck/Huber/Voßkuhle (Hrsg.), Kommentar zum Grundgesetz, Bd. II, 7. Aufl., 2018, Art. 21 Rn. 25.

die „Staatsräson" gestellt; zum anderen wird eine neue Binnenmoral den allgemeinen Rechtsregeln entgegengesetzt.[166]

Inzident beantwortete Hans Herbert von Arnim dieselbe Frage aus sorgfältigen juristischen Überlegungen heraus. Von Arnim geht davon aus, dass nur die „politische Klasse" sich mitten im Steuerungszentrum des Staates befindet. Nur die politische Klasse verfüge über die Kontrolle, mit der die drei zentralen Steuerungsmittel des Staates – Recht, Personal und Geld – zielgerichtet eingesetzt werden können.[167] In diesem Kontext verstand von Arnim die politische Elite als Teil der politischen Klasse, während Beyme begrifflich zwischen politischer Elite und politischer Klasse unterschied. Hinzu kommt jedoch noch eine weitere These: Die politische Klasse setze nicht nur Recht für andere, sondern auch für sich selbst ein.[168] In diesem Sinne zeigt sich bei der politischen Klasse ein Begriffswandel vom politischen Machtmissbrauch hin zum Opportunismus. Fernerhin liegt ein Kernproblem des politischen Kartells nun darin, dass die Parteien Parlament und Regierung besetzen und parteienrelevante Regelungen sozusagen in eigener Sache erlassen.[169]

Anhand des aus diesem Bereich erwachsenden Problembewusstseins lässt sich zusammenfassend festhalten, dass gegenüber Missbrauch seitens politischer Klassen und Parteienmonopolen eine Forderung nach Rechtskontrolle besteht.

3. *Parteienrecht als Aufgabe der Rechtspolitik*

Eine Weiterentwicklung der dogmatischen Erwägungen einer Parteienrechtslehre ist mit der Überlegung auf eine Rechtskontrolle der Krise des Parteienstaats eng verbunden. In dem Aufsatz „Für eine zweite Generation des Parteienrechts" des Düsseldorfer Staatsrechtslehrers Martin Morlok besteht die neue Kernthese darin, dass das Parteienrecht von der Verfassungswirklichkeit des Parteienrechts ausgehen muss, wenn die Handlungsfelder politischer Parteien nicht durch das Parteienrecht eingeschränkt werden. In diesem Aufsatz werden die Funktionsgarantien der politischen Parteien in der Verfassung als

---

166 von Beyme, Politische Klasse, Parteienstaat und Korruption, in: von Arnim (Hrsg.), Politische Klasse und Verfassung, 2001, S. 39.

167 von Arnim, Fetter Bauch regiert nicht gern – Die politische Klasse – selbstbezogen und abgehoben, 1997, 51 f.

168 von Arnim, Fetter Bauch regiert nicht gern – Die politische Klasse – selbstbezogen und abgehoben, 1997, 52.

169 von Arnim, Demokratie ohne Volk: Plädoyer gegen Staatsversagen, Machtmissbrauch und Politikverdrossenheit, 1993, S. 19.

ein Kernbereich der „Erste[n] Generation des Parteienrechts" bezeichnet.[170] Bestimmungen zur parteilichen Freiheit, der parteilichen Rolle bei Wahlen, der Garantie parteilicher Chancengleichheit wie auch zur Parteienfinanzierung finden sich in Verfassungstexten[171] – so in Deutschland, Frankreich[172], Italien[173], Portugal[174], Spanien[175] sowie Griechenland[176]. Für eine zweite Generation des Parteienrechts wandte Martin Morlok sich der Rechtspolitik zu, um den Idealtypus der politischen Parteien nach den verfassungsrechtlichen Vorgaben gegen die Auswüchse des Parteienstaats zu optimieren. Möglich ist jedoch, , dass die Stellung des Parteienrechts Einschränkungen im Bereich der Parteiaktivitäten mit sich bringt. Pflichten und weitere Kontrolle müssten durch innersystematische Vernetzungen der Parteienrechtsdogmatik im Falle eines Missbrauchs der politischen Macht verstärkt werden.[177] Dies könnte mittels Laienkontrolle und Kontrolle durch das Bundesverfassungsgericht mit der Formel „Entscheidung in eigener Sache"[178] im Rahmen der öffentlichen Stellung der Parteien ausgebaut werden.[179] Zwar steht eine dogmatische Ausarbeitung der zweiten Generation des Parteienrechts noch aus, doch wird Morloks Beitrag hoch bewertet,[180] da es ihm zu verdanken ist, dass die Parteienrechtswissenschaft als neue Disziplin in Erscheinung trat.

170 Morlok, Für eine zweite Generation des Parteienrechts, in: Tsatsos (Hrsg.), 30 Jahre Parteiengesetz in Deutschland, S. 55.

171 Morlok/Merten, Parteienrecht, 2018, S. 97 ff.; Tsatsos/Morlok, Parteienrecht, Eine verfassungsrechtliche Einführung, 1982, S. 13 f.; Morlok, a.a.O., S. 55; Tsatsos, Zu einer gemeinsamen europäischen Parteienrechtskultur?, DÖV 1988, S. 1 ff.

172 Art. 4 der Verfassung vom 4. Oktober 1958.

173 Art. 49, 98 Abs. 3 der Verfassung vom 27. Dezember 1947.

174 Art. 10, 40, 51, 117, 154 der Verfassung vom 2. April 1976.

175 Art. 6 der Verfassung vom 29. Dezember 1978.

176 Art. 29 Abs. 1 und 3 der Verfassung vom 11. Juni 1975.

177 Morlok, Für eine zweite Generation des Parteienrechts, in: Tsatsos (Hrsg.), 30 Jahre Parteiengesetz in Deutschland, S. 64 f.

178 Vgl. Vogel, Entscheidungen des Parlaments in eigener Sache, Zeitschrift für Gesetzgebung, 1992, S. 293 ff.; von Arnim, Wahlgesetze: Entscheidungen des Parlaments in eigener Sache, JZ 2009, S. 813 ff.

179 Morlok, Für eine zweite Generation des Parteienrechts, in: Dimitris Th. Tsatsos (Hrsg.), 30 Jahre Parteiengesetz in Deutschland, S. 65 f.; Shirvani, Das Parteienrecht und der Strukturwandel im Parteiensystem, 2010, S. 63 ff., 468 ff.

180 Shirvani, a.a.O., S. 66 f.

III. Parteienrecht als Wettbewerbsrecht

1. Ansätze der ökonomischen Theorie der Demokratie

Ruft man sich in Erinnerung, auf welchen Grundlagen der Demokratietheorie der Parteienwettbewerb beruht, erscheint Joseph A. Schumpeters Konkurrenzdemokratie nicht fernliegend. In seinem klassischen Werk von 1942 – „Kapitalismus, Sozialismus und Demokratie" – liegt folgendes Grundverhältnis vor: „Die demokratische Methode ist diejenige Ordnung der Institutionen zur Erreichung politischer Entscheidungen, bei welcher einzelne die Entscheidungsbefugnis vermittels eines Konkurrenzkampfes um die Stimmen des Volkes erwerben."[181] Dann erweiterte der amerikanische Politik- und Wirtschaftswissenschaftler Anthony Downs Schumpeters Demokratieansatz. In seinem Werk „Ökonomische Theorie der Demokratie" geht der Parteienwettbewerb nach dem Stimmenmaximierungsmodell grundlegend von der Annahme aus, dass Politik wie Wähler versuchen, ihren Eigennutz zu maximieren.[182]

Wenn der Ansatz der ökonomischen Theorie der Demokratie über die Parteienrechtswissenschaft hinausgeht, so ist hierbei beachtenswert, dass es sich beim Parteienrecht um ein Wettbewerbsrecht des politischen Markts handelt. Eine frühere Anwendung Schumpeters Konkurrenzdemokratie findet sich in Konrad Hesses Referat „Die verfassungsrechtliche Stellung der politischen Parteien im modernen Staat", wenn auch nur in einem Zitat. Im Hinblick auf Art. 20 II GG findet sich die folgende Formulierung: „Die bekannten Wesenszüge, welche diese Erscheinungsform der Demokratie bestimmen: nicht Herrschaft des Volks, sondern Herrschaft ‚für das Volk' [...] Das Grundgesetz konstituiert diese Ordnung durch Art. 20 II, nach dem die Staatsgewalt (außerhalb der Wahlen) nicht vom Volke ausgeübt, sondern durch die Bezogenheit auf das Volk legitimiert wird [...]. "[183] Darüber hinaus erwähnte die Parteienrechtskommission nur anfänglich Folgendes: „Die Partei ist ein Gebilde des freien politischen Wettbewerbs."[184] Eine Übertragung der Doktrin zwischen Parteien- und Wettbewerbsrecht hatte in dieser Hinsicht nicht stattgefunden.

---

181 Schumpeter, Kapitalismus, Sozialismus und Demokratie, 1946, S. 428, 430.

182 Anthony Downs, Ökonomische Theorie der Demokratie, 1968, S. 34 ff.

183 Hesse, Die verfassungsrechtliche Stellung der politischen Parteien im modernen Staat, VVDStRL 17 (1958), S. 11 (20 f.).

184 Parteienrechtskommission, Rechtliche Ordnung des Parteiwesens, 1957, S. 164.

2. *Die Analogie zwischen Parteien- und Wettbewerbsrecht*

Vor diesem Hintergrund bemühte sich Martin Morlok in seiner Schrift „Parteienrecht als Wettbewerbsrecht“ um eine dogmatische, aber auch verfassungstheoretische Aufarbeitung der wettbewerblichen Elemente des Parteienwesens. Ein funktionierender Wettbewerb steht im Zusammenhang mit den Voraussetzungen, die auch in Art. 21 GG im Sinne einer funktionierenden parlamentarischen Demokratie dominieren: Eine staatliche Regelung des Parteienwesens verhält sich wie eine rechtliche Ausgestaltung des Wettbewerbs. Eine Chancengleichheit zwischen politischen Parteien entspricht einem fairen Wettbewerb.[185]

Diese Analogie zwischen politischem und wirtschaftlichem Wettbewerb wird nach den Regelungsdimensionen – vierfältiger Verfassungsstatus der Parteien – erweitert.[186] Durch diese Analogie brachte Morlok den Aspekt des Wettbewerbs im Parteienrecht zur Geltung. Um die dogmatische Funktion des Parteienwettbewerbsrechts umfassend zu erfassen, ist das Parteienrecht als Grenzen für die Handlungsfelder der Parteien zu bestimmen: das Verhältnis der Parteien zum Staat, das Verhältnis der Parteien untereinander, das Verhältnis der Parteien zur Bürgerschaft allgemein und das Verhältnis der Parteien zu ihren Mitgliedern. Diese Verhältnisse können nach dem vierfältigen Status der Parteien (Verfassungsstatus der Freiheit, der Gleichheit, der Öffentlichkeit und der innerparteilichen Demokratie) reguliert werden.[187]

3. *Eine dogmatische Konstruktion auf dem vierfältigen Verfassungsstatus der Parteien*

a) *Parteienfreiheit – Wettbewerbsfreiheit*

Im Verhältnis zwischen den Parteien und dem Staat fand eine deutliche Entwicklung der Parteienfreiheit im Sinne der Staatsfreiheit statt, die bereits die Gründungs-, Organisations-, Finanzierungs-, Zielbestimmungs-, Mitglieder- sowie Betätigungsfreiheit umfasste.[188] Bemerkenswert ist im Hinblick auf die Parteienfreiheit auf dem politischen Markt, dass die Staatsfreiheit des Parteienwettbewerbs sich dabei nicht nur auf ein Gebot der staatlichen Neutralität des

---

185 Morlok, Parteienrecht als Wettbewerbsrecht, in: P. Häberle (Hrsg.), Festschrift Tsatsos zum 70. Geburtstag, 2003, S. 414–416.

186 Köhler, Parteien im Wettbewerb, 2006, S. 53.

187 Morlok, a.a.O., S. 411 f.; Köhler, a.a.O., 2006, S. 53; Morlok/Merten, Parteienrecht, 2018, S. 50.

188 H. H. Klein, in: Maunz/Dürig/Herzog (Hrsg.), Grundgesetz Kommentar, Bd. III, 2015, Art. 21 Rn. 124.

Parteienwettbewerbs bezieht, sondern auch auf die Folgeneutralität der rechtlichen Regelungen und des Verwaltungsermessens im Wahlkampf gegenüber den verschiedenen Parteien.[189]

b) Chancengleichheit der Parteien – Wettbewerbsgleichheit

Für das Verhältnis der Parteien untereinander kann die Chancengleichheit der Parteien im Sinne einer Wettbewerbsgleichheit als Startgleichheit unter fairen Bedingung verstanden werden.[190] Wenn es sich insofern um ein Null-Summen-Spiel handelt, bedeutet Parteiengleichheit keinesfalls eine Gleichheit der Ergebnisse, sondern die Gewähr rechtlicher Startgleichheit im Rahmen des Wahlkampfs und der Verteilung staatlicher Leistungen.[191]

c) Öffentlichkeit

Wird eine Parallele zwischen dem wirtschaftlichen und dem politischen Markt gezogen, so ist im Verhältnis der Parteien zur Bürgerschaft die Markt-Transparenz im wirksamen Wettbewerb von erheblicher Relevanz. Parteieninformationen zu Binnenstrukturen, Programmatik und Einbindung in das gesellschaftliche Interessen- und Beziehungsgeflecht sowie zu finanziellen Verhältnissen sind nach Ansicht von Morlok wie die Produktinformation – unabhängig von der Rechtsform – der Publizitätspflicht zu unterwerfen.[192]

d) Innerparteiliche Demokratie

Im Verhältnis der Parteien zu ihren Mitgliedern wurzelte die innerparteiliche Demokratie in der innovativen Vorkehrung gegen das Eherne Gesetz der Oligarchie im Rahmen der Organisationssoziologie.[193] Bei genauerer Betrachtung des Parteienausschlusses gemäß § 14 und des Wahlvorschlags gemäß § 17 PartG kann man diese Vorkehrungen im Parteiengesetz finden.

Um die dogmatische Konstruktion im Sinne der innerparteilichen Demokratie im Wettbewerb zu optimieren, ist ein Kernbereich aus der rechtlichen Bestimmung der Mitgliedsrechte und der Offenlegung der Parteienfinanzierung zu bilden.[194] Diese wettbewerbsorientierte Dogmatik in Bezug auf den

189 Morlok, a.a.O., S. 408 (413 f.); Köhler, a.a.O., S. 53.
190 Morlok, a.a.O., 2003, S. 417.
191 Köhler, a.a.O., 2006, S. 71.
192 Morlok, a.a.O., S. 424; Köhler, a.a.O., 2006, S. 73.
193 R. Michels, Zur Soziologie des Parteiwesens in der modernen Demokratie, 2. Aufl., 1925, S. 19, 24, 69, 370.
194 Morlok, Parteienrecht als Wettbewerbsrecht, a.a.O., S. 424.

vierseitigen Verfassungsstatus der Parteien kann einen Ansatz dazu bilden, den Querschnittscharakter des Wettbewerbsaspekts hervorzuheben sowie den Paradigmenwechsel zwischen Wettbewerbs- und Parteienrecht auszurichten und eine Übergangstheorie zu schaffen. Allerdings hätte diese Analogie eine Abgrenzung des wirtschaftlichen Wettbewerbsrechts der Handlungsfelder politischer Parteien zur Folge. Der Grund liegt im wesentlichen Unterschied zwischen Konkurrenzdemokratie und Konkurrenzmarkt. Die Demokratie dient nicht nur dem Parteienwettbewerb, sondern in erster Linie dem Volk und der Repräsentation. Wenn man die Parteienrechtswissenschaft als einen Sammelbegriff betrachtet[195], so sind die Grundlagen des Parteienrechts zwischen Konkurrenzdemokratie[196] und repräsentativer Demokratie[197] weiterzuführen.

E. Zwischenergebnis

Aller Parteienrechtslehre zur Gewährleistung der Parteienfunktion bzw. Parteikontrolle ist zuzugestehen, dass sie einzelne Probleme des Parteiwesens, die sich beim Missbrauch der Parteienmacht oder bei beherrschender Stellung innerhalb des demokratischen Markts stellen, praktisch oder theoretisch rationaler lösen können. Diese aufgezeigten Lösungsansätze bestimmen somit im positiven Recht darüber, dass sie historische Erfahrungen und politische Reflexionen im Sinne der Legislative Facts beinhalten. Die unbestimmten Grenzen des Vereins-, Wahl-, Parlaments- und Parteienrechts werden durch die thematisierte Struktur des Parteienartikels von Verfassungsgebern grundlegend konturiert. Der präventive Charakter des Parteienrechts ist so maßgeschneidert, dass jeder der erörterten Ansätze des Parteienrechts wiederum eine Reihe neuer Problematiken im demokratischen Leben aufwirft. Das „Versteckspiel" des Staatsrechts mit den Parteien findet daher kein Ende. Wie etwa das Beispiel der interdisziplinären Struktur in der Parteienrechtskommission zeigt, weist die Parteienrechtswissenschaft als ein Sammelbegriff eine Vielzahl von rechts-, politik- und sozialwissenschaftlichen Dimensionen auf. So geht es also vor allem darum, das Zusammenwirken von Parteienrechtswissenschaft und Nachbarwissenschaften in den Vordergrund zu rücken. Damit kann die zweite Generation des Parteienrechts durch einseitige kritische Ansätze in der politologischen Diskussion etabliert und die Analogie zwischen Parteien- und Wettbewerbsrecht durch Ansätze

---

195 Morlok, Notwendigkeit und Grundzüge einer Parteienrechtsdogmatik, in: Brandt/Haratsch/Schmidt (Hrsg.), Verfassung – Parteien – Unionsgrundordnung, 2015, S. 19.
196 S. Dritter Teil, D.
197 S. Dritter Teil, C.

der ökonomischen Theorie der Demokratie aktiviert werden. So ist gerade in der interdisziplinären Literatur die Tendenz erkennbar, dass der Parteienwettbewerb in der Konkurrenzdemokratie im Vordergrund steht. In diesem Kontext kann daher als Zwischenfazit festgehalten werden, dass Grundsteine der Parteienrechtslehre in der streitbaren Demokratie, der parteienstaatlichen Demokratie und der Konkurrenzdemokratie bestehen. Sie werden jedoch in der wissenschaftlichen Diskussion und in der Judikatur des Bundesverfassungsgerichts auf unterschiedliche Art und Weise gesteuert.

Dritter Teil: Der Dialog zwischen der Vereinigung der Deutschen Staatsrechtslehrer und dem Bundesverfassungsgericht

A. Parteienrechtslehre als Übergang zwischen Verfassungstheorie und -praxis

Ähnlich der Dualität Heinrich Triepels als Vorreiter der Parteienrechtslehren und als Initiator und erster Vorsitzender der Vereinigung der Deutschen Staatsrechtslehrer (VDStRL), hat sich die Parteienrechtslehre im Bereich des Staatsrechts wesentlich weiterentwickelt. Auf die Entwicklung der Parteienrechtslehre lässt sich anhand ausgewählter Themen der VVDStRL verweisen: *Die Reform des Wahlrechts* (1931), *Die verfassungsrechtliche Stellung der Parteien im modernen Staat* (1958), *Verfassungsstreue und Schutz der Verfassung* (1978), *Parteienstaatlichkeit – Krisensymptome des demokratischen Verfassungsstaats?* (1985) und *Demokratie als Wettbewerbsordnung* (2010). Nach diesen bisherigen Tagungen sind mehrere prinzipiell angelegte Analysen der Entwicklung des Parteienrechts und insbesondere des Parteienartikels im Grundgesetz verankert worden, deren Befunde trotz unterschiedlicher Akzepte sowohl grundsätzlich als auch im Detail weitgehend übereinstimmen.

Mit der Eröffnung des Bundesverfassungsgerichts (BVerfG) als oberste Autorität der Verfassungsinterpretation am 26. September 1951 in Karlsruhe begann für die deutsche Parteienrechtslehre ein neues Zeitalter. In der Entwicklung der Parteienrechtslehr besteht ein enger Zusammenhang zwischen dem Bundesverfassungsgericht und der Vereinigung der Deutschen Staatsrechtslehrer. In diesem Kontext werden nicht nur einige Staatsrechtslehrer wie Gerhard Leibholz, Konrad Hesse und Hans Hugo Klein, die als Richter des BVerfG fungierten, hervorgehoben;[198] vielmehr soll der Fokus ebenso auf der Entwicklung der Rechtsprechung des BVerfG unter dem weitreichenden Einfluss ihrer Parteienrechtstheorien in den VVDStRL liegen.

Bei den Entscheidungen des BVerfG lassen sich im Parteienrecht nach den Demokratietheorien drei Themen unterscheiden: Der erste Abschnitt umfasst

198 Günther, Wer beeinflusst hier wen? Die westdeutsche Staatsrechtslehre und das Bundesverfassungsgericht während der 1950er und 1960er, in: van Ooyen/Möllers (Hrsg.), Das Bundesverfassungsgericht im politischen System, 2006, S. 129 ff.

die Ursprungsidee der „Militant Democracy" von Karl Loewenstein sowie die Wandlungstendenzen der „freiheitlichen demokratischen Grundordnung" in der Rechtsprechung des Bundesverfassungsgerichts. Im zweiten Abschnitt wird die Parteienstaatsdemokratie im Wandel erörtert; dabei wird auch auf Gerhard Leibholz' Einfluss auf die verfassungsgerichtliche Judikatur sowie die Krisensymptome der Parteienstaatsdemokratie eingegangen. Im dritten Abschnitt beziehen sich die Entscheidungen des BVerfG auf den Parteienwettbewerb in der Konkurrenzdemokratie, wobei Konrad Hesse von der Chancengleichheit der Parteien als faire rechtliche Bedingung des Parteienwettbewerbs in der verfassungsrechtlichen Stellung der politischen Parteien ausging und sodann Armin Hatje sowie Markus Kotzur die Analogie zwischen Wettbewerbs- und Parteienrecht in Bezug auf die Fragestellung erörterten, wie die Analogie im Sinne der Konkurrenzdemokratie gesteuert werden kann.

B. Die Entfaltung der streitbaren Demokratie

I. Karl Loewensteins Ansatz

Die vom Grundgesetz errichtete Verfassungsordnung wird zwar heutzutage als „wertgebundene", „wachsame", „streitbare", „wehrhafte", mitunter auch als „abwehrbereite", „verteidigungsbereite" oder gar „militante" Demokratie tituliert,[199] doch stammt die ursprünglichste Form der streitbaren Demokratie von Loewenstein.[200] Die früheste, fragmentarische Darstellung seiner streitbaren Demokratie stellte Loewenstein in dem „Die Wahlrechtsreform und ihre Grundlagen" betitelten Referat zur Hallenser Staatsrechtslehrertagung 1931 vor. Während seiner Diskussionsteilnahme tat er seine Ansicht mit den folgenden Worten kund: „Der Staat hat die Pflicht der Selbsterhaltung, sich dagegen zu wehren, daß gerade den Parteien der parlamentarische Apparat zur Verfügung gestellt wird, die sich zum Programm gemacht haben, diesen Apparat zu zerschlagen. Die gewöhnlichen Mittel gegen parlamentarische Obstruktion reichen nicht aus. Die Parteien, welche programmatisch und durch die Tat den Parlamentarismus verwerfen, müßten von seiner Benutzung überhaupt ausgeschlossen werden [...].

199 Vgl. K. Stern, Das Staatsrecht der Bundesrepublik Deutschland, Bd. 1: Grundbegriffe und Grundlagen des Staatsrechts, Strukturprinzipien der Verfassung, 2. Aufl., 1984, S. 195 m. w. N. (Fn. 104); Thiel, Zur Einführung: Die „wehrhafte Demokratie" als verfassungsrechtliche Grundentscheidung, in: ders. (Hrsg.), Wehrhafte Demokratie, 2003, S. 6.

200 Klamt, Die Europäische Union als Streitbare Demokratie: Rechtsvergleichende und europarechtliche. Dimensionen einer Idee, 2012, S. 29.

Der Staat, der von zwei radikalen Flügelparteien bewußt bedroht wird, muß sich entschlossen dagegen zur Wehr setzen.“[201]

Während Loewenstein aufgrund seiner jüdischen Abstammung in die Vereinigten Staaten emigrierte und auf eine Professur für Rechts- und Staatslehre im Amherst College berufen wurde, vertiefte er das Konzept der streitbaren Demokratie unter dem Titel „Militant Democracy and Fundamental Rights“ in einer zweiteiligen Veröffentlichung in der American Political Science Review. Mit besonderem Augenmerk betrachtete Loewenstein die inhärent angelegte Dichotomie zwischen Demokratie und Anti-Demokratie (Faschismus) und bezeichnete den Faschismus als eine reine „Political Technique“, die weder eine Ideologie noch geteilte Werte: „Democracy must become militant. … Fascism's success is based on its perfect adjustment to democracy. Democracy and democratic tolerance have been used for their own destruction. Under cover of fundamental rights and set in motion legally.“[202] Im zweiten Teil des Artikels analysierte er die europäischen Staaten hinsichtlich ihrer bestimmten verfassungsrechtlichen Befugnisse und Zwangsmaßnahmen und der verschiedenen legislativen Maßnahmen der streitbaren Demokratie wie z.B. das Parteienverbot, das Antikommunisten-Gesetz, Grundrechtseinschränkungen: usw.: „Democracy in self-defense against extremism has by no means remained inactive. At last, the terrifying spell of fascism's basilisk glance has been broken; European democracy has overstepped democratic fundamentalism and risen to militancy. The fascist technique has been discerned and is being met by effective counteraction. Fire is fought with fire. Much has been done; still more remains to be done “[203] Daraus geht hervor, dass der Kern einer streitbaren Demokratie nicht nur in einer Konzeption der Wehrhaftigkeit besteht, sondern ebenso in der Verwurzelung demokratischer Traditionen in den Verhaltensweisen ihrer Bürger und Politiker. Insgesamt lässt sich feststellen, dass Loewensteins Gedanke „*Fire is fought with fire*“ einen immensen Einfluss auf das Verfassungsleben ausgeübt hat.

Das Konzept der streitbaren Demokratie führte später zu einer deutlich stärkeren Stellung der Parteien im Verfassungsleben: Art. 21 Abs. 2 GG bildete die normative Grundlage für die Frage nach der Verfassungswidrigkeit von Parteien. In der Entstehungsgeschichte von Art. 21 Abs. 2 innerhalb der Beratungsgespräche

---

201 Aussprache bei *Die Reform des Wahlrechts*, VVDStRL 7, 1932, S. 193.

202 Loewenstein, (1937), Militant Democracy and Fundamental Rights, I. The American Political Science Review, 31(3), p. 423.

203 Loewenstein, (1937), Militant Democracy and Fundamental Rights, II. The American Political Science Review, 31(4), p. 656.

im Parlamentarischen Rat lagen zwar acht Textvarianten zur Verfassungswidrigkeit von Parteien vor,[204] doch muss hinsichtlich der frühesten und wesentlichsten Diskussion erneut auf Carlo Schmid Bezug genommen werden. In seiner Rede im Parlamentarischen Rat äußerte Schmid: „Parteien dürfen von den Wahlen nur ausgeschlossen werden, wenn in einem geordneten gerichtlichen Verfahren festgestellt worden ist, daß sie die Beseitigung der Freiheitsrechte und die Gewaltherrschaft anstreben."[205] Gemäß diesem Vorschlag entsteht das Parteiverbot als eine legislative Maßnahme der streitbaren Demokratie aus einer politischen Idee und wird bereits zum juristischen Begriff.

II. Streitbare Demokratie als ein juristischer Begriff

1. Die Festlegung der Rechtsfolge der Verfassungswidrigkeit von Parteien in § 46 Abs. 3 BVerfGG

Von noch höherer Bedeutung war jedoch die Festlegung der Rechtsfolge der Verfassungswidrigkeit von Parteien in § 46 Abs. 3 BverfGG: Die Feststellung der Verfassungswidrigkeit hat sich mit einer Auflösung der Partei und dem Verbot der Schaffung von Ersatzorganisationen zu verbinden.[206] In diesem Parteiverbotssystem des Grundgesetzes war das Parteienprivileg zentral. Dieser Begriff geht zurück auf Heinrich von Nathusius und wurde von diesem in der Diskussion der staatsrechtlichen Abteilung am 38. Juristentag 1950 in Frankfurt am Main verwendet. Von Nathusius formulierte das Parteienprivileg wie folgt: „Art. 21 GG hat ein Privileg der Parteien in seinem Abs. 2 begründet, indem er die Parteien der ausschließlichen Kontrolle des Bundesverfassungsgerichts unterstellt."[207] Im Vergleich mit der für die Vereinigungen geltenden Regelung des Art. 9 Abs. 2 GG verfügen die politischen Parteien über Privilegien. Die für die politischen Parteien geltende explizite Verbotsgrundlage findet sich in Art. 21 Abs. 2 GG. Im Gegensatz zum in Art. 21 Abs. 2 GG normierten Entscheidungsmonopol des Bundesverfassungsgerichts im Begriff der „freiheitlichen demokratischen

---

204 Meier, Parteiverbote und demokratische Republik, 1993, S. 151.

205 Der Parlamentarische Rat, Der Verfassungskonvent auf Herrenchiemsee, S. 211.

206 Maunz, Deutsches Staatsrecht, 2. Aufl., 1952, S. 61.

207 Aussprache bei von Nathusius, Ständige Deputation des deutschen Juristentages, Diskussion, in: Verhandlungen des 38. deutschen Juristentages, Staatsrechtliche Abteilung, 1951, S. C 54.

Grundordnung", darf eine Vereinigung nach Art. 9 Abs. 2 GG durch die Exekutive aufgrund der „verfassungsmäßigen Ordnung" verboten werden.[208]

2. Kurt Georg Wernickes Erläuterung der Tatbestände

Zwar wird die Verfassungsvorschrift durch Art. 21 Abs. 2 GG sowie § 46 Abs. 3 BVerfGG ergänzt und bestimmt, doch hinsichtlich der Detailfragen zur Interpretation des Parteiverbots müssen entsprechend Kurt Georg Wernickes und Friedrich Kleins Bearbeitung des Art. 21 in den Kommentare gegeben werden. Nach Art. 21 Abs. 2 Satz 1 GG ist die Verfassungswidrigkeit von Parteien in ihren Kommentaren in fünf Tatbestände gegliedert: Parteien, die nach ihren Zielen (a) oder nach dem Verhalten ihrer Anhänger (b) darauf ausgehen (c) (1), die freiheitliche demokratische Grundordnung zu beeinträchtigen oder zu beseitigen (2) oder den Bestand der Bundesrepublik Deutschland zu gefährden (3). Die weiteren Kommentierungen unter den Begriffen „Ziele", „Verhalten ihrer Anhänger" sowie „darauf ausgehen", die durch eine restriktive Interpretation von Wernicke und von Mangoldt ausgelegt werden, wirken unmittelbar auf die Verbotsurteile des Bundesverfassungsgerichts ein. Zum Beispiel besteht die Zielsetzung nicht allein in einem offen formulierten Ziel oder den anfänglichen Zielen, vielmehr beinhaltet sie auch die geheimen, verborgenen Ziele, insofern diese nachweisbar sind.[209] Das „Verhalten" der Parteianhänger wird als ein „nach objektiven Gesichtspunkten zu bestimmender Begriff" angesehen, der im Gegensatz zu dem Begriff „Ziele" durch den Erfolg charakterisiert wird.[210] Beide Begriffe werden in Bezug auf das Tatbestandsmerkmal des „Darauf-Ausgehens" als „Begriffsmerkmal der Bestimmtheit" angegeben. Der Begriff des „Darauf-Ausgehens" entspricht seinem Wortsinn nach in etwa „beabsichtigen", „bezwecken" oder „planen". Ein Tätigwerden ist nicht erforderlich, denn der Tatbestand des Art. 21 Abs. 2 Satz 1 GG setzt lediglich voraus, dass eine verfassungswidrige

208 Vgl. von der Heydte, Freiheit der Partei, in: Neumann/Nipperdey/Scheuner (Hrsg.), Die Grundrechte, Handbuch der Theorie und Praxis der Grundrechte, Bd. 2, 1954, S. 483 f.; Rapp, Das Parteienprivileg des Grundgesetzes und seine Auswirkungen auf das Strafrecht, 1970, S. 39 ff.; D. Lorenz, Verfassungswidrige Parteien und Entscheidungsmonopol des Bundesverfassungsgerichtes, AöR 101, 1976, S. 1 ff.; P. M. Huber, Gefährdung der freiheitlich-demokratischen Grundordnung und Verfassungsschutz, ThürVBl. 2012, 193 (197).

209 von Mangoldt-Klein, Das Bonner Grundgesetz, 2. Aufl., 1966, S. 627; Wernicke, Kommentar zum Bonner Grundgesetz, 1950, Art. 21 II a; BVerfGE 5, 85 (144).

210 von Mangoldt-Klein, Das Bonner Grundgesetz, 2. Aufl.,1966, S. 628; Wernicke, ebda.; BVerfGE 2, 1 (22).

Absicht nachweisbar vorliegt.[211] Die Frage, wie die freiheitliche demokratische Grundordnung zu interpretieren ist, blieb damals noch offen; nach der jüngsten Rechtsprechung des BVerfG liegt diesbezüglich eine Erklärung vor.

3. SRP- und KPD-Verbot

Anders als bei der unmittelbaren Rezeption der Kommentarliteratur interpretierte das Bundesverfassungsgericht die Formel der „freiheitliche[n] demokratische[n] Grundordnung" im Sinne eines eigenen rechtlichen Aussagewerts. Trotz der Unbestimmtheit der Formel der „freiheitliche[n] demokratische[n] Grundordnung" hat das Bundesverfassungsgericht diese Formel im SRP- und KPD-Verbot dahingehend konkretisiert, dass die freiheitliche demokratische Grundordnung als Legitimation des grundgesetzlichen Verfassungsschutzes charakterisiert wird.[212]

Im SRP-Urteil von 1952 gab es hierzu folgende Definition: „So läßt sich die freiheitliche demokratische Grundordnung als eine Ordnung bestimmen, die unter Ausschluß jeglicher Gewalt- und Willkürherrschaft eine rechtsstaatliche Herrschaftsordnung auf der Grundlage der Selbstbestimmung des Volkes nach dem Willen der jeweiligen Mehrheit und der Freiheit und Gleichheit darstellt. Zu den grundlegenden Prinzipien dieser Ordnung sind mindestens zu rechnen: die Achtung vor den im Grundgesetz konkretisierten Menschenrechten, vor allem vor dem Recht der Persönlichkeit auf Leben und freie Entfaltung, die Volkssouveränität, die Gewaltenteilung, die Verantwortlichkeit der Regierung, die Gesetzmäßigkeit der Verwaltung, die Unabhängigkeit der Gerichte, das Mehrparteienprinzip und die Chancengleichheit für alle politischen Parteien mit dem Recht auf verfassungsmäßige Bildung und Ausübung einer Opposition."[213]

Diese Interpretation wurde im KPD-Verbot von 1956 ohne jede Änderung zitiert[214] und weiter ausgebaut[215]. Im Vergleich mit dem stichfesten Argument im SRP- Verbot, dass „die SRP eine Nachfolgeorganisation der NSDAP sei", wurde

---

211 von Mangoldt-Klein, Das Bonner Grundgesetz, 2. Aufl.,1966, S. 629; Wernicke ebda.; BVerfGE 5, 85 (141 f.).

212 Vgl. Loewenstein, Verfassungslehre, 2. Aufl., 1969, S. 354; Zweigert, Drei Jahre KP D-Verbot, JZ 1959, 677; Seifert, Zum Verbot politischer Parteien, DÖV, 1961, S. 81; Ridder, Aktuelle Rechtsfragen des KPD-Verbots, 1966, S. 14; Henke, Das Recht der politischen Parteien, 2. Aufl., 1972, S. 256 ff.; Maurer, Das Verbot politischer Parteien – zur Problematik des Art. 21 Abs. 2 GG, AöR 96 (1971), S. 213 ff.

213 BVerfGE 2, 1 (12 f.).

214 BVerfGE 5, 85 (140).

215 BVerfGE 5, 85 (197–200).

das Mehrparteienprinzip im KPD-Verbot unter dem Begriff der freiheitlichen demokratischen Grundordnung in Hinblick auf die politische Unvereinbarkeit des Staats- und Gesellschaftsbildes der Diktatur des Proletariats sowie die KPD als marxistisch-leninistische Kampfpartei gegen die freiheitliche Demokratie nur vage konkretisiert. In beiden Verbotsurteilen wird die Auffassung vertreten, dass das BVerfG die „freiheitliche demokratische Grundordnung“ als eine wertgebundene Ordnung bezeichnet habe, deren Bestandteile die „obersten Grundwerte“ der freiheitlichen Demokratie seien.[216] Hier stellte sich bei weiteren Interpretationen in der Folgezeit heraus, dass die freiheitliche demokratische Grundordnung nicht nur als Tatbestandsmerkmal bis jetzt angewandt wurde.[217] Die freiheitliche demokratische Grundordnung als Wertordnung des Grundgesetzes hat bereits in der verfassungsrechtlichen Rechtsprechung und Lehre der sechziger Jahre an Bedeutung hinzugewonnen. Zum einen geschah dies im Zusammenhang mit der Verfassungstreue und der Grundordnung im öffentlichen Dienst; zum anderen geht es bei der Diskussion über den Verfassungsschutz darum, ob der Grundsatz der streitbaren Demokratie als ein selbstständiges Verfassungsprinzip im Sinne der Summe aller verfassungsschützenden Normen bezeichnet wird.

Die folgende Erörterung konzentriert sich auf die Rechtsprechung des Bundesverfassungsgerichts im Soldatenbeschluss, Abhörurteil, Radikalenbeschluss sowie die Referate und Diskussionen der Tagung der VDStRL von 1978 unter dem Titel Verfassungstreue und Schutz der Verfassung.

III. Die Debatte zur freiheitlichen demokratischen Grundordnung

1. Die inhaltliche Neubestimmung der streitbaren Demokratie

a) Eine Übersicht zum Soldatenbeschluss

Das Bundesverfassungsgericht begann die inhaltliche Neubestimmung der streitbaren Demokratie im sogenannten Soldatenbeschluss vom 18. 2. 1970.[218] In diesem Fall hatte das Bundesverfassungsgericht nicht nur die Grenzen der Meinungsfreiheit gegenüber der Notwendigkeit militärischer Disziplin abzustecken,

---

216 BVerfGE 2, 1 (12); 5, 85 (140 f.); Gusy, Die „freiheitliche demokratische Grundordnung“ in der Rechtsprechung des Bundesverfassungsgerichts, in: AöR 105 (1980), S. 279 (289).

217 BVerfGE 144, 20.

218 BVerfGE 28, 36.

sondern darüber hinaus die freiheitliche demokratische Grundordnung als die verfassungspolitischen Grundentscheidungen des Grundgesetzes einer erneuten Betrachtung zu unterziehen. Das Gericht charakterisierte die streitbare Demokratie als Sammelbezeichnung für Bestimmungen zum Schutz der Verfassung. Die streitbare Demokratie wurde vom Gericht durch die systemimmanente Stimmigkeit in Art. 9 Abs. 2, 20 Abs. 4, 18, 21 Abs. 2, 98 Abs. 2 und 5 GG bestätigt. Darin heißt es: „Die Bundesrepublik Deutschland ist eine Demokratie, die von ihren Bürgern eine Verteidigung der freiheitlichen Ordnung erwartet und einen Missbrauch der Grundrechte zum Kampf gegen diese Ordnung nicht hinnimmt (Art. 9 Abs. 2, 20 Abs. 4, 18, 21 Abs. 2, 98 Abs. 2 und 5 GG). Dieses Prinzip der streitbaren Demokratie gilt auch für die innere Ordnung der Bundeswehr."[219] Nach der vorliegenden Auffassung wird die methodische Kritik in Form der Frage geäußert, ob die streitbare Demokratie als ein allgemeines Verfassungsprinzip mit eigenem rechtlichen Gehalt qualifiziert ist.[220]

b) Eine Übersicht zum Abhörurteil

Im „berühmt-berüchtigten"[221] sog. Abhör-Urteil vom 15. Dezember 1970 hatte das Bundesverfassungsgericht die Vereinbarkeit der Erweiterung des Art. 10 Abs. 2 Satz 2 GG mit Art. 19 Abs. 4 GG daraufhin zu prüfen, ob die zuständigen Behörden durch die neue Regelung entsprechende Vollmachten erhalten haben, dem Brief-, Post- oder Fernmeldegeheimnis unterliegende Sendungen zu öffnen und einzusehen, den Fernschreibverkehr mitzulesen sowie den Fernmeldeverkehr abzuhören und auf Tonträger aufzunehmen, ohne diesen Eingriff dem Betroffenen mitzuteilen.[222] Wie in BVerfGE 28, 36 (48), wird die Grundentscheidung des Grundgesetzes für die streitbare Demokratie und ihre Wertordnung als zentraler Stellenwert in der tragenden Argumentation verwendet: „Im vorliegenden Zusammenhang ist von besonderer Bedeutung, daß die Verfassung der Bundesrepublik Deutschland sich für die ‚streitbare Demokratie' entschieden hat. Sie nimmt einen Mißbrauch der Grundrechte zum Kampf gegen die

219 BVerfGE 28, 36 (48 f.).

220 Krüger, Der Verfassungsgrundsatz, in: R. Schnur (Hrsg.), Festschrift für Ernst Forsthoff zum 70. Geburtstag, 1974, S. 203, 21; Denninger, Staatsrecht: Einführung in die Grundprobleme des Verfassungsrechts der Bundesrepublik Deutschland, Bd. 1: Die Leitbilder: Leerformeln? Lügen? Legitimationen? 1973, S. 84; Gusy, a.a.O., S. 279 ff.; Lameyer, Streitbare Demokratie, 1978, S. 133 ff.; Sattler, Die rechtliche Bedeutung der Entscheidung für die streitbare Demokratie, 1982, S. 31 ff., 93 ff.

221 Häberle, Die Abhörentscheidung des Bundesverfassungsgerichts, JZ 1971, S. 145 ff.

222 BVerfGE 30, 1; Lameyer, Streitbare Demokratie, 1978, S. 56 ff.

freiheitliche Ordnung nicht hin (BVerfGE 28, 36 [48]). Verfassungsfeinde sollen nicht unter Berufung auf Freiheiten, die das Grundgesetz gewährt und unter ihrem Schutz die Verfassungsordnung oder den Bestand des Staates gefährden, beeinträchtigen oder zerstören dürfen (vgl. Art. 9 Abs. 2, Art. 18, Art. 21 GG). Für die Aufgabe des Verfassungsschutzes sieht das Grundgesetz ausdrücklich eine eigene Institution vor, das Verfassungsschutzamt (vgl. Art. 73 Ziff. 10, Art. 87 Abs. 1 GG).“[223]

Weiterhin bemerkenswert ist die unterschiedliche verfassungsrechtliche Verankerung im Rahmen der streitbaren Demokratie zwischen dem Soldatenbeschluss und dem Abhör-Urteil. Während im Soldatenbeschluss die Art. 9 Abs. 2, 20 Abs. 4, 18, 21 Abs. 2, 98 Abs. 2 und 5 GG als Niederschlag der streitbaren Demokratie legitimiert wurden, fanden im Abhör-Urteil nur die Art. 9 Abs. 2, Art. 18, Art. 21 GG Erwähnung.[224] Im Wertebereich der streitbaren Demokratie ist insbesondere umstritten, inwieweit sich die streitbare Demokratie im Rahmen des Grundgesetzes durch die Judikatur des Bundesverfassungsgerichts entfalten darf.

c) Eine Übersicht zum Radikalenbeschluss

Im Radikalenbeschluss vom 22. Mai 1975 erklärte das Bundesverfassungsgericht das Verhältnis zwischen Meinungsfreiheit und Treuepflicht der Beamten für die freiheitliche demokratische Grundordnung im Sinne des Grundgesetzes. Hiervon abgesehen, ist in Bezug auf die Verfassungstreue von Bewerbern für den öffentlichen Dienst auffällig, dass das Gericht dazu tendiert, eine schwer überbrückbare Diskrepanz zwischen verbeamteten und nichtbeamteten Bürgern zu bilden[225]: „Die hergebrachte Treuepflicht des Beamten erhält unter der Geltung des Grundgesetzes ein besonderes Gewicht dadurch, daß diese Verfassung nicht wertneutral ist, sondern sich für zentrale Grundwerte entscheidet, sie in ihren Schutz nimmt und dem Staat aufgibt, sie zu sichern und sie zu gewährleisten (Art. 1 GG). Sie trifft Vorkehrungen gegen ihre Bedrohung, sie institutionalisiert besondere Verfahren zur Abwehr von Angriffen auf die verfassungsmäßige Ordnung, sie konstituiert eine wehrhafte Demokratie (Art. 2 Abs. 1, Art. 9 Abs. 2, Art. 18, Art. 20 Abs. 4, Art. 21 Abs. 2, Art. 79 Abs. 3, Art 91, Art. 98 Abs. 2 GG).

---

223 BVerfGE 30, 1 (19 f.).

224 Sattler, a.a.O., S. 17 f.; Bulla, Die Lehre von der streitbaren Demokratie, in: AöR, 98 (1973), S. 340 ff.; Schlink, Das Abhör-Urteil des Bundesverfassungsgerichts, Der Staat 12 (1973), S. 85 ff.; Hall, Abhörentscheidungen im Grundgesetz, JuS, 1972, S. 132 ff.

225 BVerfGE 39, 334; Lameyer, Streitbare Demokratie, 1978 S. 60 ff.

Diese Grundentscheidung der Verfassung schließt es aus, daß der Staat, dessen verfassungsmäßiges Funktionieren von der freien inneren Bindung seiner Beamten an die geltende Verfassung abhängt, zum Staatsdienst Bewerber zuläßt und im Staatsdienst Bürger beläßt, die die freiheitliche demokratische, rechts- und sozialstaatliche Ordnung ablehnen und bekämpfen."[226]

Im Radikalenbeschluss bildet daher die streitbare Demokratie den neuartigen normativen Rahmen. Das Gericht zählt die Bestimmungen zum Schutz der Verfassung auf und erweitert diese um Art. 2 Abs. 1, Art. 9 Abs. 2, Art. 18, Art. 20 Abs. 4, Art. 21 Abs. 2, Art. 79 Abs. 3, Art 91, Art. 98 Abs. 2 GG. In Anbetracht der vorliegenden Texte besteht ein weiterer Problemkreis der streitbaren Demokratie in der Frage der Zwei-Sphären-Lehre, die von der Verfassungstreue im Sinne der freiheitlichen demokratischen Grundordnung ausgeht. Im Vergleich zu der früheren Interpretation „Die Bundesrepublik Deutschland ist eine Demokratie, die von ihren Bürgern eine Verteidigung der freiheitlichen Ordnung erwartet"[227], verbindet das Gericht im Radikalenbeschluss die materielle Wirkung der freiheitlichen demokratischen Grundordnung nicht mit gewöhnlicher Bürgerschaft, sondern nur mit einer auf besondere Weise zu Staats- und Verfassungstreue verpflichteten Beamtenschaft.[228] In diesem Kontext stellt sich die Frage, ob eine Verfassungstreuepflicht für Bürger bestehen soll.[229]

2. *Die Kontroverse um die Auslegung der streitbaren Demokratie*

Nach dem Radikalenbeschluss wird die kohärente Entwicklung einer konzeptionellen Ausformung des Prinzips der streitbaren Demokratie in dem „Verfassungstreue und Schutz der Verfassung" betitelten Referat zur Bonner Staatsrechtslehrertagung 1978 greifbar. Die vorliegenden Kontroversen um die Auslegung der streitbaren Demokratie werden in den Referaten von Erhard Denninger und Hans Hugo Klein leidenschaftlich debattiert.[230] Der

226 BVerfGE 39, 334 (349).

227 BVerfGE 28, 36 (48).

228 Denninger, Freiheitliche demokratische Grundordnung, Erster Teil, 1977, S. 23 ff.; Gusy, Die „freiheitliche demokratische Grundordnung" in der Rechtsprechung des Bundesverfassungsgerichts, AöR 105 (1980) S. 294.

229 R. Dreier, Verfassung und Ideologie, in: ders., Recht – Moral – Ideologie, 1981, S. 146 ff.; Esser, Bemerkungen zur Unentbehrlichkeit des juristischen Handwerkszeugs, JZ 1975, 555 ff.; Lange, „Radikale" im öffentlichen Dienst, NJW 1976, S. 1809; Zuck, Das Bundesverfassungsgericht als Dritte Kammer, ZRP 1978, 189 (193).

230 Lameyer, Streitbare Demokratie, JöR NF 30 (1981), S. 148 (188 ff.).

argumentative Kern der Debatte setzt sich aus drei unterschiedlichen Begriffen zusammen: „Verfassungstreue", „Verfassungsschutz" und „Verfassungsfeinde".[231]

a) Verfassungstreue in der Debatte

Die Bestimmung des Begriffs Verfassungstreue ist von der Frage abhängig, ob sich die Bürger in der freiheitlichen demokratischen Grundordnung zur Verfassungstreue verpflichtet fühlen sollten. In diesem Punkt sind Erhard Denninger und Hans Hugo Klein unterschiedlicher Ansicht.

Denninger hat die im Radikalenbeschluss vertretene Zwei-Sphären-Lehre einer kritischen Argumentation unterzogen. Seine These beruht auf der Interpretation des betreffenden Gerichts, die lautet: „Die Bundesrepublik Deutschland ist eine Demokratie, die von ihren Bürgern eine Verteidigung der freiheitlichen Ordnung erwartet."[232] Um diese Verfassungstreue in der Bürger-Staat-Beziehung zu ergänzen, erweiterte Denninger mit drei „vorinstitutionellen"[233] Elementen den Katalog der Elemente der freiheitlichen demokratischen Grundordnung aus der von der geschriebenen Verfassung vorausgesetzten Grundverfassung des Bürgers: Freiheit von Angst[234], Vertrauen[235] und Bereitschaft zum demokratischen Engagement[236]. Laut Denningers politisch-anthropologischer Begründung wird sowohl die Konstitution des Rechtsstaates als auch des politischen Prozesses der Demokratie wiederentdeckt, indem anhand der Lehren von Hobbes, F. D. Roosevelt sowie Montesquieu unter dem Leitmotiv der Freiheit von Angst eine theoretische Grundlage für die Gesinnung einer Einteilung in „Freunde oder Feinde der Freiheit" geschaffen wird. Wird die Grundverfassung des Bürgers unter dem Aspekt der Freiheit von Angst interpretiert, so soll sich

231 Häberle, VVDStRL 37, 1979, S. 126 (Diskussionsbeitrag).

232 BVerfGE 28, 36 (48).

233 Denninger, Verfassungstreue und Schutz der Verfassung, VVDStRL 37 (1979), S. 27.

234 Freiheit von Angst setzt voraus, dass die Gesetze dem Bürger möglichst weitergehend nur meßbares, jedenfalls beobachtbares, damit beweisbares äußeres Verhalten abverlangen, nicht aber Gewissensproben, Überzeugungen und Gesinnungen. (These 11), vgl. Denninger, Verfassungstreue und Schutz der Verfassung, VVDStRL 37 (1979), S. 27 f.

235 Das Grundmuster der Bürger-Staat-Beziehung muss von wechselseitigem Vertrauen geprägt sein. Dem favor legis entspricht der favor civis, eine Vermutung für die Verfassungstreue des Bürgers." (These 12), vgl. Denninger, a.a.O., S. 30.

236 Bereitschaft zum demokratischen Engagement ist sowohl Bedingung als auch Bedingtes einer Verfassung offener Kritikmöglichkeit, pluralen Ideen- und Interessenwettbewerbes, politischer Toleranz und Revidierbarkeit staatlicher Entscheidungen. (These 11), vgl. Denninger, a.a.O., S. 30 f.

im Staat neben dem Beamten vor allem der Bürger zu Hause fühlen. Der beste und dauerhafteste Schutz der Verfassung ist nach Denninger die Verfassungstreue aller Bürger[237].

Klein übt an Denningers Position starke Kritik. Diese richtet sich einerseits gegen Denningers Auffassung der Verfassungstreue des Bürgers, die nach Klein keine aus dem Grundgesetz hervorgehende Grundpflicht darstelle, sondern lediglich ein Bürgerrecht zur Verteidigung der freiheitlichen demokratischen Grundordnung, denn die sittliche Inpflichtnahme sei nicht kompatibel mit der verfassungsrechtlich garantierten geistigen Freiheit.[238] Andererseits analysiert Klein die im Radikalenbeschluss vertretene Zwei-Sphären-Lehre mit dem Argument, dass die im Grundgesetz verankerte Verfassungstreuepflicht der Beamten in den zerstörerischen Bestrebungen der Weimarer Demokratie wurzele. Das wehrhafte Grundgesetz dürfe daher von seinen Beamten mehr erwarten als distanzierte Indifferenz. So statuierte Klein: „Es gibt keine allgemeine Pflicht des Bürgers zur Verteidigung der freiheitlichen Demokratie. (…) Die Beamtengesetze konkretisieren zutreffend die schon kraft Verfassungsrechts bestehende Treupflicht der Beamten."[239]

b) *Verfassungsschutz in der Debatte*

Im Kern der Kontroverse um den Begriff des Verfassungsschutzes steht die Frage, ob die streitbare Demokratie als Verfassungsprinzip oder aber als thematischer Verfassungsschutz anzusehen ist. Verfassungsschutz im Sinne der streitbaren Demokratie wird als „ein allgemeines Verfassungsprinzip mit selbständige[m] rechtliche[m] Gehalt" oder als „ein programmatische[r] bzw. thematische[r] Oberbegriff für die dem Staate an die Hand gegebenen Möglichkeiten zur Verteidigung seiner Existenz und seiner Grundwerte" bezeichnet.[240] Diese Verknüpfung von Prinzip und Begriff führt dazu, dass in Bezug auf den Begriff des Verfassungsschutzes verschiedene Definitionen vorliegen.

Denninger ist der Auffassung, dass die streitbare Demokratie kein selbstständiges Verfassungsprinzip im Grundgesetz sei, sondern ein verfassungsrechtlicher Schlüsselbegriff, der die Erschließungsfunktion und die Verweisungsfunktion

---

237 Denninger, a.a.O., S. 47 f.

238 Klein, Verfassungstreue und Schutz der Verfassung, VVDStRL 37 (1979), S. 80 f.

239 Klein, a.a.O., S. 81, 89 (These 12 und 13).

240 Thiel, Zur Einführung: Die „wehrhafte Demokratie" als verfassungsrechtliche Grundentscheidung, in: ders. (Hrsg.), Wehrhafte Demokratie, 2003, S. 6, 10 ff.

hervorhebe.[241] Die Erschließungsfunktion hat sich als eine unmittelbare konfliktentscheidende Wertakzentuierung manifestiert. Innerhalb des Grundgesetzes wird die streitbare Demokratie als Fundament elementarer Funktionsbedingungen eines pluralistischen demokratischen Politikprozesses betrachtet. In Anbetracht des Grundgesetzes betonen die Bemühungen des Verfassungsgebers den Sinn einer möglichst sorgfältigen Verankerung aller präventiven und restriktiven Vorkehrungen sowie Verfahren für die Verfassungsschutzbestimmungen zur Verteidigung der freiheitlichen demokratischen Ordnung vor Gefahren.[242] Bei einer positiven Bestätigung der Berufung auf das Verfassungsprinzip der streitbaren Demokratie wäre der komplexe Charakter des primären Schutzgutes der streitbaren Demokratie nicht mehr sichtbar, sodass sich das Streitbarkeitsprinzip allmählich zu einer „Rundum-Waffe" des Staatsschutzes herausbildet.[243] Außerdem dürfte die Berufung auf das Verfassungsprinzip der streitbaren Demokratie nicht dazu führen, dass im konkreten Streitfall jedes weitere Argument abgeschnitten wird.[244] Die Berufung auf das Verfassungsprinzip der streitbaren Demokratie entbindet keinesfalls von der Notwendigkeit, im Einzelfall den Nachweis zu führen, dass der angegriffene Freiheitsgebrauch in concreto einen Missbrauch darstellt.[245] Während die streitbare Demokratie von Denninger als einzelne präventive Verfassungsschutzbestimmung bezeichnet wird, hat das Grundgesetz, insbesondere Art. 9 Abs. 2, Art. 18 und Art. 21 Abs. 2 GG, sich auf den Schutz der Verfassung ausgewirkt.

Klein stimmt mit Denninger nicht überein, denn Klein sieht überdies in dem Grundsatz der streitbaren Demokratie ein selbstständiges Verfassungsprinzip. Die streitbare Demokratie, verstanden als Prinzip mit selbstständigem rechtlichen Gehalt, würde über die Summe der positiven streitbaren

241 Denninger, Staatsrecht, Bd. 1, 1973, S. 84; Denninger, Demokratieprinzip und Verfassung — eine Problemskizze in demokratischer Absicht, in: Dilcher/Hoffmann-Riem (Hrsg.), Sozialwissenschaften im Studium des Rechts, Bd. 2: Verfassungs- und Verwaltungsrecht, 1977, S. 33 (42); Denninger, Verfassungsrechtliche Schlüsselbegriffe, in: Broda/Rudolf, Festschrift für Rudolf Wassermann zum sechzigsten Geburtstag, S. 279 (290 f.).

242 Sattler, Die rechtliche Bedeutung der Entscheidung für die streitbare Demokratie, 1982, 63 f.

243 Denninger, Verfassungstreue und Schutz der Verfassung, VVDStRL 37 (1979), S. 19.

244 Denninger, Verfassungsrechtliche Schlüsselbegriffe, in: Broda/Rudolf, Festschrift für Rudolf Wassermann zum sechzigsten Geburtstag, S. 290.

245 Denninger, Verfassungsrechtliche Schlüsselbegriffe, in: Broda/Rudolf, Festschrift für Rudolf Wassermann zum sechzigsten Geburtstag, S. 291.

Einzelbestimmungen zum Schutz der Verfassung hinausreichen. Auffällig sind Kleins Bemühungen, das Prinzip der streitbaren Demokratie mit der Unabänderlichkeitsklausel des Art. 79 Abs. 3 GG in Übereinstimmung zu bringen, um das Prinzip der streitbaren Demokratie im Sinne der Identität und Kontinuität der Verfassung zu legitimieren. Seine Kernthese besteht darin, dass die Gegenstände des Verfassungsschutzes die freiheitliche demokratische Ordnung sowie der Bestand und die Sicherheit des Bundes und der Länder seien.[246] Unter dem Hinweis auf seine Kernthese werden die Schutzgüter im Begriff der „freiheitlichen demokratischen Grundordnung" sowie des „Bestand[s] und [der] Sicherheit des Bundes oder eines Landes" bestimmt. Zwar entwickelt sich dieses Prinzip in der Praxis weiter, doch beschränkt sich diese Entwicklung nicht nur auf die einzelnen Verfassungsschutzbestimmungen des geschriebenen Grundgesetzes, sondern ist auch in der Interpretation konkreter Fälle zu erkennen.

c) *Verfassungsfeinde in der Debatte*

Der Feindbegriff ist nicht im Verfassungstext verankert; vielmehr stellt er einen politischen Kampfbegriff dar, der sich auf Gegner der freiheitlichen demokratischen Ordnung im Sinne des Grundgesetzes bezieht. Aufgrund dieser im Rahmen der Politik bestehenden Unklarheiten haben sowohl Denninger als auch Klein auf eine Konkretisierung des Feindbegriffs im Sinne des Grundgesetzes verzichtet. Um eine streitbare Demokratie zu gewährleisten, findet sich stattdessen bei beiden die Forderung: „keine unbedingte Freiheit für die Feinde der Freiheit."[247]

Während bei Klein jedoch die freiheitliche demokratische Ordnung an den Verfassungsschutz gebunden ist, wurde die oben genannte Formel von Denninger als Kampfinstrument zur Differenzierung des Verfassungsfeindes sowie der Toleranzgrenzen verstanden. Denninger stellte fest, dass es sich bei der Unklarheit des Begriffs „Grundwert" im Sinne des Grundgesetzes „nicht eigentlich um eine Wertbestimmung" handele, sondern in erster Linie um eine Feindbestimmung.[248] In diesem Zusammenhang wird die Forderung der Verfassungstreue des Bürgers mitschwingen: Einerseits polarisiert die Unterscheidung zwischen den „Freunde[n] der Demokratie" und den „Feinden der Demokratie" auf wirksame Weise; andererseits wird die Verfassungstreue aller Bürger als bester und dauerhaftester Schutz der Verfassung begründet. So lautet diesbezüglich

246 H. H. Klein, Verfassungstreue und Schutz der Verfassung, VVDStRL 37 (1979), 55 f.
247 Denninger, Staatsrecht, Bd. 1, 1973, S. 84.
248 Denninger, Verfassungstreue und Schutz der Verfassung, VVDStRL 37 (1979), S. 11.

Denningers These: „Der Grundsatz des elementaren wechselseitigen Vertrauens im Verhältnis Bürger-Staat gebietet, dass der Verfassungsschutz nicht zu einer Institution des systematischen generellen Misstrauens werden darf, die jeden Bürger zunächst einmal als potentiellen Verfassungsfeind ansieht."[249]

Im Gegensatz zu Denningers These steht die von Klein vertretene Auffassung, dass die Rechtsstellung des Verfassungsfeindes bei der Aktualisierung des Verfassungsschutzes in den jeweils vorgesehenen administrativen oder gerichtlichen Verfahren zu beachten ist. Im Rahmen der Verfassung hängt die Interpretation des Begriffs des Verfassungsfeindes von dem im Grundgesetz normierten Entscheidungsmonopol des Bundesverfassungsgerichts ab. Klein hat hier jedoch keine politisch-anthropologische Konstitution im Auge, sondern will nur erreichen, dass der Begriff des Verfassungsfeindes „entpolitisiert"[250] wird. So stellte Klein fest: „Der Verfassungsfeind ist weder rechtlos noch unfrei. Er hat jedoch wie jeder Bürger, der die seinen Rechten gezogenen Schranken übertritt, mit den an Gesetz und Recht gebundenen Reaktionen der staatlichen Gewalt zu rechnen."[251]

C. Parteienstaatsdemokratie im Wandel

I. Die Parteienstaatslehre von Gerhard Leibholz

Leibholz' Parteienstaatslehre erschien zum ersten Mal 1929 in seiner Habilitationsschrift „Das Wesen der Repräsentation". Die Parteienstaatslehre wird in seinem auf der Hallenser Staatsrechtslehrertagung im Jahr 1931 gehaltenen Referat unter dem Titel „Die Wahlrechtsreform und ihre Grundlagen" vertieft. Eine weitere Entwicklung der Parteienstaatslehre, die wesentliche Unterschiede zur Weimarer Phase aufweist, wird dadurch markiert, dass Leibholz' Parteienstaatslehre auf die Rechtsprechung des Bundesverfassungsgerichts wirkte. Diese Entwicklung tritt während Leibholz' Amtszeit als Bundesverfassungsrichter (1951–1971) besonders deutlich zutage. In diesem Zusammenhang ist zu klären, wie sich Leibholz' Parteienstaatslehre auf die verfassungsrechtliche Judikatur auswirkte und ob diese Auswirkungen darüber hinaus von fortwirkender Bedeutung sind.

---

249 Denninger, Verfassungstreue und Schutz der Verfassung, VVDStRL 37 (1979), S. 40 (These 18).

250 H. H. Klein, Verfassungstreue und Schutz der Verfassung, VVDStRL 37 (1979), S. 71.

251 Klein, Verfassungstreue und Schutz der Verfassung, VVDStRL 37 (1979), S. 111 (These 7).

1. Die Parteienstaatslehre in Leibholz' Habilitationsschrift „Das Wesen der Repräsentation"

Ursprünglich stellte die Dichotomie zwischen repräsentativer Demokratie und parteienstaatlicher Demokratie das Kernthema der Parteienstaatslehre in Leibholz' Habilitationsschrift „Das Wesen der Repräsentation" dar.[252] Zur Bildung der politischen Einheit von Volk und Staat formulierte Leibholz seine Identitätsthese, die sich nicht auf den liberal-repräsentativen Parlamentarismus als Bezugspunkt beruft, sondern darauf, dass der Parteienmehrheitswille vom Volk mit der Volonté Générale identifiziert werden müsse. Konsequenterweise argumentiert Leibholz, dass der Parteienstaat „eine rationalisierte Erscheinungsform der plebiszitären Demokratie" sei[253].

2. Die Vertiefung der Parteienstaatslehre im Referat der Hallenser Staatsrechtslehrertagung 1931

Basierend auf der in seiner Habilitationsschrift formulierten Identitätsthese pointierte Leibholz in seinem Hallenser Referat insbesondere die Unterschiede zwischen dem Mehrheits- und Verhältniswahlsystem zur Umbildung der Wahlrechtsgrundsätze.[254] Der Begriff des allgemeinen und gleichen Wahlrechts wird sowohl mit dem Übergang vom Obrigkeitsstaat zum Volksstaat als auch durch die Einführung des Verhältniswahlrechts erneuert. Während die reine Persönlichkeit unter dem Mehrheitswahlsystem im Sinne des liberal-repräsentativen Parlamentarismus bereits im preußischen Wahlrecht gestaltet ist, wird der Bestand der politischen Parteien unter dem Verhältniswahlsystem im Sinne des Art. 17 WRV noch weiterentwickelt. Leibholz betonte die rechenmäßig statistischen Funktionen des Verhältniswahlsystems zur Reform der Wahlrechtsgrundsätze, weil der Wahlakt nicht mehr zur Repräsentation des wirklichen Kampfs um die politische Führung im Volke führe. Bei dem Verhältniswahlsystem komme es

---

252 Leibholz, Das Wesen der Repräsentation unter besonderer Berücksichtigung des Repräsentativsystems: ein Beitrag zur allgemeinen Staats- und Verfassungslehre, 1929. Zitiert nach: G. Leibholz, Das Wesen der Repräsentation und der Gestaltwandel der Demokratie im 20. Jahrhundert, 3. Aufl., 1966.

253 Leibholz, Das Wesen der Repräsentation unter besonderer Berücksichtigung des Repräsentativsystems: ein Beitrag zur allgemeinen Staats- und Verfassungslehre, 1929, S. 78 ff., 163 ff.; Hecker, Die Parteienstaatslehre von Gerhard Leibholz in der wissenschaftlichen Diskussion, Der Staat 34 (1995), S. 288 ff.; Nettersheim, Die Parteienstaatstheorie von Gerhard Leibholz, Diss. Bonn, 2008, S. 12 ff.

254 Leibholz, Die Grundlagen des modernen Wahlrechts, VVDStRL 7 (1932), S. 159 ff.

dagegen nicht auf Sieg und Kampf an, sondern in entscheidendem Maße allein auf die zahlenmäßig exakte und damit gerechte Erfassung der Stimmen der Aktivbürgerschaft.[255] In diesem Sinne wird die Bindung zwischen dem Mehrheitswahlsystem und dem klassischen liberal-repräsentativen Parlamentarismus durch den Konnex zwischen dem Verhältniswahlsystem und dem massendemokratischen Parteienstaat ersetzt. Für die parteienstaatliche Massendemokratie als Surrogat der unmittelbaren Demokratie im Flächenstaat wird anstelle des Prinzips der Repräsentation jenes der Identität verwandt.[256] Konsequenterweise hat eine Wahlreform im Sinne des massendemokratischen Parteienstaats diesen Zusammenhang zwischen beiden Seiten aufgelöst: nach einer Beseitigung der autoritären Parteiherrschaft und nach Beschränkung auf eine Aktivierung der Aktivbürgerschaft, indem eine auf gesetzlicher Grundlage erfolgende Demokratisierung des gesamten Parteibetriebes fortgeschrieben wird.[257]

3. *Die Fortentwicklung der Parteienstaatslehre in „Gestaltwandel der Demokratie im 20. Jahrhundert“*

Die Argumentation der Parteienstaatslehre beruft sich auf den neuen Art. 21 Abs. 1 GG: Einerseits seien die Parteien verfassungsmäßig legalisiert worden und haben dadurch ihren früheren extra-konstitutionellen Status verloren;[258] andererseits ist die Parteienstaatslehre in Art. 21 Abs. 1 GG im Sinne des modernen massendemokratischen Parteienstaats des 20. Jahrhunderts gegenüber dem klassischen repräsentativ-parlamentarischen System des 19. Jahrhunderts im Art. 38 Abs. 1 S. 2 GG verwurzelt.[259] Hinsichtlich des Strukturwandels in der Legitimierung des Parteienstaates und des Widerspruchs zwischen zwei völlig verschiedenen Strukturprinzipien stellte sich die Frage, wie der Antagonismus von Art. 21 Abs. 1 und Art. 38 Abs. 1 S. 2 GG zu eliminieren ist.[260] In der Verfassungsrechtstheorie fand sich Leibholz' Kompromissversuch in der Auffassung, dass Art. 38. Abs. 1 S. 2 GG zwar mit der politischen Wirklichkeit nicht vereinbar sei, doch heute noch die rechtliche Bedeutung innehabe, die äußersten Konsequenzen

255 Leibholz, Die Grundlagen des modernen Wahlrechts, VVDStRL 7 (1932), S. 169.

256 Leibholz, a.a.O., S. 170.

257 Leibholz, a.a.O., S. 187.

258 Leibholz, Volk und Partei im neuen deutschen Verfassungsrecht, DVBl. 1950, S. 194 f.; Leibholz, Parteienstaat und Repräsentative Demokratie, DVBl. 1951, S. 1 ff.

259 Leibholz, Parteienstaat und Repräsentative Demokratie, DVBl. 1951, S. 6.

260 Leibholz, Der Gestaltwandel der Demokratie im 20. Jahrhundert, S. 235 ff.; Nettersheim, a.a.O., S. 86 ff.

des demokratischen Parteienstaates, der in Art. 21 Abs. 1 GG legalisiert ist, abzuwenden, um die Grundsätze des liberal-demokratischen, repräsentativen Parlamentarismus und die Freiheit der Abgeordneten zu leisten.[261] Zur Verstärkung der Notwendigkeit der Demokratisierung der politischen Parteien im zukünftigen Parteiengesetz wird das Parteimonopol der politischen Willensbildung geschwächt, z.B. das Verbot des Mandatsverlusts bei Parteiausschluss,[262] die Beschränkungen des Fraktionszwanges und der Fraktionsdisziplin[263] sowie gesetzliche Regelungen zur innerparteilichen Demokratie[264].

4. *Die Rezeption der Parteienstaatslehre in den Rechtsprechungen des Bundesverfassungsgerichts*

In der wissenschaftlichen Diskussion scheint sich der Einfluss der Leibholz'schen Parteienstaatslehre auf die Judikatur des Bundesverfassungsgerichts in zwei Phasen teilen zu lassen.[265] Diese Trennung basiert auf dem ersten Urteil des Bundesverfassungsgerichts zur Parteienfinanzierung im 20. Band (sog. Parteienfinanzierung II).[266]

Der „Parteienfinanzierung II" vorausgehend, übernahm die Judikatur des Bundesverfassungsgerichts in umfassender Weise die Leibholz'sche Parteienstaatslehre im Rahmen der verschiedenen Beschreibungen der Position der Parteien im Verfassungsleben: Parteien als „Faktoren des Verfassungslebens"[267], „Inkorporierung in das Verfassungsgefüge"[268], „verfassungsrechtliche Institutionen"[269], „Funktionen eines Verfassungsorgans"[270], „notwendige Bestandteile des

---

261 Leibholz, Parteienstaat und Repräsentative Demokratie, DVBl. 1951, S. 3; Leibholz, Der Gestaltwandel der Demokratie im 20. Jahrhundert, S. 238 f.; Nettersheim, a.a.O., S. 94 ff.

262 Leibholz, Verfassungsrechtliche Stellung und innere Ordnung der Parteien, in: Verhandlungen des 38. deutschen Juristentages, Staatsrechtliche Abteilung, 1951, S. C 76, 83.

263 Leibholz, Der Gestaltwandel der Demokratie im 20. Jahrhundert, S. 235 ff.; Leibholz, Parteienstaat und Repräsentative Demokratie, DVBl. 1951, S. 3.

264 Leibholz, Der Gestaltwandel der Demokratie im 20. Jahrhundert, S. 246 ff.; Leibholz, Zum Parteiengesetz von 1967, in: Ehmke/Schmid/Scharoun, (Hrsg.), Festschrift für Adolf Arndt, 1969, S. 177 ff.

265 Hecker, a.a.O., S. 306 ff.; Netterdheim, a.a.O., S. 133.

266 BVerfGE 20, 56.

267 BVerfGE 1, 208, 226.

268 BVerfGE 2, 1, 73; 5, 85, 134.

269 BVerfGE 2, 1 73; 5, 85, 133; 11, 239, 241; 11, 266, 273.

270 BVerfGE 4, 27, 30; 5, 85, 134; 6, 367, 372; 11, 239, 241.

Verfassungsaufbaus“[271], „der Sprachrohrmetapher“[272] sowie die „Entwicklung von der liberalen parlamentarisch-repräsentativen Demokratie zu der mehr radikal-egalitären parteienstaatlichen Demokratie“[273] umfassend übernommen, wobei sich dieser Passus oftmals ohne Zitat aus Leibholz’ Arbeiten in einigen Parteienjudikaturen wiederfindet.

Während Leibholz wegen möglicher Befangenheit von der Mitwirkung am zweiten Parteienfinanzierungsurteil 1966 ausgeschlossen war, hat das Bundesverfassungsgericht eine neue verfassungsrechtliche Stellung der politischen Parteien umgesetzt, die im Gegensatz zur Leibholz'schen Parteienstaatslehre und im Widerspruch zur bisherigen Rechtsprechung steht. In diesem Urteil akzeptierte das Bundesverfassungsgericht zwar die Leibholz'sche Parteienstaatslehre in Hinblick auf die Sprachrohrmetapher sowie die Unterscheidung zwischen gesellschaftlicher Willensbildung und Bildung des Staatswillens im Verhältnis von Staat und Gesellschaft,[274] jedoch wird die Identitätsthese als Kern der Leibholz'schen Parteienstaatslehre von diesem Gericht widerrufen.

In Leibholz’ Aufsatz „Der Strukturwandel der modernen Demokratie“, der in diesem Urteil im Rahmen der Sprachrohrmetapher zitiert wird, wird die folgende Identitätsthese aufgestellt: „Wie in der plebiszitären Demokratie der Wille der Mehrheit der Aktivbürgerschaft mit dem jeweiligen Gesamtwillen identifiziert wird, wird in einer funktionierenden parteienstaatlichen Demokratie der Wille der jeweiligen Parteienmehrheit in Regierung und Parlament mit dem Gesamtwillen identifiziert.“[275]

Im Gegensatz zu Leibholz’ Identitätsthese ist das Bundeverfassungsgericht in der Urteilsbegründung anderer Ansicht: „In der modernen Massendemokratie üben die politischen Parteien entscheidenden Einfluß auf die Besetzung der

---

271 BVerfGE 1, 208, 225; 5, 85, 133; 6, 367, 372; 11, 239, 241.

272 BVerfGE 1, 208, 224; 20, 56,101; 44, 125, 145 f.; 47, 130, 140.

273 BVerfGE 1, 208, 223; 4, 144,149; 11, 266, 273; 32, 157.

274 BVerfGE 20, 56, 101: „Die politischen Parteien wirken an der politischen Willensbildung des Volkes vornehmlich durch ihre Beteiligung an den Wahlen mit, die ohne die Parteien nicht durchgeführt werden könnten (BVerfGE 4, 27 [30]; 8, 51 [63]; 12, 276 [280]; 13, 54 [81]; 14, 121 [132]). Sie sind darüber hinaus Zwischenglieder zwischen den Einzelnen und dem Staat (Hesse, VVDStRL, Heft 17 (1959) S. 19), Instrumente, durch die der Bürgerwille auch zwischen den Wahlen verwirklicht werden kann, „Sprachrohr“ des Volkes (BVerfGE 1, 208 [224]). [...] Sie beeinflussen die Bildung des Staatswillens, indem sie in das System der staatlichen Institutionen und Ämter hineinwirken [...].“

275 Leibholz, Der Strukturwandel der modernen Demokratie, S. 226; Leibholz, Parteienstaat und Repräsentative Demokratie DVBl 1951, S. 4.

obersten Staatsämter aus (BVerfGE 13, 54 [81]). Sie beeinflussen die Bildung des Staatswillens, indem sie in das System der staatlichen Institutionen und Ämter hineinwirken, und zwar insbesondere durch Einflußnahme auf die Beschlüsse und Maßnahmen von Parlament und Regierung."[276] Indem in der Begründung das Wort „identifizieren" durch „beeinflussen" sowie „hineinwirken" substituiert und interpretiert wird, hält das Bundesverfassungsgericht weiter an dem Verhältnis zwischen Art. 21 und Art. 38 GG fest: „Die Parteien wirken an der politischen Willensbildung des Volkes mit. Sie haben aber kein Monopol, die Willensbildung des Volkes zu beeinflussen. Neben ihnen wirken auch die einzelnen Bürger und vor allem Verbände, Gruppen und Vereinigungen auf den Prozeß der Meinungs- und Willensbildung ein. Aus Art. 21 in Verbindung mit Art. 38 GG sowie aus dem Bundeswahlgesetz, das zum materiellen Verfassungsrecht gehört, ergibt sich jedoch, daß den Parteien bei der Willensbildung des Volkes durch Parlamentswahlen eine Vorrangstellung gegenüber den Verbänden zukommt."[277]

In diesem Kontext wird die Parteienstaatslehre ignoriert, deren Antagonismus sich auf Art. 21 Abs. 1 GG im Sinne des modernen massendemokratischen Parteienstaats und Art. 38. Abs. 1 S. 2 GG im Sinne des klassischen repräsentativ-parlamentarischen Systems beruft. Das Bundesverfassungsgericht betont insbesondere, dass es kein Parteimonopol gibt; stattdessen wird hervorgehoben, dass die jeweilige Mitwirkung von Parteien, Verbänden, Gruppen und Vereinigungen untereinander ebenbürtig sei. Darüber hinaus habe Art. 21 GG an der überkommenen Struktur der Parteien als frei konkurrierender und aus eigener Kraft wirkender Gruppen nichts ändern wollen.[278]

Nach dem Parteienfinanzierungsurteil von 1966 begann eine neue Phase in der Verfassungsstellung politischer Parteien: Die politischen Parteien waren nach Ansicht des BVerfG ein Zwischenglieder zwischen den Einzelnen und dem Staat.[279] Dies bedeutet nicht nur, dass das Bundesverfassungsgericht die Parteienstaatslehre übernommen hat, sondern des Weiteren auch, dass die Verfassungsstellung politischer Parteien und die Konkurrenzdemokratie hiermit in enger Korrelation zueinander stehen.

---

276 BVerfGE 20, 56, 101.
277 BVerfGE 20, 56, 114.
278 BVerfGE 20, 56, 107.
279 BVerfGE 20, 56, 101; Hesse, VVDStRL 17 (1959), S. 19.

II. Krise der parteienstaatlichen Demokratie

Nachdem die Leibholz'sche Parteienstaatslehre in der Rechtsprechung des BverG an Bedeutung verloren hat, zeigt sich in der wissenschaftlichen Diskussion ein Perspektivenwechsel in Bezug auf die parteienstaatliche Demokratie, wobei der Parteienstaat von Leibholz nicht als Terminus zur Konstitutionalisierung der politischen Parteien oder zur notwendigen Demokratisierung der politischen Parteien angesehen wird. Während die parteienstaatliche Demokratie im Referat „Parteienstaatlichkeit – Krisensymptome des demokratischen Verfassungsstaats" auf der Freiburger Staatsrechtslehrertagung im Jahr 1985 von Michael Stolleis erneut erörtert wird, wird die Theoretisierung einer neuen grundlegenden Parteienstaatslehre durch eine pragmatische Abwägung von parteienstaatlichen Einzelfragen ersetzt; denn eine vollkommene Dialektik zwischen parteienstaatlichen Realitäten und parteienstaatlichen Normen könnte nur maßgeschneidert und temporär sein.[280] Eine pragmatische Abwägung erfasst demzufolge zahlreiche parteienstaatliche Fallgestaltungen, die das parteienstaatliche Krisensymptom, das idealtypische Parteienleitbild und parteienstaatliche Vorschläge im Rahmen der Rechtspolitik betreffen.

1. *Eine ideale Beziehung zwischen Parteien und dem demokratischen Verfassungsstaat*

Verfassungspolitische Leitbilder sollten ideell (und finanziell) von starken Mitgliederstämmen getragene, demokratisch organisierte Parteien sein, die ihre genuinen Aufgaben im Willensbildungsprozess vital und im offenen Dialog mit ihren Anhängern und der Öffentlichkeit erfüllen, sich auf Feldern außerhalb der politischen Willensbildung zurückhalten und sich ihrer dienenden Funktion im demokratischen Verfassungsstaat bewusst bleiben.[281] In diesem Kontext werden die politischen Parteien mit einem doppelten Druck vonseiten der Demokratie konfrontiert: Einerseits müssen sich die Parteien mit anderen aktiven Teilnehmern am Willensbildungsprozess im Sinne der Konkurrenzdemokratie beteiligen und standhalten; andererseits müssen sie sich um die Legitimitätsbeschaffung für die dem Bürger lästigen staatlichen Entscheidungen im Sinne der repräsentativen Demokratie bemühen.[282]

---

280 Stolleis, Parteienstaatlichkeit – Krisensymptome des demokratischen Verfassungsstaats? VVDStRL 44 (1986), S. 12 f.

281 Stolleis, a.a.O., S. 44 (These 17).

282 Stolleis, a.a.O., S. 14.

Diese zweiseitige Parteienfunktion ist somit im Verfassungsrecht verankert worden. Der Konkurrenzcharakter der Willensbildung und der prozesshafte Charakter der Willensbildung werden zwar in Art. 20 Abs. 2 S. 2 GG und Art. 21 Abs. 1 S. 1 GG separat geordnet, doch die normative Kraft der Verfassung wird in einer Verflechtungsform entwickelt, die von den Prinzipien der repräsentativen Demokratie (Grundsätze des Wahl- und Parlamentsrecht, Gebot strenger Chancengleichheit) und den fairen politischen Marktregeln (Mitgestalten der öffentlichen Meinung) gewoben wird.[283]

2. Parteienstaatlichkeit als Krisensymptom

Parteienstaatlichkeit als Krisensymptom des demokratischen Verfassungsstaats liegt insbesondere dann vor, wenn die Kräfte der politischen Willensbildung der Parteien nicht auf direktem Weg über Exekutive und Kabinett zustandekommen, sondern in Verbindung zum Parlament oder anderen Gebieten mit Parteieinfluss Entscheidungen manipulieren.[284] Aus der funktional defizitären Willensbildung der Parteien gingen Defizite des Parteiensystems sowie nachhaltige Beeinträchtigungen des demokratischen Verfassungsstaats hervor.

Zur Bestätigung der oben genannten Ansicht sprach Stolleis vier Aspekte an: die Verstärkung der Parteiverdrossenheit, das Wachstum der Bürgerinitiativen, die Teilnahme professionalisierter Verbände am Prozess der politischen Willensbildung sowie Terrainverlust bei der Mitwirkungsfunktion der Parteien.[285] Selbiges Problem stellt sich auch bei der parteienstaatlichen Machterweiterung. Ämterpatronage, Parteienproporz, Parteispendenaffäre(n) usw. sind weiterhin Begleiter des Parteienstaats.[286]

3. Parteienrechtliche Vorschläge als Therapie

Zur Aufrechterhaltung einer idealen politischen Willensbildung der Parteien versuchte Stolleis mit der substanziellen Erwägung als rechtspolitische Remedien zu drehen und forderte eine neue Koppelungsform zwischen repräsentativer und plebiszitärer Demokratie als auch neue rechtliche Rahmenbedingungen für eine rein funktionell politische Willensbildung: z.B. das wirksame Wächteramt der Öffentlichkeit, die Fortschreibung der Verhaltensregeln für Abgeordnete, Beteiligungsmöglichkeiten der Bürger an der (innerparteilichen)

283 Stolleis, a.a.O., S. 14 f.
284 Stolleis, a.a.O., S. 13 f.
285 Stolleis, a.a.O., S. 16–22.
286 Stolleis, a.a.O., S. 16 ff.

Kandidatenaufstellung, die Integration außerparlamentarischer politischer Energien in förmliche Entscheidungsverfahren und die grundlegende Reform der Parteienfinanzierung.[287]

Beachtenswert ist in diesem Zusammenhang, dass der Experimentcharakter der parteienrechtlichen Vorschläge mit dem moralisch-politischen Maßstab verwoben ist. Beide wurzeln also in einer politischen Kultur bzw. einer Verfassungskultur.[288] Die Freiburger Staatsrechtslehrertagung fand unter der Teilnahme von Referenten unterschiedlicher Staaten, namentlich Michael Stolleis (Deutscher Staatsrechtslehrer), Heinz Schäffer (Österreichischer Staatsrechtslehrer) und René A. Rhinow (Schweizer Staatsrechtslehrer), statt, die sich gemeinsam mit demselben Thema auseinandersetzten, damit parteienrechtliche Vorschläge auf rechtspolitischer Ebene mit dem normativen Charakter der Rechtsvergleichung konturiert werden. Die politische Kultur bildete bei allen drei Referenten den zentralen Punkt. Dabei konnten Fehlentwicklungen der Parteienstaatlichkeit und das Problem der Rechtsschwäche in Hinblick auf eine Inkongruenz von Verfassung und Parteien durch entsprechende parteienrechtliche Vorschläge korrigiert werden.[289] Über diesen Ansatz hinausgehend, kommt in Deutschland die verantwortungsorientierte Frage hinzu, wer im Domestizierungsprozess der politischen Parteien durch das Recht die politische Kultur bildet.[290] Was vermag der Jurist in dieser Situation zu leisten?

4. *Die Rolle des Bundesverfassungsgerichts in der Parteienfinanzierung*

In der Betrachtung der Rolle des Bundesverfassungsgerichts in Stolleis' Referat zeigt sich eine Akzentuierung des engen Zusammenhanges, der zwischen der Reform des Parteienfinanzierungsmodells und dem Bundesverfassungsgericht besteht.

In diesem Zusammenhang hat das Gericht das Leitbild des Parteifinanzierungsmodells expliziert sowie eine Orientierung bestimmt. Die Offenheit des politischen Prozesses, die Erhaltung des Parteienwettbewerbes und die Rückbindung der Parteiführung an ihre gesellschaftliche Basis werden dadurch geregelt, dass der enorme Anstieg der Parteienfinanzierung die normativen Deiche mehrmals überstiegen hat. Diese temporäre Rechtskontrolle der Parteienfinanzierung wird als „Zeitgesetz"[291] bezeichnet, denn Parteien erweisen gegenüber der

287 Stolleis, a.a.O., S. 34 ff.
288 Stolleis, a.a.O., S. 40.
289 Aussprache bei Grimm, VVDStRL 44 (1986), S. 125.
290 Aussprache bei Stern, VVDStRL 44 (1986), S. 127.
291 NJW 1985, 1968; NJW 1985, 1971; Stolleis, a.a.O., S. 33.

Rechtskontrolle Widerstandsfähigkeit und Anpassungsfähigkeit; sie immunisieren sich.[292] An dieser Stelle ist des Weiteren der von Hans Herbert von Arnim herausgestellte Zusammenhang zwischen der Reform des Parteienfinanzierungsmodells und der Aufgabe des Bundesverfassungsgerichts nach der Formel „Entscheidung in eigener Sache“ zu erwähnen,[293] um den Standort des Bundesverfassungsgerichts zu bestimmen: Aufgrund des offenkundigen Kontrolldefizits sei das Gericht zu Recht „als Ersatzgesetzgeber in die Bresche gesprungen“[294].

D. Parteienwettbewerb als Konkurrenzdemokratie

I. Die Status-Lehre als Klassiker der Parteienrechtslehre

Es ist offenkundig, dass im Parteienfinanzierungsurteil von 1966 das Bundesverfassungsgericht sowohl Leibholz' Aufsatz „Der Strukturwandel der modernen Demokratie“ als auch das von Konrad Hesse auf der Wiener Staatsrechtslehrertagung 1958 gehaltene Referat „Die verfassungsrechtliche Stellung der politischen Parteien im modernen Staat“ zitiert hat.[295] Das Parteienfinanzierungsurteil, das auf die verschiedenen verfassungsrechtlichen Stellungen der politischen Parteien von Leibholz und Hesse gründet, bringt wichtige Bedeutungen der Parteienrechtsdogmatik zum Ausdruck: Der theoretische Zusammenhang zwischen der normativen Kraft der Verfassung und der verfassungsrechtlichen Stellung der politischen Parteien wird expliziert (1); die verfassungsrechtliche Stellung der politischen Parteien im Sinne der Konkurrenzdemokratietheorie wird theoretisiert (2); die in der „Statuslehre“ vorgenommene Gliederung der politischen Parteien in je einen Status der Freiheit, der Gleichheit und der Öffentlichkeit ist zu systematisieren (3). Darüber hinaus engagierte Hesse sich im Jahr 1956 als ehrenamtliches Mitglied in der Parteienrechtskommission.[296]

---

292 Stolleis, a.a.O., S. 166.

293 Vgl. Vogel, Entscheidungen des Parlaments in eigener Sache, ZG 1992, S. 293 ff.; von Arnim, Wahlgesetze: Entscheidungen des Parlaments in eigener Sache, JZ 2009, S. 813 ff.

294 von Arnim, Politikfinanzierung, Wahlrecht und legislative Manipulation – Strenge Gerichtskontrolle bei Entscheidungen der Politik in eigener Sache, in: Ziemske/Langheid/Wilms(Hrsg.), Staatsphilosophie und Rechtspolitik: Festschrift für Martin Kriele zum 65. Geburtstag, 1997, S. 627 (629); Shirvani, Das Parteienrecht und der Strukturwandel im Parteiensystem, 2010, S. 483.

295 BVerfGE 20, 56.

296 Häberle, Konrad Hesse (1919–2005), in: Häberle/Kilian/Wolff (Hrsg.), Staatsrechtslehrer des 20. Jahrhunderts, 2015, S. 893–908; E. Benda, Konrad Hesse: Bundesverfassungsrichter 1975–1987, in: JöR NF, Bd. 55, 2007, S. 509–51; Lerche, Europäische

Vor diesem Hintergrund soll zunächst beleuchtet werden, wie der Status der Freiheit, der Gleichheit und der Öffentlichkeit in der verfassungsrechtlichen Stellung der politischen Parteien jeweils festgelegt ist, um anschließend den Einfluss auf das Parteienrecht zu erörtern.

1. Zur normativen Kraft der Verfassung

In Konrad Hesses Freiburger Antrittsvorlesung „Die normative Kraft der Verfassung" wird der Zusammenhang zwischen verfassungsrechtlicher Normierung und politischer sozialer Wirklichkeit thematisiert. Aus diesem Zusammenhang ergibt sich die optimale Geltung der Verfassungsnormen zur kontinuierlichen Überlegungen, damit die verfassungsrechtliche Stellung der politischen Parteien im modernen Staat argumentiert werden kann.[297]

In seiner Schrift „Die normative Kraft der Verfassung" hat Konrad Hesse die wirkliche und die rechtliche Verfassung in einem Verhältnis korrelativer Zuordnung hervorgehoben. In Bezug auf diesen Ausgangspunkt, so selbstverständlich er erscheint, bedarf es einer besonderen Erklärung der Sein-Sollen-Dichotomie: Auf der einen Seite habe die Verfassungsnorm kein eigenes, von der Wirklichkeit unabhängiges Sein. Ihr Wesen bestehe darin, dass sie gelte, d. h. den von ihr normierten Zustand in der Wirklichkeit verwirklichen wolle; auf der anderen Seite sei die rechtliche Verfassung nicht nur Ausdruck eines Seins, sondern auch eines Sollens, sie sei mehr als ein bloßes Spiegelbild der tatsächlichen Bedingungen ihrer Geltung, insbesondere der politischen und sozialen Kräftegruppierungen.[298]

In diesem Zusammenhang bewegt sich der Geltungsanspruch gleich einem Uhrpendel zwischen der wirklichen Verfassung und der rechtlichen Verfassung. Wenn dieser Geltungsanspruch realisiert wird, gewinnt die rechtliche Verfassung eine normative Kraft. Die Realisierung des Geltungsanspruchs reflektiert sowohl eine „Wirklichkeitsbezogenheit der rechtlichen Verfassung"[299] in Hinsicht der staatlichen Wirklichkeit als auch den Zeitgeist der Verfassung, wie in Wilhelm von Humboldts politischen Schriften beschrieben: „Jede Verfassung,

---

Staatsrechtslehrer. Der Wissenschaftler Konrad Hesse, in: JöR NF, Bd. 55, 2007, S. 455–461.

297 Krüper, Wiedergelesen: Klassiker des Parteienrechts – Konrad Hesse: Die verfassungsrechtliche Stellung der politischen Parteien im modernen Staat, VVDStRL 17 (1959), S. 11 ff., MIP 2007, S. 22 (24).

298 Hesse, Die normative Kraft der Verfassung, 1959, S. 8.

299 Hesse, a.a.O., S. 9.

auch als ein bloß theoretisches Gewebe betrachtet, muß einen materiellen Keim ihrer Lebenskraft in der Zeit, den Umständen, dem Nationalcharakter vorfinden, der nur der Entwicklung bedarf. Sie rein nach dem Prinzip der Vernunft und Erfahrung gründen zu wollen, ist im hohen Maße mißlich[...].[300]

Um die Lebens- und Wirkungskraft der Verfassung mit der Zeit verbinden und entwickeln zu können, geht die normative Kraft nicht allein aus der Intention an das Gegebene hervor. Die normative Kraft wird also durch Verfassungspraxis bzw. -interpretation unter dem Gebot optimaler Entfaltung und Verwirklichung der Norm angedeutet, damit der Wille zur Verfassung mit der Zeit auszulegen ist.[301] Die Gebote hängen von den Grundbedingungen ab: Zuerst sollen die Gebote die Entwicklung der modernen Industriegesellschaft beachten; des Weiteren sollen die Gebote die elementaren und wesentlichen Grundsätze gegenüber der gesellschaftlichen und politischen Struktur anmerken (z.B. Föderalismus gegenüber dem Unitarismus); abschließend sollen die Gebote mit Mitteln logischer Subsumtion oder begrifflicher Konstruktion ausgelegt werden.[302]

Dies bedeutet, dass die normative Kraft der Verfassung erst durch Interpretation vollendet wird, um einen dynamisch verlaufenden „öffentliche[n] Prozess der Gemeinwohlverwirklichung durch alle von vornherein oder durch eigenen Entschluss an der Verfassungskultur Beteiligten" aufzufassen.[303]

2. *Die verfassungsrechtliche Stellung der politischen Parteien im modernen Staat*

a) *Die Parteienfunktion im Sinne von „für das Volk"*

Jede Parteienrechtslehre hat ihre Grundlagen in der Parteienfunktion. Dies erfordert, den Ausgangspunkt einer Demokratietheorie streng am Aussagegehalt und an der Systematik des Art. 21 GG zu orientieren. Entsprechend nennt Hesse eine bestimmte verfassungsrechtliche Stellung als Voraussetzung für auf Basis des Grundgesetzes zugewiesene Funktionen, damit der Regelungsinhalt mit der

---

300 Wilhelm von Humboldt, Denkschrift über die deutsche Verfassung (Dezember 1813), in: S. Kähler (Hrsg.), Wilhelm von Humboldt: Eine Auswahl aus seinen politischen Schriften, 1922, S. 91; Hesse, a.a.O., S. 11.

301 Hesse, a.a.O., S. 13.

302 Hesse, a.a.O., S. 22.

303 Badura, Die Verfassung im Ganzen der Rechtsordnung und die Verfassungskonkretisierung durch Gesetz, in: Isensee/Kirchhof (Hrsg.), Handbuch des Staatsrechts der Bundesrepublik Deutschland, Band VII: Normativität und Schutz der Verfassung – Internationale Beziehungen, 3. Aufl., 2009, S. 169.

optimalen Funktion der politischen Parteien theoretisiert wird.[304] Um die Parteienfunktion in der Demokratietheorie zu konkretisieren, erörterte Hesse, dass die Erscheinungsform der Demokratie des Art. 20 II GG nicht in dem Sinn verstanden werden soll, dass sie „durch das Volk“ geprägt wird; vielmehr ist sie angesichts der Wirklichkeit der Herrschaft dahingehend auszulegen, dass sie sich „für das Volk“ gestaltet.[305] Zugleich wird bezüglich der Parteienfunktion in diesem Kontext impliziert, dass den Parteien die unerlässliche Funktion eines Bindegliedes in der Legitimationskette zwischen Volk und politischer Führung zukommt.[306] Die Aufgabe der Parteien im Sinne von „für das Volk“ ist für die Herausstellung der politischen Führer und die Legitimierung innerhalb eines geschlossenen Verfassungssystems, das auf dem Grundsatz freier, gleicher und geheimer Wahlen, den Grundrechten und deren Schutz sowie der Einschaltung der rechtsprechenden Gewalt des Systems der Gewaltenteilung basiert.[307] Während die Aufgabe der Parteien als Träger und Mittel in einer freien und offenen politischen Willensbildung im Sinne des Art. 21 Abs. 1 S. 1 GG betont wird, wird die Mitwirkung der Parteien im Bereich der institutionalisierten Willensbildung zur Geltung gebracht, weil die Parteien im Vergleich zu anderen Interessentengruppen über einen komparativen institutionellen Vorteil im Parlament und Regierung verfügen.[308]

In diesem Kontext beschrieb Hesse den Parteienwettbewerb in der Konkurrenzdemokratie nicht nur nach Art. 20 II GG gemäß der Auffassung, dass dieser *„für das Volk“* geschehe; darüber hinaus zitierte er aus „Kapitalismus, Sozialismus und Demokratie“ von J. Schumpeter und konturiert damit zusätzlich das Zweck der Konkurrenzdemokratie. In Art. 21 I 1 GG obliege es den Parteien, die politischen Führer auszubilden, auszulesen, zu präsentieren und in den Wahlen um die Legitimierung dieser Führer durch die Mehrheit zu werben.[309]

b) Freiheit, Gleichheit und Öffentlichkeit der politischen Parteien

Als Hesse die optimale Parteienfunktion mit der Verfassungsstellung theoretisch zu kombinieren versuchte, betrat er damit in Bezug auf die parteienrechtliche Dogmatik juristisches Neuland. Denn der Wortlaut des Parteienartikels

---

304 Hesse, Die verfassungsrechtliche Stellung der politischen Parteien im modernen Staat, VVDStRL 17 (1958), S. 11 (12 ff.).

305 Hesse, a.a.O., S. 11 (19 f.).

306 Hesse, a.a.O., S. 11 (21).

307 Hesse, a.a.O., S. 11 (20 f.).

308 Hesse, a.a.O., S. 11 (23 f.).

309 Hesse, a.a.O., S. 11 (24 f.).

hatte sich bereits zum Aufhänger einer systematischen Entfaltung des verfassungsrechtlichen Parteienstatus gewandelt. Die verfassungsrechtliche Stellung der Parteien umfasst den Status der Freiheit, den Status der Gleichheit sowie den Status der Öffentlichkeit. Dazu werden sowohl die verfassungsrechtlichen Rechte und Pflichten der Parteien als auch die Verfassungsgrundsätze der politischen Parteien folgerichtig bestimmt.

aa) Freiheit der politischen Parteien

Zunächst zum Status der Freiheit: Der grundrechtstypische Freiheitsstatus wird durch Art. 21 I 2, 3 und Abs. II GG zur verfassungsmäßig vorausgesetzten Tätigkeit der Parteien, zur freiheitlichen inneren Ordnung der Parteien und zum Verbot jeder staatlich-institutionellen Verfestigung der Parteien entfaltet. In Art. 21 I 2 und Abs. II GG werden nicht nur die Freiheit der Parteien nach außen bzw. die Gründungs-, Beitritts- und Austrittsfreiheit sowie ein erhöhter Schutz vor Auflösung normiert und gewährleistet, sondern auch staatliche Sanktionen gegen verfassungswidrige Parteien vorausgesetzt. Aus der „lex imperfecta" ergibt sich eine Ingerenz, die der staatlichen vollziehenden Gewalt und der staatlichen Rechtsprechung gezogen sind.[310] Die innerparteiliche Demokratie des Art. 21 I 3 GG normiert zwar nur bedingt das wirklichkeitsfremde Prinzip eines „Aufbaus von unten nach oben", doch entwickelte sich aus dieser rechtlichen Grundlage im Parlamentarischen Rat bereits die Notwendigkeit der Aufstellung von Satzungen und Programmen sowie die Mitbestimmung der Parteimitglieder bei Kandidatenaufstellungen.[311] An dieser Stelle macht Hesse in Orientierung an den Grundrechten der Parteimitglieder Gebrauch von der rechtlichen Bestimmung der innerparteilichen Demokratie, damit das freie Mandat des Art. 38 I 2 GG mit der innerparteilichen Demokratie im Sinne der freien Willensbildung zu vereinbaren ist.

bb) Gleichheit der politischen Parteien

Während die Gleichheit der Wettbewerbschancen der Parteien von Ernst Forsthoff aus der Erkenntnis der gleichen Stellung zwischen neu gegründeten und Altparteien im Sinne der Gründungsfreiheit ausgelegt wird,[312] war Hesse der

---

310 Hesse, a.a.O., S. 11 (28 f.).

311 Der Parlamentarische Rat, 1948–1949: Akten und Protokolle, Bd. 7: Entwürfe zum Grundgesetz, bearb. von Michael Hollmann, 1995, S. 145.

312 Forsthoff, Zur verfassungsrechtlichen Stellung und inneren Ordnung der Parteien, in: Forsthoff/Loewenstein/Matz, Die politischen Parteien im Verfassungsrecht, 1950, S. 5 (12).

Ansicht, dass das Prinzip der gleichen Chance der Minderheiten im Konkurrenzkampf zum Zwecke der optimalen Parteifunktion und der Legitimation zur politischen Führung einen Status der Gleichheit der Parteien bedinge.[313]

Hesse betrachtet die Gleichheit als „schematische Gleichheit", d.h. als nicht tatsächliche Gleichheit. Daher komme allen politischen Parteien im Rechtssinne des Begriffs grundsätzlich der gleiche Status zu, indem alle politischen Parteien im Genuss des Privilegs des Art. 21 II stünden und in gleicher Weise durch Art. 21 I 3 und 4 GG verpflichtet seien.[314] Angesichts des Konkurrenzcharakters der Chancengleichheit kann die schematische Gleichheit als rechtlich faire Bedingung des Parteienwettbewerbs im Parteienrecht konzeptionalisiert werden. Dazu wird die Figur der wettbewerblichen Struktur der Parteienstaatlichkeit gegenüber rechtlichen Ausgestaltung des Wettbewerbs konturiert.[315] Der Status der Chancengleichheit leitet das Parteienrecht als Wettbewerbsrecht ein.[316]

cc) Öffentlichkeit der politischen Parteien

Wenn die Parteien an der politischen Willensbildung teilnehmen, wird der allgemeine vereinsrechtliche Status der Parteien (Art. 9 GG) durch den Sonderstatus des Art. 21 GG überlagert.[317] Es ist die rechtliche Öffentlichkeit des Parteienstatus, die sich aus dem Gemisch verfassungs- und bürgerrechtlicher Elemente des Parteienstatus heraus bildet. Der Öffentlichkeitscharakter hängt davon ab, ob die Verantwortlichkeit der Parteien bei den Wahlen realisiert werden kann und die Parteien an der Legitimität der Gesamtordnung teilhaben.[318] In diesem Kontext sei Art. 21 deshalb entgegen der herrschenden Meinung keine Spezialnorm zu Art. 9, sondern er normiere ein Aliud.[319]

3. *Kooperation zwischen Parteienrechtslehrern und BVerfG*

Die Betrachtung der zwischen dem BVerfG, dem Gesetzgeber und den Parteienrechtslehrern bestehenden Dreiecksbeziehung führt zu der Feststellung, dass

---

313 Hesse, a.a.O., S. 11 (36).

314 Hesse, a.a.O., S. 11 (36 f.).

315 Krüper, Wiedergelesen: Klassiker des Parteienrechts – Konrad Hesse: Die verfassungsrechtliche Stellung der politischen Parteien im modernen Staat, VVDStRL 17 (1959), S. 11 ff., MIP 2007, S. 22 (26).

316 Morlok, Parteienrecht als Wettbewerbsrecht, in: P. Häberle (Hrsg.), Festschrift Tsatsos zum 70. Geburtstag, 2003, S. 408 ff.

317 Hesse, a.a.O., S. 11 (40).

318 Hesse, a.a.O., S. 11 (44).

319 Hesse, a.a.O., S. 11 (45).

die Rolle des Bundesverfassungsgerichts in der Fortentwicklung des Parteienrechts von Hesse hervorgehoben wird.[320] Diese Hervorhebung lässt sich dabei bidirektional verstehen: Die erste Richtung wird das Bundesverfassungsgericht als Ersatzgesetzgeber betrachtet. Es bedarf einer zuständigen verfassungsrechtlichen Rechtsprechung zum Leitbild des Parteiwesens, die dem Parteiwesen als Leitbild dient, denn die Parteien können es in der Rechtsetzung nicht vermeiden, eigennützig zu handeln.[321]

Die zweite Richtung betrifft die Kooperation zwischen Parteienrechtslehrern und dem Bundesverfassungsgericht. Sofern das Bundesverfassungsgericht selbst die erforderliche Sachkunde besitzt, kann das Parteienrecht auf dem Gebiet der Parteipolitik eine stabilisierende Wirkung entfalten.[322] Aus diesem Grund wäre ein internationaler Vergleich in der Parteienwissenschaft sinnvoll, um hinsichtlich des Versteckspiels des jeweiligen Staatsrechts gegenüber den Parteien neue Einsichten zu gewinnen.

II. Demokratie als Wettbewerbsordnung

Der Ansatz des Parteienwettbewerbs in der Konkurrenzdemokratie wurde mehr als 50 Jahre später auf der Tagung der VDStRL im Jahr 2009 in Graz unter dem Titel „Demokratie als Wettbewerbsordnung" von Arnim Hatje und Markus Kotzur erneut diskutiert. Nachdem Konrad Hesse unter dem Gesichtspunkt der „schematischen Gleichheit" die rechtlichen Bedingungen des Parteienwettbewerbs auf der Wiener Staatsrechtslehrertagung 1958 skizziert hatte, wird die Analogie zwischen Parteienrecht und Wettbewerbsrecht anhand der Gedanken Schumpeters von Armin Hatje und Markus Kotzur fortentwickelt.

1. Demokratie als Wettbewerbsordnung von Armin Hatje

Auf der Staatsrechtslehrertagung 2009 ging Hatje tiefergehend auf den Standpunkt Hesses ein: Die Konkurrenzdemokratie als Herrschaftsform in der Legitimationskette zwischen Volk und politischer Führung wird von Hatje übernommen; in Bezug auf das Legitimationserfordernis wird mit inhaltlichem „Output" und prozeduralem „Input" weiter argumentiert.[323] Einerseits finde ein Wettbewerb der Gemeinwohlentwürfe statt, der das Ergebnis des politischen

320 Hesse, 30 Jahre Parteiengesetz: Zum Stand der Parteienrechtswissenschaft in Deutschland, MIP 7 (1997), S. 7 (11 f.).
321 Hesse, a.a.O., S. 7 (11).
322 Hesse, a.a.O., S. 7 (12).
323 Hatje, Demokratie als Wettbewerbsordnung, VVDStRL 69 (2010), S. 135 (139 ff.).

Entscheidungsprozesses (Output) inhaltlich beeinflussen solle; andererseits müsse das Entscheidungsergebnis entweder unmittelbar auf den Willen des Volkes zurückgehen oder Repräsentanten zuzurechnen sein, die vom Volk gewählt und ihm gegenüber verantwortlich seien.[324]

Diese Analogie zwischen dem Leistungsangebot des Wettbewerbsparadigmas und dem Anforderungsprofil des demokratischen Prinzips lässt eine Wettbewerbs- bzw. Freiheits-, Innovations-, Anpassungs-, Auslese- und Verantwortungsfunktion mit der Parteienfunktion miteinander konfligieren. Um die optimale Parteienfunktion mit der Verfassungsstellung zu kombinieren, versuchte Hesse die schematische Gleichheit als rechtlich faire Bedingung des Parteienwettbewerbs im Parteienrecht zu konzeptionalisieren. Im Gegensatz zu Hesse betrachtet Hatje nicht das Freiheits- und Gleichheitspostulat als Wettbewerbsvoraussetzung, sondern betont vergleichbare, über eine entsprechende Schranken- und Kontrollfunktion verfügende Wettbewerbsprinzipien, die von der Öffentlichkeit und den Gerichten vorgezogen werden.[325] Auch in diesem Kontext wird die Diskrepanz zwischen Theorie und Praxis sichtbar.

Im Rahmen des Parteienrechts werden zwar verfassungsrechtliche Bedingungen des Parteienwettbewerbs in Art. 21 GG ausgelegt,[326] doch kennt das deutsche Parteiengesetz nicht das Verbot wettbewerbsbeschränkender Vereinbarungen oder abgestimmter Verhaltensweisen im Sinne des § 1 GWB oder Art. 101 AEUV.[327] In diesem Kontext sollen in einem Oligopol bestehende Wettbewerbsbeschränkungen aufgehoben werden, indem konkordanzdemokratische rechtliche Bedingungen im Parteienrecht und Wahlrecht reformiert werden.[328] Daher wurden die Erweiterung der Wahlmöglichkeiten der Bürger zur Verstärkung der innerparteilichen Demokratie sowie die Erweiterung des Wahlkreises durch Absenkung des Wahlalters auf 16 Jahre vorgeschlagen, um Gemeinwohlziele durch den demokratischen Wettbewerb zu erreichen.[329]

2. *Demokratie als Wettbewerbsordnung von Markus Kotzur*

Die Figur des Gemeinwohls durch demokratischen Wettbewerb wird von Kotzur nach Holmes' Theorie „Marktplatz der Idee" in Umrissen gezeichnet, in

324 Hatje, a.a.O., S. 169 (These II 3).
325 Hatje, a.a.O., S. 135 (147 f.).
326 Morlok, a.a.O., Art. 21 Rn. 125; Morlok, Parteienrecht als Wettbewerbsrecht, S. 408 ff.
327 Hatje, a.a.O., S. 135 (152).
328 Hatje, a.a.O., S. 135 (155 ff.).
329 Hatje, a.a.O., S. 135 (160).

denen die Entdeckungsfunktion in der offenen pluralistischen Konkurrenzdemokratie zu garantieren ist.[330] Nach Kotzurs Ansicht stellt die Konkurrenzdemokratie nicht nur eine Herrschaftsform in der Legitimationskette zwischen dem Volk und staatlicher Herrschaft dar, sondern ist ein Ausdruck von Wettbewerbsgedanken hinsichtlich demokratischer Entscheidungsprozesse in der offenen Gesellschaft.

In Bezug auf die Analogie zwischen Wettbewerbs- und Parteienrecht wird davon ausgegangen, dass Wettbewerb als spezifisch demokratisches Verfahren der Ordnungsbildung gedacht sei, die ihrerseits im Gemeinwohl ihr Ordnungsideal erkenne.[331] In diesem funktionalen Zusammenhang kommt die Begriffstrias von Wettbewerb, Ordnung und Demokratie in ihren Gemeinwohlbezügen zum Ausdruck: Wenn der demokratische Entscheidungswettbewerb als ein Gemeinwohl-Entdeckungsverfahren zur Konkretisierung von Gemeinwohl charakterisiert wird, bedarf die Jurisprudenz eines ordnungsbegründenden Verfahrens, das die Rationalisierungs-, Entlastungs-, Stabilisierungs-, Öffentlichkeits-, Befriedungs- und Integrationsfunktion bezweckt.[332] Dieses ordnungsbegründende Verfahren, das Hesses Idee der „schematische[n] Gleichheit" ähnelt, steht mit der rechtlich fairen Bedingung des Parteienwettbewerbs von Hesse im Einklang. An dieser Stelle führte Kotzur neben Abänderungen auch Erweiterungen durch. Die Mehrheitsentscheidung habe den Wettbewerb zur Voraussetzung; die Chancengleichheit sei ihre gerechtigkeitsorientierte Funktionsbedingung, der Minderheitenschutz ihr strukturbedingtes Korrektiv.[333]

In Bezug auf das Parteienrecht waren die verfassungsrechtlichen Grundlagen der Verfahrensparameter des demokratischen Parteienwettbewerbs unvermeidliche Bestandteile der in diesem Zusammenhang geführten Diskussionen. Art. 21 GG räume den Parteien, die ihrerseits in Konkurrenz zu anderen Zusammenschlüssen jedweder Art stehen, als intermediäre Gewalten zwischen Zivilgesellschaft und organisierter Staatlichkeit ein privilegiertes Mitwirkungspotential bei der politischen Willensbildung ein.[334] In diesem Kontext besitzen die Parteien einen Wettbewerbsvorteil gegenüber den übrigen Assoziationen, weil die verfassungsrechtlichen Grundlagen der Parteien eine Spezifizierung der Volkssouveränität und unabdingbar für die Ausgestaltung des Demokratieprinzips seien.[335]

---

330 Kotzur, Demokratie als Wettbewerbsordnung, VVDStRL 69 (2010), S. 173 (173).
331 Kotzur, a.a.O., S. 173 (179).
332 Kotzur, a.a.O., S. 173 (186 ff.).
333 Kotzur, a.a.O., S. 173 (192 ff.).
334 Kotzur, a.a.O., S. 173 (207).
335 Kotzur, a.a.O., S. 173 (207).

Das Parteienrecht hängt in seiner Funktion als Wettbewerbsrecht von der Chancengleichheit ab: „Die demokratische Essentiale chancengleichen Wettbewerbs ist zugleich Direktive der Parteienfinanzierung und des Parteibinnenrechts bis hin zum Recht auf innerparteiliche Opposition. Sie gebietet neben einer selbstkontrollsensiblen Parteienrechtskultur auch die externe Wettbewerbskontrolle und Sanktionen bei Wettbewerbsverstößen. “[336]

III. Die Beschreibung des Parteienwettbewerbs in den Rechtsprechungen des Bundesverfassungsgerichts

Bei den Entscheidungen des Bundesverfassungsgerichts lässt sich dreiseitig chancengleichen Wettbewerbsparametern im Leitbild des Parteienwettbewerbs darstellen: die Fünfprozentklausel, das Parteiverbot sowie die staatliche Parteienfinanzierung.

1. Die Fünfprozentklausel als Begrenzung im Wettbewerbszugang

Zwar ist die Fünf-Prozent-Hürde nicht im Parteiengesetz geregelt, sondern in § 6 Abs. 3 BWahlG, doch reguliert sie den Zugang zum Parteienwettbewerb. Sofern die Parteien die Fünf-Prozent-Hürde überschreiten, können sie sich am Parteienwettbewerbsvorgang beteiligen. Dieser in Bezug auf die Sperrklausel bestehende enge Zusammenhang zwischen Wahlrecht und Parteiengesetz wurde vom Bundesverfassungsgericht seit 1952 im Wesentlichen erkannt.[337]

Hinsichtlich des Bedeutungsgehalts des Grundsatzes gleicher Wettbewerbschancen der politischen Parteien und Wählervereinigungen muss die Erörterung in Rückbezug auf die erste gesamtdeutsche Wahl beginnen. „Das Recht der Parteien auf Chancengleichheit bei Wahlen folgt aus ihrem in Art. 21 Abs. 1, Art. 38 Abs. 1 Satz 1 GG umschriebenen verfassungsrechtlichen Status und aus der Bedeutung, die der darin verbürgten Freiheit der Parteigründung und dem Mehrparteienprinzip für die freiheitliche Demokratie zukommt. Es beherrscht den Wahlvorgang wie die Wahlvorbereitung. Die Demokratie kann nicht

---

336 Kotzur, a.a.O., S. 173 (208 f.); Tsatsos, Ein Recht auf innerparteiliche Opposition?, in: R. Bernhardt (Hrsg.),Völkerrecht als Rechtsordnung, internationale Gerichtsbarkeit, Menschenrechte: Festschrift für Hermann Mosler, 1983, S. 997 ff.; Tsatsos, Europäische Politische Parteien, EuGRZ 1994, 45 ff.

337 BVerfGE 1, 208; 4, 31; 6, 84; 51, 222; 82, 322; 95, 408; 120, 82; 129, 300;131, 316; 135, 259.

funktionieren, wenn nicht die Parteien grundsätzlich unter gleichen rechtlichen Bedingungen in den Wahlkampf eintreten."[338]

In diesem Kontext übernimmt das Bundesverfassungsgericht Konrad Hesses Verständnis der „schematische[n] Gleichheit" als rechtliche Bedingung des Parteienwettbewerbs. Dieser Standpunkt des Bundesverfassungsgerichts hat sich in der „Drei-Prozent-Sperrklausel Europawahl"-Entscheidung nicht entscheidend geändert: „Der aus Art. 21 Abs. 1 GG abzuleitende Grundsatz der Chancengleichheit der Parteien und die unter dem Gesichtspunkt demokratisch gleicher Wettbewerbschancen auch für sonstige politische Vereinigungen im Sinne des § 8 Abs. 1 EuWG gebotene Chancengleichheit (Art. 3 Abs. 1 GG) verlangen, dass jeder Partei, jeder Wählergruppe und ihren Wahlbewerbern grundsätzlich die gleichen Möglichkeiten im gesamten Wahlverfahren und damit gleiche Chancen bei der Verteilung der Sitze eingeräumt werden. Das Recht der politischen Parteien auf Chancengleichheit hängt eng mit den Grundsätzen der Allgemeinheit und Gleichheit der Wahl zusammen, die ihre Prägung durch das Demokratieprinzip erfahren."[339]

2. *Das Parteiverbot als Auswahlbegrenzung*

Das Parteiverbot wird als Auswahlbegrenzung und nicht als Wettbewerbszugangsbegrenzung betrachtet.[340] In der Rechtsprechung zu Äußerungen des Bundespräsidenten in Bezug auf politische Parteien interpretierte das Bundesverfassungsgericht den Bedeutungsgehalt des Leitbildes des demokratischen Entscheidungswettbewerbs in folgender Weise: „In einem freiheitlichen Staat, in dem der Mehrheitswille in den Grenzen der Rechtsstaatlichkeit entscheidet, müssen Minderheitsgruppen die Möglichkeit haben, zur Mehrheit zu werden. Demokratische Gleichheit fordert, dass der jeweils herrschenden Mehrheit und der oppositionellen Minderheit bei jeder Wahl aufs Neue grundsätzlich die gleichen Chancen im Wettbewerb um die Wählerstimmen offengehalten werden. Die Gewährleistung gleicher Chancen im Wettbewerb um Wählerstimmen ist ein unabdingbares Element des vom Grundgesetz gewollten freien und offenen Prozesses der Meinungs- und Willensbildung des Volkes."[341]

Die Rechtsprechung steht mit Kotzurs Wettbewerbsgedanken hinsichtlich des demokratischen Entscheidungsprozesses in der offenen Gesellschaft

338 BVerfGE 82, 322 (337).

339 BVerfGE 135, 259 (285).

340 Kotzur, a.a.O., S. 209; Hatje, a.a.O., S. 151.

341 BVerfG, Urteil des Zweiten Senats vom 16. Dezember 2014 – 2 BvE 2/14 – Rn. (28).

im Einklang. Die Mehrheitsentscheidung als Wettbewerbsvoraussetzung, die Chancengleichheit als gerechtigkeitsorientierte Funktionsbedingung des Wettbewerbs und der Minderheitenschutz als strukturbedingtes Korrektiv des Wettbewerbs wurden gleichermaßen in dieser Rechtsprechung formuliert.

3. *Die staatliche Parteienfinanzierung als Wettbewerbsbeschränkung*

Eine erfolgreiche Konkurrenzdemokratie im Parteienrecht hängt somit wesentlich von der Einschränkung des Parteienwettbewerbs ab. Wo es einer solchen Wettbewerbsordnung bedarf, stellt sich die Frage des Verhältnisses von Geld, Parteien und Macht keineswegs neu.[342] Für die staatliche Parteienfinanzierung als Wettbewerbsbeschränkung hat das Bundesverfassungsgericht in Oktober 2004 entschieden, dass ein „Drei-Länder-Quorum" im Rahmen der Parteienfinanzierung „das Entstehen kleiner Parteien und ihre Behauptung im politischen Wettbewerb" unzulässig erschwere.[343] Zur Begründung hat es ausgeführt: „Der Wettbewerb zwischen den Parteien kann auf Dauer nur wirken, wenn er nicht auf die Konkurrenz zwischen den bereits existierenden und erfolgreichen beschränkt bleibt, sondern durch das Hinzutreten neuer Wettbewerber und die anhaltende Herausforderung durch die kleinen Parteien erweitert, intensiviert und gefördert wird. [...] das Recht der Parteienfinanzierung darf das Entstehen neuer Parteien und deren Zutritt zum politischen Wettbewerb nicht über Gebühr erschweren und die Betätigung kleiner Parteien nicht unangemessen beeinträchtigen. Insbesondere darf das Quorum nicht für Zwecke des Schutzes vor Konkurrenz missbraucht werden."[344]

In diesem Urteil werden also das Leitbild des effektiven Parteienwettbewerbs, die allgemeinen Funktionen des Parteienwettbewerbs und die spezifischen Funktionen kleiner Parteien konturiert: „Kleine Parteien können die Lernfähigkeit des politischen Systems eher stärken, wenn sie eine realistische Chance haben, selbst politische Erfolge zu erzielen. Für das Mehrparteiensystem politisch bedeutsam und für den Wettbewerb förderlich erweisen sich vor allem

342 H. H. von Armin, Grundfragen der Parteienfinanzierung, in: Ipsen (Hrsg.), 40 Jahre Parteiengesetz, 2009, S. 35 ff.; S. Korioth, Die Rechtsprechung des Bundesverfassungsgerichts zur Parteienfinanzierung in der Bundesrepublik Deutschland, in: Manssen (Hrsg.), Die Finanzierung von politischen Parteien Europa: Bestandsaufnahme und europäische Perspektive, 2008, S. 15 ff.

343 BVerfGE 111, 382. Vgl. S. Jutzi, Zur Verfassungswidrigkeit des „Drei-Länder-Quorums" bei der Parteienfinanzierung, ZParl 2005, S. 375 ff.; M. Morlok, Das BVerfG als Hüter des Parteienwettbewerbs, NVwZ 2005, S. 157 ff.

344 BVerfGE 111, 382 (404 f.).

auch die Resonanzen bei den Parlamentsparteien, die im Hinblick auf Wahlerfolge der kleinen Konkurrenten häufig gezwungen werden, sich mit den von diesen Parteien in den Mittelpunkt gestellten Themen auseinanderzusetzen. Aber auch schon die potentielle Konkurrenz, also die Chance neuer und kleiner Wettbewerber, für überzeugende Lösungskonzepte bei Wahlen belohnt zu werden, zwingt die etablierten Parteien zu einer Rückkopplung mit dem Volk, um dem Aufkommen neuer Konkurrenten und einem Erfolg kleiner Wettbewerber nach Möglichkeit entgegenzutreten."[345]

E. Zwischenergebnis

Betrachtet man den zwischen der Vereinigung der Deutschen Staatsrechtslehrer und dem Bundesverfassungsgericht geführten Dialog zum Parteienrecht, so ist festzustellen, dass die Parteienrechtslehre im Verfassungsrecht in erster Linie ein politisches Problem darstellt, wobei hier keine Trennung zwischen der rechtlichen und der realen Seite des Parteiwesens vorliegt. Stattdessen ähnelt die Funktion in ihrer alternierend bilateralen Bewegung einem Uhrpendel. Da eine Parteienrechtslehre essentiell darauf beruht, ob seine rechtliche Argumentation nur thematisiert, temporär oder maßgeschneidert ist, muss eine relativ rationale Falllösung zur betreffenden politischen Problematik angeboten werden. Auf diese pragmatische Weise kann die Parteienrechtslehre als eine Falllösung der Szientisten bezeichnet werden, wie z.B. „Parteienstaatlichkeit — Krisensymptome des demokratischen Verfassungsstaats?" von Stolleis und „Demokratie als Wettbewerbsordnung" von Hatje und Kotzur.

Neben dieser pragmatischen Ausführung[346] wird die systematische Parteienrechtsdogmatik von Normativisten bearbeitet, wie z.B. die verfassungsrechtliche Stellung politischer Parteien von Hesse sowie Verfassungstreue, -schutz und -feinde im Sinne der streitbaren Demokratie. Die Entfaltung der Parteienrechtsdogmatik ist jedoch nicht ausreichend, um alle parteienrechtlichen Problematiken über einen Kamm zu scheren, denn die Parteienrechtsdogmatik beruft sich nur auf einen spezifischen Lebenssachverhalt und auf eine bestimmte Rechtsnorm.

---

345 BVerfGE 111, 382 (405).

346 Tsatsos, Aspekte einer Parteienrechtslehre, in: Beyerlin/Bothe/Hoffmann/Petersmann (Hrsg.), Recht zwischen Umbruch und Bewahrung, Festschrift für Rudolf Bernhardt, 1995, S. 885 (897); Klein, Bundesverfassungsgericht und Parteiengesetz, in: Ipsen (Hrsg.), 40 Jahre Parteiengesetz, 2009, S. 19 (34).

Zwar wird die thematisierte Struktur des Parteienartikels durch die verfassungsrechtliche Stellung politischer Parteien systematisch ausgelegt, doch haben immer neue Krisensymptome des demokratischen Verfassungsstaats bzw. die Parteienstaatlichkeit, die Kartell-Parteien und die politischen Klassen hervorgebracht und herausgefordert. Die verschiedenen Gedankengänge von Normativisten und Szientisten[347] führen zu einer weitergehenden Differenzierung der Interpretationen, wobei das Parteienrecht vor allem die Frage nach dem „Wie“ aufwirft. Die folgenden Erörterungen befassen sich mit dem zwischen Parteienrechtsdogmatik und Rechtsgewinnungsmethodik bestehenden Verhältnis, das es aufzuzeigen und dem es nachzugehen gilt.

347 von Arnim/Heiny/Ittner, Politik zwischen Norm und Wirklichkeit, FÖV 35, Discussion Papers, 2006, S. 1 ff.

Vierter Teil: Auf dem Weg der Parteienrechtsdogmatik oder Rechtsgewinnung?

In Bezug auf die juristische Methodik der Parteienrechtslehre im Dialog zwischen Parteienrechtswissenschaft und Parteienrechtsjudikatur kann zwischen verschiedenen Gedankengängen von Normativisten einerseits und Szientisten andererseits „hin- und hergesprungen" werden. So lässt sich beispielsweise die Bedeutung des SRP- oder KPD-Verbots in dem Sinn verstehen, dass durch die Formel der „freiheitliche[n] demokratische[n] Grundordnung" der Funktionsschutz des Parteiverbots verfassungstheoretisch gerechtfertigt ist,[348] möglich ist jedoch auch folgende Auslegung: Das Verbot basiert nicht auf der Formel der „freiheitliche[n] demokratische[n] Grundordnung", sondern wird durch verfassungs- und gesellschaftstheoretische Vorverständnisse oder Ideologien beurteilt.[349] In Anbetracht der disparaten juristischen Methodik, die sich zwischen rechtsdogmatischer Argumentation und rechtspolitischen Vorschlägen bewegt, ergibt sich die Fragestellung, welche Richtung die Entwicklung der Parteienrechtslehre mit der von ihr erwarteten Parteienfunktion einschlagen soll. Aus diesem Grund werden in diesem Kapitel Zusammenhang und Entwicklung der Rechtsdogmatik und der Rechtsgewinnungsmethode in der Parteienrechtswissenschaft untersucht.

A. Auf dem Weg der Rechtsdogmatik

Die Rechtsdogmatik steht zwar im Zentrum der Rechtswissenschaft, doch liegt diesbezüglich kein einheitliches Verständnis vor. Die vorliegende Arbeit stützt sich auf die auf dem Weg der Parteienrechtsdogmatik entwickelte Prinzipientheorie Robert Alexys, denn anhand seiner prinzipienorientierten Rechtsdogmatik ist die jeweilige Position von Parteienrecht, Parteienrechtslehre und Demokratietheorie systematisch und detailliert zu erklären. Robert Alexys Verständnis

---

348 Morlok, Schutz der Verfassung durch Parteiverbot? in: Leggewie/Meier (Hrsg.), Verbot der NPD oder Mit Rechtsradikalen leben? 2002, S. 64 (65).

349 R. Dreier, Verfassung und »streitbare« Ideologie, in: Leggewie/Meier (Hrsg.), Verbot der NPD oder Mit Rechtsradikalen leben? 2002, S. 81.

von Rechtsdogmatik lässt sich in die folgenden Punkte gliedern: „(1) eine Klasse von Sätzen, die (2) auf die gesetzte Norm und die Rechtsprechung bezogen, aber nicht mit ihrer Beschreibung identisch sind, (3) untereinander in einen Zusammenhang gestellt werden (4) von einem professionellen Rechtsstaat (Richter, Verwaltungsbeamte, Wissenschaftler etc.), (5) normativen Gehalt haben.“[350]

Die bedeutsamen Funktionen der Rechtsdogmatik sind die Ordnungs-, die Systematisierungs-, die Stabilisierungs-, die Entlastungs-, die Kritik- sowie die Fortbildungsfunktion.[351] Die Rechtsdogmatik wendet sich damit primär an die Auslegung und Anwendung des Rechts, indem das Rechtsgebiet geordnet, die Normen konkretisiert und vorgefertigt, die Erinnerung an Vorgedachtes erleichtert sowie die Rechtssicherheit gesteigert werden.[352] In diesem Kontext wäre zu überdenken, ob eine Spezialdogmatik für das Parteienrecht tatsächlich benötigt wird.

I. Notwendigkeit und Grundzüge einer Parteienrechtsdogmatik

1. Notwendigkeit einer Parteienrechtsdogmatik

Martin Morlok widmet sich in seiner Pionierschrift „Notwendigkeit und Grundzüge einer Parteienrechtsdogmatik“ der Frage, zu welchem Zweck eine eigene Dogmatik für das Parteienrecht benötigt wird. Die in der Antwort enthaltene Begründung wird zugleich aufzeigen, aus welchen Gründen der Querschnittscharakter des Parteienrechts als Sonderrechtsgebiet und das agonale Motiv des Parteienrechts im Versteckspiel der Rechtsnormen gegenüber den Parteien als eigene Spezialdogmatik interpretiert werden.[353]

Das Parteienrecht ist nicht kodifiziert. Die Rechtsgebiete des Parteienrechts, die sich auf die Handlungsfelder der politischen Parteien u.a. im Parlamentsrecht, Vereinsrecht und Bundeswahlgesetz beziehen,[354] sind teilweise mit dem

---

350 R. Alexy, Theorie der juristischen Argumentation, 3. Aufl., 1996, S. 314; A. Voßkuhle, Was leistet Rechtsdogmatik? Zusammenführung und Ausblick in 12 Thesen, in: G. Kirchhof/Magen/Schneider (Hrsg.), Was weiß Dogmatik? S. 111 (111) These 1; R. Dreier, Zum Selbstverständnis der Jurisprudenz als Wissenschaft, in: ders., Recht – Moral – Ideologie, S. 48 ff.

351 Voßkuhle, a.a.O., S. 111 (112) These 3.

352 Morlok, Notwendigkeit und Grundzüge einer Parteienrechtsdogmatik, in: Brandt/Haratsch/Schmidt (Hrsg.), Verfassung – Parteien – Unionsgrundordnung, 2015, S. 19 (20).

353 Morlok, a.a.O., S. 19 (21 ff.).

354 Morlok, Handlungsfelder politischer Parteien, in: Jörn Ipsen (Hrsg.): 40 Jahre Parteiengesetz. Symposium im Deutschen Bundestag, 2009, S. 53 ff.

öffentlichen Recht, dem Zivilrecht und dem Strafrecht verknüpft.[355] Darüber hinaus verkomplizieren die parteinahen Stiftungen[356], die Mandatsträgerbeiträge[357] und die Parteiensponsorings[358] den multidimensionalen Charakter des Parteienrechts, weil das Parteienrecht sich in einem anderen Rechtsgebiet befindet.

Bei dem Parteienrecht handelt es sich also um ein für die Demokratie wichtiges Recht. Zwar enthalten u.a. das Wahl-, das Parlaments- und das Parteienrecht rechtliche Grundlagen der Demokratie; die besondere Funktionsfähigkeit des Parteienrechts wird jedoch dahingehend betont, dass das Parteienrecht den demokratischen Kampf um die Macht reguliere.[359] Das Parteienrecht als machtbezogenes Recht involviert verschiedene Demokratietheorien, Verfassungsprinzipien sowie Rechtsgebiete und fragen; daher bedarf es einer Parteienrechtsdogmatik als Disziplin, um Wertungswidersprüche zu vermeiden und Konsistenz herzustellen.[360]

2. *Möglichkeit der Ausarbeitung einer Parteienrechtsdogmatik*

Ein Blick auf den heutigen grundsätzlichen und wichtigen Literaturbestand zeigt, dass mittlerweile eine jährliche Zeitschrift – „Mitteilungen des Instituts für Deutsches und Internationales Parteienrecht und Parteienforschung" – und zwei Habilitationsschriften[361], vier klassische Lehrbücher[362] und vier Kommentare[363] zum Parteiengesetz sowie zahlreiche Dissertationen in der Schriftenreihe

---

355 Morlok, Notwendigkeit und Grundzüge einer Parteienrechtsdogmatik, S. 19 (22).

356 Merten, Parteinahe Stiftungen im Parteienrecht, 1999, S. 34 ff.

357 Kühr, Legalität und Legitimität von Mandatsträgerbeiträgen, 2014, S. 23 ff.

358 Morlok, Sponsoring – ein neuer Königsweg der Parteienfinanzierung? – Einleitung in die Thematik, in: Morlok/Alemann/Streit (Hrsg.), Sponsoring – ein neuer Königsweg der Parteienfinanzierung? 2006, S. 9 ff.

359 Morlok, Notwendigkeit und Grundzüge einer Parteienrechtsdogmatik, S. 19 (24).

360 Morlok, a.a.O, S. 19 (24).

361 Saliger, Parteiengesetz und Strafrecht, 2005; Shirvani, Das Parteienrecht und der Strukturwandel im Parteiensystem, 2010.

362 Henke, Das Recht der politischen Parteien, 2. Aufl., 1972; K. H. Seifert, Die politischen Parteien im Recht der Bundesrepublik Deutschland, 1975; Tsatsos/Morlok, Parteienrecht – eine verfassungsrechtliche Einführung, 1982; Morlok/Merten, Parteienrecht, 2018.

363 Ipsen (Hrsg.), Parteiengesetz, 2. Aufl., 2018; Kersten/Rixen (Hrsg.), Parteiengesetz und europäisches Parteienrecht, Kommentar, 2009; Lenski (Hrsg.), Parteiengesetz und Recht der Kandidatenaufstellung. Handkommentar, 2011; Morlok, Parteiengesetz, in: Nomos-Erläuterungen zum deutschen Bundesrecht, PartG, 2. Aufl., 2013.

„Schriften zum Parteienrecht und zur Parteienforschung“ der Nomos Verlagsgesellschaft und die Osnabrücker Beiträge zur Parteienforschung vorliegen. Neben diesem Literaturbestand erhält auch die Rechtsprechung zum Parteienrecht Aufmerksamkeit. Dies wird als ein wesentliches Rohmaterial für die Ausarbeitung einer Parteienrechtsdogmatik betrachtet.[364] Im nächsten Abschnitt wird erläutert, was eine Parteienrechtsdogmatik im Wesentlichen ausmacht.

II. Das Wesen von Parteienrechtsprinzipien

Eine prinzipienorientierte Rechtsdogmatik dient dazu, Prinzipien des positiven Rechts zu identifizieren und zu systematisieren, Argumentationsfiguren bei einer schöpferischen Rechtsanwendung zu bilden sowie Pflege und Fortentwicklung der „rechtlichen Infrastruktur“ einzufordern.[365] Auf diese Anwendungen und Vorteile ist zwar die Notwendigkeit einer Parteienrechtsdogmatik ausgerichtet, doch verbirgt sich in einer solchen Grundlage eine die Parteiendogmatik und Parteienrechtsprinzipien betreffende problematische Fragestellung: Auf welche Weise können eigene Parteienrechtsprinzipien geschaffen werden?

1. Unbestimmtheit von Verfassungsprinzipien des Parteienwesens und Parteienrechtsprinzipien

Die Parteien können die ihnen im Rahmen der demokratischen Verfassungsordnung zugedachten Aufgaben und Funktionen nur erfüllen, wenn das Parteienwesen anhand bestimmter Verfassungsprinzipien geordnet.[366] Bei dieser Aussage stellt sich die Frage, welche Art von Demokratie und welche bestimmten Verfassungsprinzipien zu Grunde gelegt werden sollen. Nach Seiferts Meinung schließt das Parteileben nach dem Grundgesetz das Mehrparteienprinzip, den Grundsatz der Parteienfreiheit und den Grundsatz der Parteiengleichheit ein.[367] Dagegen vertritt Shirvani die Ansicht, das Demokratieprinzip, der Gewaltenteilungsgrundsatz, der Grundsatz des freien Mandats und das Prinzip der streitbaren Demokratie ließen sich als vier Maximen für die Stellung der Parteien und die strukturellen Veränderungen im Parteiensystem betrachten.[368] Dies sei daran

364 Morlok, Notwendigkeit und Grundzüge einer Parteienrechtsdogmatik, S. 19 (25).

365 von Bogdandy, Grundprinzipien, in: Bogdandy/Bast (Hrsg.), Europäisches Verfassungsrecht, 2. Aufl., 2009, S. 17 ff.

366 K. H. Seifert, Die politischen Parteien im Recht der Bundesrepublik Deutschland, 1975, S. 107.

367 K. H. Seifert, a.a.O., S. 107 ff.

368 Shirvani, Das Parteienrecht und der Strukturwandel im Parteiensystem, 2010, S. 234.

zu erkennen, dass die Verfassungsprinzipien des Parteienwesens umstritten sind, weil die Bildung der Verfassungsprinzipien des Parteienwesens davon abhängig ist, welches Verständnis von Demokratie diesem Vorgang zu Grunde liegt.

Zwar lassen sich anhand einer Interpretation der Verfassungsprinzipien des Parteienwesens keine eigenen Parteienrechtsprinzipien aufbauen; doch entwickeln sich die Norminhalte des Parteienrechts auf diese Weise fragmentarisch theoretisch fort.[369]

2. *Prinzipienkollision als modifizierbare Art der Parteienrechtsentfaltung*

Durch Art. 21 Abs. 5 GG wird nicht nur ein gesetzgeberischer Rechtsetzungsfreiraum eingeräumt, sondern Parteienrechtslehrer können darüber hinaus innerhalb dieses Freiraums die Parteienrechtsdogmatik konstruieren und aktivieren. Eine prinzipienorientierte Parteienrechtsdogmatik vermag nicht ohne die Theorie der Prinzipienkollision auszukommen, weil sich die dynamische Normenentfaltung des Parteienrechts auf die Kollision zwischen dem Parteienartikel und anderen Artikeln des Grundgesetzes berufen hat. Ein weiterer Grund für die Anwendung der Prinzipientheorie von Robert Alexy besteht darin, dass durch sein Prinzipienkollisionsgesetz die logische Analyse der Parteienrechtsentfaltung illuminiert werden kann.

a) *Die Prinzipientheorie von Robert Alexy*

Die Prinzipientheorie von Robert Alexy lässt sich in groben Zügen wie folgt formulieren: Jede Norm ist entweder eine Regel oder ein Prinzip. Die Entscheidung, ob es sich um eine Regel oder aber um ein Prinzip handelt, ist abhängig vom Kollisionsverhalten der betreffenden Norm: Prinzipien sind Optimierungsgebote, die gebieten, dass etwas in einem relativ auf die rechtlichen und tatsächlichen Möglichkeiten tunlichst hohen Maße verwirklicht wird.[370]

Wenn zwei Prinzipien kollidieren, bestehe die Lösung der Kollision darin, im Blick auf die Umstände des Falls eine bedingte Vorrangrelation zwischen den Prinzipien festzusetzen.[371] Die Festsetzung der bedingten Vorrangrelation

369 P. M. Huber, Demokratische Legitimation in der Europäischen Union, in: Dreier/Graf/Hesse (Hrsg.), Staatswissenschaften und Staatspraxis, Dreier/Graf/Hesse (Hrsg.), 2011, S. 68 (70 f.); ders, Demokratie in Europa – Zusammenfassung und Ausblick, in: Bauer/Huber/Sommermann (Hrsg.), Demokratie in Europa, 2005, S. 491 ff.

370 Alexy, Theorie der Grundrechte, 1985, S. 71 ff., 78 ff., 143 ff. Vgl. M. Jestaedt, Grundrechtsentfaltung im Gesetz, 1999, S. 207 (mit Fn. 3) m.w.N.

371 Alexy, a.a.O., S. 81.

bestehe darin, dass unter Bezug auf den Fall Bedingungen angegeben werden, unter denen das eine Prinzip dem anderen vorgehe. Unter anderen Bedingungen könne die Vorrangfrage umgekehrt zu lösen sein.[372]

Das Abwägungsgesetz einer bedingten Vorrangrelation kann wie folgt skizziert werden: „Je höher der Grad der Nichterfüllung oder Beeinträchtigung des einen Prinzips ist, um so größer muss die Wichtigkeit der Erfüllung des anderen sein."[373] Aus einem Präferenzsatz über eine bedingte Vorrangrelation folge also eine Regel, die beim Vorliegen der Vorrangbedingung die Rechtsfolge des vorgehenden Prinzips vorschreibe.[374] Die Bedingungen, unter denen das eine Prinzip dem anderen vorgehe, bilden den Tatbestand einer Regel, die die Rechtsfolge des vorgehenden Prinzips ausspreche.[375]

Das Zusammenwirken der Optimierungsthese, des Kollisions- und des Abwägungsgesetzes, so wie es vorliegend skizziert worden ist, bietet vor allem einen rationalen Analyserahmen für die prinzipienorientierte Parteienrechtsdogmatik und die Entstehung der Parteienrechtslehre; aus deren Analyse ging die Gestaltung des Parteiengesetzes hervor.

b) Die Prinzipienkollision zwischen Art. 21 und Art. 38 GG

Das Spannungsverhältnis zwischen Art. 38 Abs. 1 S. 2 GG und Art. 21 Abs. 1 S. 1 GG kann eine Prinzipienkollision zwischen dem Prinzip des freien Mandats und dem Prinzip des repräsentativen Parlamentarismus in der parteienstaatlichen Demokratie nahelegen.[376] Gerhard Leibholz hatte seinerzeit diese Prinzipienkollision als ein Paradoxon zwischen der repräsentativ-parlamentarischen Demokratie und der modernen parteienstaatlichen Demokratie im Grundgesetz verortet, daher seine Parteienstaatslehre als Verfassungswirklichkeit der Kollision vorgeschlagen wird. Nach seiner Parteienstaatslehre besteht die Festsetzung der bedingten Vorrangrelation darin, dass im Vergleich des Prinzips der parteienstaatlichen Demokratie im Sinne des Art. 21 Abs. 1 S. 1 GG das Prinzip des freien Mandats im Sinne des Art. 38 Abs. 1 S. 2 GG in den treten soll, wenn die Rede- und Abstimmungsfreiheit des eigenen Abgeordneten durch den

372 Alexy, a.a.O., S. 81.
373 Alexy, Theorie der Grundrechte, 1985, S. 146.
374 Alexy, a.a.O., S. 83.
375 Alexy, a.a.O., S. 83.
376 Badura, in: Dolzer/Vogel (Hrsg.), Bonner Kommentar zum Grundgesetz, V. 5, 2015, Art. 38 Rn. 97 ff.; Klein, in: Maunz/Dürig/Herzog (Hrsg.), Grundgesetz Kommentar, Bd. III, 2015, Art. 38 Rn. 197 ff.

Fraktionszwang und die Parteidisziplin geopfert wird.[377] Denn bei diesem Präferenzsatz kommt es in erster Linie darauf an, die rechtliche Relevanz der Repräsentation zu begründen. Auf dieser Grundlage wird die Notwendigkeit einer normativen Parteikontrolle im Verfassungsrecht und Parteiengesetz betont.

Aus diesem Präferenzsatz folgten rechtliche Bedingungen zur Gewährleistung dieser Vorrangrelation, wie z.B. das Verbot des willkürlichen Parteiausschlusses durch tatbestandliche (§ 10 Abs. 4 PartG), parteiinterne, organisatorische (§ 10 Abs. 5 PartG) und verfahrensrechtliche (§ 14 Abs. 4 PartG) Vorabstimmungen[378] sowie die Unabhängigkeit des Abgeordnetenstatus gegenüber der Partei (§ 46 Abs. 1 BWahlG).[379] In diesem Licht betrachtet, ist die von Wilhelm Henke stammende Auffassung zutreffend: „Das Verhältnis zwischen Art. 38 Abs. 1 S. 2 und Art. 21 GG ist dann nicht das des Gegensatzes, sondern das der Ergänzung. Die Unabhängigkeit des Staatsamtes wird durch den legalen Einfluss der Parteien ergänzt. Was das konkret bedeutet, kann nur an den einzelnen Fragen des Verhältnisses zwischen Parteien und Parlament gezeigt werden."[380]

Gegenwärtig steht Leibholz' Parteienstaatslehre zwar entgegen der herrschenden Meinung, die Maunz eine Derogation des Art. 21 Abs. 1 GG durch die „lex specialis" des Art. 38 Abs. 1 S. 2 GG annahm,[381] doch sind der Präferenzsatz des

---

377 Leibholz, Parteienstaat und Repräsentative Demokratie, DVBl 1951, S. 1 (5 f.).

378 Parteienrechtskommission, Rechtliche Ordnung des Parteiwesens, 1957, S. 165; Leibholz, Verfassungsrechtliche Stellung und innere Ordnung der Parteien, Verhandlungen des 38. Deutschen Juristentages, 1951, S. C24; R. Wolfrum, Die innerparteiliche demokratische Ordnung nach dem Parteiengesetz, 1974, S. 150 ff.; G. P. Strunk, Parteiausschlussverfahren wegen innerparteilicher Opposition, 1974, S. 5 ff, 17 ff.; Helmut Trautmann, Innerparteiliche Demokratie im Parteienstaat, 1975, S. 207 ff.; Risse, Der Parteiausschluss, 1985, S. 72 ff., 165 ff.; Grawert, Parteiausschluß und innerparteiliche Demokratie, 1987, S. 86 ff., 127 ff., 131 ff.; Roßner, Der Parteiausschluß als Entzug verfassungsrechtlich geformter Statusrechte, ZG 2008; Ossege, Das Parteienrechtsverhältnis, 2012, S. 253 ff.; Roßner, Parteiausschluss, Parteiordnungsmaßnahmen und innerparteiliche Demokratie, 2014, S. 141 ff.

379 Badura, in: Dolzer/Vogel (Hrsg.), Bonner Kommentar zum Grundgesetz, V. 5, 2015, Art. 38 Rn. 87; F. F. Siegfried, Mandatsverlust bei Parteiausschluß, Parteiaustritt oder Parteiwechsel, ZRP 1971, 9; Trautmann, Abgeordnetenstatus und Parteizugehörigkeit, JZ 1970, 405; Tsatsos, Mandatsverlust bei Verlust der Parteimitgliedschaft? DÖV 71, 253; N. Achterberg, Parlamentsrecht, 1984, S. 255 f.

380 Henke, Das Recht der politischen Parteien, 2. Aufl., 1972, S. 129.

381 Klein, in: Maunz/Dürig/Herzog (Hrsg.), Grundgesetz Kommentar, Bd. III, 2015, Art. 38 Rn. 8 ff.; Badura, in: Dolzer/Vogel (Hrsg.), Bonner Kommentar zum Grundgesetz, V. 5, 2015, Art. 38 Rn. 65 ff.

freien Mandats und die rechtlichen Bedingungen des freien Mandats im Parteiengesetz auch heute noch von großem Wert.

c) Die Prinzipienkollision zwischen Art. 9 und Art. 21 GG

Werden die Parteien in das Grundrechtskonzept involviert, so zeigt sich, dass die Entfaltung des Grundrechts der Parteienfreiheit mit der allgemeinen Vereinigungsfreiheit des Art. 9 GG in mehrfacher Hinsicht kollidiert. Die verschiedenen Schrankenlehren zur Parteien- und Vereinigungsfreiheit wirkten sich nicht nur auf die im Wortlaut gegebene Grundlage des „Parteienprivilegs“[382] in Art. 21 Abs. 4 GG und Art. 9 Abs. 2 GG aus.[383] Darüber hinaus gründet der Schutzbereich der Parteienfreiheit auf der Vereinigungsfreiheit und bemüht sich um eine optimale Parteienfunktion. In diese Richtung gehend, hatte Konrad Hesse die Parteienfunktion mit der verfassungsrechtlichen Stellung politischer Parteien als voraussetzende Form kombiniert, damit die Differenz von Parteien- und Vereinigungsfreiheit beachtet würde. Im Unterschied zu Konrad Hesse ließ die Parteienrechtskommission im Fall des Parteienausschlusses sowohl das Prinzip der Vereinigungsfreiheit mit Vereinigungsgewalt als auch das Prinzip der Parteienfreiheit mit Vereinigungsgewalt zwei Mal kollidieren, um nach der Abwägung die rechtlichen Bedingungen des Parteiausschlusses maßgeschneidert zu entwerfen.

Im Falle des Vereinsausschlusses wurde das Spannungsverhältnis der Vereinigungsfreiheit und -gewalt rational gelöst, indem das Verbot eines willkürlichen oder grob unbilligen Vereinsausschlusses im bürgerlichen Recht festgelegt wurde.[384] Im Bereich der Parteien jedoch wird die Anwendung dieser Regel gesperrt, weil angesichts einer Demokratisierung des Parteienlebens der Bundesgesetzgeber durch solche Vorkehrungen gegenüber dem Vereinsrecht die Parteiengewalt beschränken wollte.[385] Aus diesem Grund wurde das Prinzip der

382 Vgl. Der Parlamentarische Rat 1948–1949. Akten und Protokolle, Bd. 2, Der Verfassungskonvent auf Herrenchiemsee. Bearb. von Peter Bucher, 1981, S. 211 Fn. 72; Leibholz, Verfassungsrechtliche Stellung und innere Ordnung der Parteien, Verhandlungen des 38. Deutschen Juristentages, 1951, S. C54; H. Rapp, Das Parteienprivileg des Grundgesetzes und seine Auswirkungen auf das Strafrecht, 1970, S. 39 ff.

383 T. Schmidt, Die Freiheit verfassungswidriger Parteien und Vereinigungen, 1983, S. 191 ff.

384 U. Meyer-Cording, Die Vereinsstrafe, 1957, S. 9; Reichert, Handbuch Vereins- und Verbandsrecht, 12. Aufl., 2010, Rn. 3075, 3100, 3101; BGHZ 87,337/343 = NJW 1984, 918; BGHZ 47, 381 = NJW 1967, 1657; BGHZ 75, 158 = NJW 1980, 443; BGH NJW-RR 1992, 246; BGH NJW 1997, 3368; NJW-RR 1998, 684.

385 Parteienrechtskommission, Rechtliche Ordnung des Parteiwesens, 1957, S. 164.

Parteienfreiheit zurückgehalten, und aus dem Präferenzsatz folgten rechtliche Bestimmungen über die Zusammensetzung der für Ausschlüsse zuständigen Instanzen[386] im Parteiengesetz (§ 10 Abs. 4, § 10 Abs. 5 und § 14 Abs. 4 PartG).

Im Vergleich mit der Vereinsfreiheit kam der Parteienfreiheit zwar eine Präferenzstellung gegenüber der Parteiengewalt (bzw. Vereinsgewalt) zu, doch die rechtlichen Bedingungen des Parteiausschlusses unterscheiden sich von den rechtlichen Bedingungen des Vereinsausschlusses. Die Begründung dieser verschiedenen rechtlichen Bedingungen zeigt sich in der bevorzugten Anwendung der als absoluten Kernsatz verstandenen Demokratisierung des Parteienlebens in Art. 21 Abs. 1 S. 3 GG.

3. *Die duale Normstruktur des Parteienrechts*

Betrachtet man die vorliegende Argumentation bezüglich der rechtlichen Grundlage zum Parteiausschluss, so finden sich in der parteienrechtlichen Entfaltung auf dem rechtsdogmatischen Weg einer Demokratisierung des Parteienlebens zwei Strömungen: Demokratieorientierung einerseits, Grundrechtsorientierung andererseits. Auf dem Weg der Demokratieorientierung wird eine Demokratisierung des Parteienlebens auf dem Mindestmaß des Organisationsrechts fokussiert. Diese Normen, die sich unter unterschiedlichen Demokratietheorien (z.B. wehrhafte Demokratie, repräsentative Demokratie und Konkurrenzdemokratie) im Staatsrecht entwickelten, werden durch die Überleitung der innerparteilichen Demokratie des Art. 21 Abs. 1 S. 3 im Parteienrecht ausgerichtet. Vertreter dieser Richtung waren Helmut Trautmann[387], Martin Morlok[388] und Foroud Shirvani[389].

In Bezug auf die Grundrechtsentfaltung der politischen Parteien kann die verfassungsrechtliche Stellung der politischen Parteien von Konrad Hesse als Meilenstein betrachtet werden. Vor Hesses Parteienstatuslehre konzentrierte

386 Parteienrechtskommission, a.a.O., S. 165.

387 Trautmann, Innerparteiliche Demokratie im Parteienstaat, 1975, S. 290 ff.

388 Morlok, Innere Strukturen und innerparteiliche Demokratie, in: Tsatsos (Hrsg.), Auf dem Weg zu einem gesamtdeutschen Parteienrecht, 1991, 89 ff.; ders, Parteienrecht als Wettbewerbrecht, in: Häberle/Morlok/Skouris (Hrsg.), Festschrift für Dimitris Th. Tsatsos zum 70. Geburtstag am 5. Mai 2003, S. 408 ff.; ders, Parteienrecht als Organisationsrecht, in: Bäuerle/Dann/Wallrabenstein (Hrsg.), Demokratie-Perspektiven: Festschrift für Brun-Otto Bryde zum 70. Geburtstag, 2013, S. 231 ff.; Morlok/Merten, Parteienrecht, 2018, S. 121 ff.

389 Shirvani, Das Parteienrecht und der Strukturwandel im Parteiensystem, 2010, S. 235 ff.

sich die Schrankenlehre lediglich auf die unterschiedlichen Schutzbereiche der Vereinigungs- und Parteienfreiheit, indem die Rechtsprechungen zum SRP- und KPD-Verbot im Wortlaut analysiert wurden.[390] Nach der Parteienstatuslehre Hesses werden die Freiheit, die Gleichheit und die Öffentlichkeit der Parteien im Sinne der Konkurrenzdemokratie systematisiert. Diese dreiseitige Schrankenregelung der politischen Parteien wird in zahlreichen Kommentaren als ein Paradigma herausgearbeitet.[391]

Die Demokratie- und die Grundrechtsorientierung sind nicht voneinander isoliert; sie werden in Parteienfunktionen im Rahmen unterschiedlicher Demokratietheorien integriert. In diesem Integrationsprozess lässt sich die eigene Parteienrechtsdogmatik nur auf begrenzte Weise aufdecken, weil die vielfältigen Parteienfunktionen und Demokratietheorien die Anwendung einer prinzipienorientierten Rechtsdogmatik beschränken. Worin auf dem rechtsdogmatischen Weg einer Demokratisierung des Parteienlebens der gemeinsame Charakter von Demokratieorientierung und Grundrechtsorientierung besteht, wird von den „Maximen“ als Grundstein aufgewiesen.

III. Maximen des Parteienrechts als eine Parteienrechtsdogmatik

Sowohl Martin Morlok als auch Foroud Shirvani schlagen vor, Maximen als gemeinsame Architektonik des Parteienrechts zu betrachten. In der Habilitationsschrift von Shirvani heißt es: „Für die rechtliche Stellung der Parteien sind die verfassungsrechtlichen Prinzipien und das grundgesetzliche Institutionengefüge von besonderer Relevanz. Der Einfluss der verfassungsrechtlichen Maximen auf die Stellung und Funktionen der Parteien ist eine Folge der normativen Architektur des Grundgesetzes und bestätigt die These, dass die Parteien von dem jeweils bestehenden rechtlich-institutionellen Kontext geprägt werden.“[392] Morlok hat in seiner Schrift Folgendes deutlich herausgestellt: „Maximen sind

390 von der Heydte, Freiheit der Parteien, in: Neumann/Nipperdey/Scheuner(Hrsg.), Die Grundrechte. Handbuch der Theorie und Praxis der Grundrechte, Bd. 2, 1954, S. 457 (483 ff.); Schmidt, Die Freiheit verfassungswidriger Parteien und Vereinigungen, 1983, S. 48 ff.

391 Klein, in: Maunz/Dürig/Herzog (Hrsg.), Grundgesetz Kommentar, Bd. III, 2015, Art. 21 Rn. 248 ff.; Streinz, in: von Mangoldt/Klein/Starck/Huber/Voßkuhle (Hrsg.), Kommentar zum Grundgesetz, Bd. II, 7. Aufl., 2018, Art. 21 Rn. 99 ff.; Morlok, in: Horst Dreier (Hrsg.), Grundgesetz Kommentar, Bd. II, 3. Aufl., 2015, Art. 21 Rn. 46 ff.; Kluth, in: Epping/Hillgruber(Hrsg.), Grundgesetz Kommentar, 2. Aufl., 2013, Art. 21 Rn. 108 ff.; Ipsen, in: Sachs (Hrsg.), Grundgesetz, 8. Aufl., 2018, Art. 21, 15 ff.

392 Shirvani, Das Parteienrecht und der Strukturwandel im Parteiensystem, 2010, S. 234.

auf das Parteienrecht zugeschnittene Prinzipien, die der besseren Auslegung des Parteienrechts dienen sollen. Sie sind auf je besondere Aspekte ausgerichtete Kondensate dessen, was Rechtsprechung und Literatur zu Einzelfragen herausgearbeitet haben. Diese Maximen bedeuten auch eine Abwägungsentscheidung zugunsten einer bestimmten Handhabung des Parteienrechts und nicht einer entgegengesetzten, die auch denkbar wäre."[393]

Bezüglich des zwischen Prinzip und Optimierung bestehenden Zusammenhangs sei an Hesses Worte erinnert: „daß die den Parteien durch das Grundgesetz zugewiesenen Funktionen eine bestimmte verfassungsrechtliche Stellung voraussetzen, welche sie in den Stand setzt, ihre Funktion optimal zu erfüllen."[394] An Alexys Argument, dass „Prinzipien Optimierungsgebote seien"[395] lässt sich hier unmittelbar die Fragestellung nach der Differenz von Prinzipien und Maximen in der Parteienrechtsdogmatik anschließen.

1. *Differenz von Prinzipien und Maximen in der Parteienrechtsdogmatik*

Morlok hat die Prinzipientheorie von Alexy modifiziert aufgenommen: Zwar werden das Kollisionsgesetz und das Abwägungsgesetz in der Parteienrechtsdogmatik rezipiert, doch hinsichtlich der These „Prinzipien sind Optimierungsgebote" wird der Begriff „Prinzipien" durch „Maximen" ersetzt. Er definierte den Begriff der „Maxime" auf folgende Weise: „Maximen sind keine Elemente des Rechtes selber, sondern eben dogmatische Grundsätze oder Regeln, die das Ergebnis der Verarbeitung eines spezifischen Problemaspektes des Parteienrechts sind."[396]

In diesem Kontext hat Morlok die Maximen der Parteienrechtsdogmatik auf die Demokratieorientierung ausgerichtet, insofern Maximen dann keine Rechte darstellen. Um u.a. eine Verwechslung mit dem „Prinzip" zu vermeiden, nennt er Maximen als Hauptbaustein einer Parteienrechtsdogmatik. In der Tat ist es möglich, dass sich die demokratieorientierte Parteienrechtsdogmatik aufgrund der Unklarheit des Demokratieprinzips veränderte. Während

393 Morlok, Notwendigkeit und Grundzüge einer Parteienrechtsdogmatik, in: Brandt/Haratsch/Schmidt (Hrsg.), Verfassung – Parteien – Unionsgrundordnung: Gedenksymposion für Dimitris Th. Tsatsos, 2015, S. 19 (26).

394 Hesse, Die verfassungsrechtliche Stellung der politischen Parteien im modernen Staat, VVDStRL 17 (1958), S. 11 (27).

395 Alexy, Theorie der Grundrechte, 1985, S. 71 ff.

396 Morlok, Notwendigkeit und Grundzüge einer Parteienrechtsdogmatik, in: Brandt/Haratsch/Schmidt (Hrsg.), Verfassung – Parteien – Unionsgrundordnung, 2015, S. 19 (26).

das Demokratieprinzip in mehrere Unterprinzipien oder verschiedene Leitideen aufzuspalten ist, bestehen zahlreiche Kollisionen zwischen den Demokratieprinzipien.[397] Zur Vermeidung der dem Demokratieprinzip inhärenten Uneindeutigkeit und Paradoxie bieten die Maximen einen Katalog der Demokratie sowie einen Abwägungsprozess zur Orientierung bei konkreten Parteienrechtsfragen. In dieser Definition orientieren sich die Maximen der Parteienrechtsdogmatik an der Deutung des Pragmatismus, indem ihre Einschlägigkeit für jeweilige Probleme und die Position der Normanwender hervorgehoben werden.[398]

2. Maximen des Parteienrechts

Maximen der Parteienrechtsdogmatik lassen sich in folgende Dimensionen kategorisieren: „Parteienrecht ist formales Recht“, „Parteienrecht ist Wettbewerbsrecht“, „Parteienrecht ist Tendenzrecht“, „Parteienrecht ist Organisationsrecht“, „Parteienrecht ist finanzzentriertes Recht“, „Parteienrecht ist laientaugliches Recht“, „Parteienrecht ist demokratieförderndes Recht“.[399] Auf diesen kategorisierten Rechtsgebieten konnten die vielfältigen Funktionen des Parteienrechts und die entsprechende Demokratietheorie relativ bestimmt werden, indem durch eine Auslegungsanweisung die Maximen und die vorgeschlagene Parteienrechtslehre zusammengeführt werden.

Der Entwicklung der Parteienrechtsdogmatik wird im Folgenden für die Richtung angesetzt, die sich einigen Parteienrechtslehren aus dem Raum des Vernünftigen zuwendet und diese einer Präferenz- und Abwägungsentscheidung unterzieht. Diese praktische Parteienrechtsdogmatik könnte jedoch in Zweifel gezogen werden, wenn dabei rechtspolitische Vorschläge als Parteienrechtslehre argumentiert werden, wenn sie nicht innerhalb der rechtsinternen Logik und Systematik entwickelt wird, oder wenn sie nicht von einem Bedeutungsspielraum der Gesetzesworte spricht.[400] Angesichts dieser rechtsmethodischen Zweifel betont Morlok den Stellenwert des Wortlauts und der augenscheinlichen Berührungspunkte mit der Formalität des Parteienrechts,[401] um die Grenze zwischen Rechtsauslegung und -fortbildung zu beachten. Aus diesem Grund richten sich die Maximen der Parteienrechtsdogmatik an die Normanwender und in begrenztem Maße auch an den Gesetzgeber.[402]

397 Alexy, Theorie der Grundrechte, 1985, S. 407.
398 Morlok, a.a.O., S. 19 (26).
399 Morlok, a.a.O., S. 19 (27 ff.).
400 R, Zippelius, Juristische Methodenlehre, 11. Aufl., 2011, S. 41 ff.
401 Morlok, a.a.O., S. 19 (33).
402 Morlok, a.a.O., S. 19 (33).

Je intensiver, tiefgehender und konkreter jedoch vernunftrechtliche Erwägungen bezüglich der Parteienrechtsfrage angestellt werden, desto weniger Berührungspunkte zeigen sich mit der Formalität des Parteienrechts. Eine Entwicklung der Parteienrechtslehre auf dem Weg zu einer Rechtsgewinnung ist nicht zu vermeiden, weil die Maximen der Parteienrechtsdogmatik durch die Parteiengesetzestexte und die Interpretationstheorie eingeschränkt werden. Diese Parteiengesetzestexte stammen vom parteipolitischen Gesetzgeber (Entscheidung in eigener Sache), dagegen sind die Handlungsfelder politischer Parteien nicht beschränkt.[403]

B. Auf dem Weg der Rechtsgewinnung

Die praktische Tendenz der Interpretation, dass die Maximen als ein Ergebnis der Verarbeitung eines spezifischen Problemaspektes in der Parteienrechtsdogmatik ausgemacht werden, wurde bereits in der Theorie der Rechtsgewinnung von Martin Kriele erwähnt: „Die praktische Bedeutung des Zusammenhangs von positivem Recht und Rechtsvernunft besteht darin, dass der Text überhaupt nur richtig interpretiert werden kann, wenn ihm die Intention der Vernünftigkeit und Unparteilichkeit unterstellt wird."[404]

Während die Maximen der Parteienrechtsdogmatik auf den Wortlaut des Parteiengesetzes im Rahmen der Rechtsauslegung begrenzt wurden, war Kriele der Auffassung, dass der Fokus auf offene und eigene Entscheidungsgründe im Rahmen der Rechtsausbildung gelegt werden müsse, weil die gesetzgebende Gewalt lediglich eine Rechtsetzungsprärogative, nicht aber ein Rechtsetzungsmonopol besitzt.[405] Nach Martin Kriele ist unter Rechtsgewinnung Folgendes zu verstehen: „Rechtsgewinnung sei nicht Auslegung im Sinne von Sinndeutung und Analogie, sondern vernunftrechtliche Erwägung von Normhypothesen, wobei alle Probleme insoweit abgeschnitten seien, als der Gesetz- und Verfassungsgeber sie entschieden habe."[406] Mithilfe dieser Definition wäre es möglich, dass die Parteienrechtslehre nicht auf die augenscheinlichen Berührungspunkte mit der Formalität des Parteienrechts begrenzt ist, sondern sich als Normhypothese an der juristischen Entscheidung orientiert. Denn nach Krieles Ansicht

---

403 Morlok, Handlungsfelder politischer Parteien, in: J. Ipsen (Hrsg.), 40 Jahre Parteiengesetz, 2010, S. 53 ff.; P. M. Huber, Parteien in der Demokratie, in: Badura/Dreier (Hrsg.), Festschrift 50 Jahre Bundesverfassungsgericht, Bd. 2, 2001, 609 (625).

404 Kriele, Theorie der Rechtsgewinnung, 2. Aufl., 1976, S. 169.

405 Kriele, Theorie der Rechtsgewinnung, 2. Aufl., 1976, S. 196 f.

406 Kriele, Theorie der Rechtsgewinnung, 1967, S. 311 (Leitsatz 6).

seien das Fundament allen juristischen Denkens die Dezisionen des Gesetz- und Verfassungsgebers.[407]

I. Parteienrechtslehre als Normhypothese

Im früheren Versteckspiel des Staatsrechts gegenüber den Parteien wurde die Parteienrechtslehre auf den einzelnen Stufen des Gesetzes und dem Lebenssachverhalt strukturiert. Deswegen konnte die Parteienrechtslehre mithilfe eines teleologischen oder analogischen Interpretation in der Parteienstaatlichkeit ausgelegt werden.[408] Der Argumentationsstrang dieses dogmatischen Ansatzes beginnt bei der Rechtsnorm und wird bis zur Wirklichkeit geführt.

Mit Krieles Rechtsgewinnungstheorie, die das juristische Problem umschreibt, wird jedoch der Sachverhalt der Parteienstaatlichkeit oder einer anderen einseitigen Parteienkritik als Vorgang fokussiert. In diesem juristischen Problem besteht eine untrennbare Wechselbeziehung zwischen Textinterpretation und Falllösung. Bei der abwechselnden Betrachtung von Gesetz und Lebenssachverhalt bezüglich der Parteienrechtslehre als Normhypothese verhält es sich wie bei der Vermittlung zwischen Parteienrecht und Parteienwesen. Die Aufgabe der Parteienrechtslehre besteht darin, eine vernunftrechtliche Entscheidung in einem offenen Erwägungs- und Entscheidungsspielraum zu finden.[409] Die Auffassung der Parteienrechtslehre als Normhypothese, die sich zwischen Norm und Wirklichkeit befindet, kann zu vernunftrechtlichen Entscheidungsgründen und zu deren Entdeckung führen.

Sodann stellt sich der Judikatur, je nach Parteienfunktion des betreffenden Gesetzes, die spezifische Aufgabe, einen Weg zu finden, wie anhand der Parteienrechtslehre in einer offenen Argumentationsstruktur eine juristische Entscheidung aktiviert werden kann, um das juristische Problem des Parteienwesens zu lösen.

II. Parteienrechtslehre als vernunftrechtliche Entscheidung in einem offenen Erwägungs- und Entscheidungsspielraum

Sofern die Parteienrechtslehre als vernunftrechtliche Entscheidung in einem offenen Erwägungs- und Entscheidungsspielraum betrachtet wird, ist rechtstheoretisch bemerkenswert, dass die folgenorientierte Verfassungsinterpretation

---

407 Kriele, Theorie der Rechtsgewinnung, 1967, S. 160.
408 S. Zweiter Teil D II.
409 Kriele, a.a.O., S. 197 ff.

bei der Bildung vernunftrechtlicher Entscheidungsgründe von großer Relevanz ist. Sowohl die Parteienkritik der Sozialwissenschaft als auch das Parteienrecht der traditionellen fachjuristischen Dogmatik vermögen eine offene Folgendiskussion aufzunehmen und dadurch auf eine interdisziplinäre Weise zum Gelingen beizutragen. Darüber hinaus kann ein Kommunikationsraum zwischen Theorie und Praxis gebildet werden, indem sich die wissenschaftliche Argumentation an einer regulativen Idee der Judikatur orientiert.[410]

1. Die Positionierung der politologischen Ansätze in juristischer Entscheidung

Die einseitigen politologischen Ansätze im Sinne der Parteikontrolle sind keineswegs fremd. So finden sich im Grundgesetz Belege dafür, dass die innerparteiliche Demokratie des Art. 21 I 3 GG[411] den Gedanken des Ehernen Gesetzes der Oligarchie von Robert Michels beinhaltet; die wehrhafte Demokratie in Art. 21 II GG[412] verfügt inhaltlich über die „Militant Democracy and Fundamental Rights“ von Karl Loewenstein. Die vorliegenden politologischen Ansätze gegen den Missbrauch der politischen Macht wurden in dem konstitutionellen Moment erfolgreich im Art. 21 GG verankert.

Wird die juristische Entscheidung genauso wie die Gesetz- und Verfassungsgebung auf dem Weg der Rechtsgewinnung beansprucht, so lohnt es sich, die gegenwärtigen politologischen Ansätze der Parteienkritik zu beachten, denn diese sind als „legislative facts“ anzusehen. Angesichts der Tendenz der ökonomischen Theorie der Demokratie umkreisen die gegenwärtigen politologischen Ansätze der Parteienkritik den Parteienwettbewerb in der Konkurrenzdemokratie. Darüber hinaus entwickelte sich dieser Ansatz nicht nur innerhalb der politikökonomischen Theorie, sondern auch unter dem regulativen Aspekt bzw. unter Heranziehung der Analogie zwischen Parteienrecht und Wettbewerbsrecht.[413] Unabhängig davon, ob es sich um den Ansatz der politischen Klasse oder den Ansatz der Kartell-Parteien handelt,[414] wird die Rolle des Bundesverfassungsgerichts als Politiksteuerer beim „Antitrust“[415] erwartet und betont,

410 Kriele, a.a.O., S. 333.
411 S. Zweiter Teil C I 2.
412 S. Dritter Teil B I.
413 S. Zweiter Teil D III 2.
414 S. Zweiter Teil D II.
415 Richard L. Hasen, Entrenching the Duopoly: Why the Supreme Court Should Not Allow the States to Protect the Democrats and Republicans from Political Competition, The Supreme Court Review, Vol. 1997 (1997), pp. 331–37; Samuel Issacharoff,

wenn man den wirtschaftlichen Markt mit dem politischen Markt analogisch vergleicht.[416]

In Bezug auf die Fragestellung, wie man politologische Reflexionen bzw. „Antitrust" innerhalb einer juristischen Entscheidung positionieren, beinhalten und legitimieren kann, so wird sowohl in der amerikanischen als auch in der deutschen Literatur der gleiche Standpunkt vertreten: gerichtliche Kontrollintensität.

Der amerikanische Ansatz fokussiert sich auf die Analogie zwischen wirtschaftlichem und politischem Markt. Das amerikanische Zweiparteiensystem wird als der Bezug von Coke und Pepsi bezeichnet, damit die wirtschaftliche Analyse und die Kontrolltheorie des Wettbewerbsrechts, z.B. „natural duopoly"[417], im Wahlrecht anwendbar sind.[418] In diesem Kontext wird die gerichtliche Kontrollintensität nach analogischen Kriterien gewählt. Dieser Ansatz wird in Morloks Schrift „Parteienrecht als Wettbewerbsrecht" tangiert, indem er den Aufsatz von Issacharoff und Pildes zitiert und weiterhin durch eine systematische dogmatische Konstruktion erhellt.[419]

Angesichts des deutschen parlamentarischen Regierungssystems wurden zu Anfang politologische Reflexionen bzw. „Antitrust" mit dem Begriff der „Entscheidung des Parlaments in eigener Sache" in juristischer Entscheidung entwickelt. Die aus der Interessenübereinstimmung der Regierungs- und

---

Gerrymandering and Political Cartels, 116 Harv. L. Rev. 593 (2002): 593–648; Kevin Mitchell, Antitrust Analysis: A Roadmap for Election Reform Under the First Amendment. CommLaw Conspectus 10, 2002: 157–73; Richard A. Posner, Law, Pragmatism, and Democracy, 2003, pp. 245–247; Ian Shapiro, The State of Democratic Theory, 2005, pp. 60–67.

416 Morlok, Parteienrecht als Wettbewerbsrecht, in: P. Häberle (Hrsg.), Festschrift Tsatsos zum 70. Geburtstag, 2003, S. 408 (444); H. H. von Arnim/R. Heiny/S. Ittner, Politik zwischen Norm und Wirklichkeit, FÖV 35, Discussion Papers, 2006, S. 1(60 ff.); Shirvani, Das Parteienrecht und der Strukturwandel im Parteiensystem, 2010, S. 479 ff.

417 Issacharoff, a.a.O., S. 599.

418 Issacharoff, a.a.O., S. 599; for earlier versions of the argument about the need to preserve the competitive vitality of the political process, see Samuel Issacharoff, Oversight of Regulated Political Markets, 24 HARV. J.L. & PUB. POLY 91 (2000); Samuel Issacharoff, Private Parties with Public Purposes: Political Parties, Associational Freedoms, and Partisan Competition, 101 COLUM. L. REV. 274 (2001); Samuel Issacharoff & Richard H. Pildes, Politics as Markets: Partisan Lockups of the Democratic Process, 50 STAN. L. REV. 643, 702 (1998); Richard H. Pildes, The Theory of Political Competition, 85 VA. L. REV. 1605, 1615 (1999).

419 S. Zweiter Teil D III 3.

Oppositionsfraktion entstandene politische Struktur des faktischen Monopols hat das Bundesverfassungsgericht bereits im Diätenurteil[420] und im Ping-Pong-Spiel[421] zwischen Bundesverfassungsgericht und Gesetzgeber auf dem Spezialgebiet der Parteienfinanzierung erkannt.[422] Vor diesem Hintergrund verschärft das BVerfG die Kontrolle von Prüfungen dessen, ob für die Ermittlung der legislative facts wirklich zwingende Gründe vorliegen.[423]

Die Betrachtung des bislang letzten Urteils des Bundesverfassungsgerichts zur Parteienfinanzierung hat weiterhin gezeigt, dass das Gericht drei Obergrenzen für die direkte und indirekte Staatsfinanzierung von politischen Parteien aufgestellt hat.[424] Daher existiert die Auffassung, es liege auf der Hand, dass das Gericht hier als Ersatzgesetzgeber in die Bresche gesprungen sei.[425] Sofern das Bundesverfassungsgericht als Ersatzgesetzgeber bezeichnet wird[426], sei die Sachkunde für Tatsachenfeststellungen und Prognosen auch beim Gericht zu finden.[427] Das bedeutet, dass das Bundesverfassungsgericht nicht nur die vom Gesetzgeber übermittelten Tatsachen aufklären, sondern die betreffenden Tatsachen auch legalisieren muss. Um die historischen, gegenwärtigen und zukünftigen Sachverhalte rational in der Entscheidung zu begründen, bedarf es in den

420 BVerfGE 40, 296 (327).

421 Klein, Bundesverfassungsgericht und Parteiengesetz, in: Ipsen (Hrsg.), 40 Jahre Parteiengesetz, 2009, S. 19 (24); vgl. BVerfGE 20, 56; 85, 264 (291 f.).

422 von Arnim, Wahlgesetze: Entscheidungen des Parlaments in eigener Sache, JZ 2009, S. 813.

423 von Arnim, a.a.O., S. 816.

424 BVerfGE 85, 264 (289 f., 290 ff., 313); von Arnim, Politikfinanzierung, Wahlrecht und legislative Manipulation – Strenge Gerichtskontrolle bei Entscheidungen der Politik in eigener Sache, Festschrift für Martin Kriele zum 65. Geburtstag, München 1997, S. 627 (628); ders, Die Partei, der Abgeordnete und das Geld, 1991, S. 291.

425 von Arnim, Politikfinanzierung, Wahlrecht und legislative Manipulation, S. 627 (629); Shirvani, Das Parteienrecht und der Strukturwandel im Parteiensystem, 2010, S. 483.

426 O. Bachof, Der Richter als Gesetzgeber? in: Tradition und Fortschritt im Recht, Tübingen 1977, S. 177 (190); K. Stern, Verfassungsgerichtsbarkeit und Gesetzgebung, in: Ziemske/Langheid/Wilms/ Haverkate (Hrsg.), Staatsphilosophie und Rechtspolitik, Festschrift für Martin Kriele zum 65. Geburtstag, 1997, S. 411 (420 ff.); Kriele, Recht und Politik in der Verfassungsrechtsprechung, NJW 1976, 777; Gusy, Das Bundesverfassungsgericht als politischer Faktor, EuGRZ 1982, S. 93–101; m.w.N. H. Simon, Verfassungsgerichtsbarkeit, in: Benda/Vogel/Maihofer (Hrsg.), Handbuch des Verfassungsrechts der Bundesrepublik Deutschland, 2. Aufl. 1994, S. 1637 (1666).

427 Philippi, Tatsachenfeststellungen des Bundesverfassungsgerichts, 1971, S. VI.

offenen Entscheidungsgründen einer vernunftrechtlichen Argumentation. An dieser Stelle trifft die folgenorientierte Interpretation zu.

2. Folgenorientierte Interpretation des Parteienrechts

Nach Kriele gibt es drei wesentliche Elemente einer vernunftrechtlichen Argumentation der offenen Entscheidungsgründe: die Orientierung an der Maximen, die Erwägung der Folgen der Maximen und die Unparteilichkeit der Abwägung.[428]

a) Die Orientierung an den Maximen

Während Morlok die „Maximen“ auf dem Weg der Parteienrechtsdogmatik formuliert, werden die Maximen zugleich auf der Grundlage der Präjudizienvermutung von Kriele verwendet. Maximen sind hier nicht als Auslegungsanweisung der Parteienrechtsdogmatik zu verstehen; sie betonen die Entscheidung, die Entscheidungsfolgen und die Entscheidungsverantwortung.[429]

Die Vermutung der Präjudiz bewirkte eine judizielle Rechtsbildung zur Reflexion und Dezision, um sowohl die Rechtssicherheit als auch ein Höchstmaß an Rationalität der judiziellen Rechtsentwicklung zu gewährleisten.[430] Im Zusammenhang von Dogmatik und Präjudizienvermutung gelte grundsätzlich, dass Präjudizien nicht „Indizien“ für eine richtige Dogmatik seien, sondern dass die Dogmatik, insbesondere die „herrschende Lehre“ ein Indiz für eine richtige argumentative Auseinandersetzung mit den Präjudizien sei. Morlok äußerte sich ähnlich: „Die Maximen stellen nur einen Katalog von Ratschlägen dar, der auf seine Einschlägigkeit für das jeweilige Problem zu befragen ist.“[431] Morlok und Kriele zeigen zwar unterschiedliche Forschungsansätze, die sich hinsichtlich der Rechtsauslegung und -fortbildung unterscheiden; sowohl bei der Rechtsauslegung als auch -fortbildung tritt jedoch das Bemühen zutage, die Rechtswirklichkeit und die dogmatisch entwickelten Rechtsinstitute in der Rechtsprechung miteinander zu kombinieren. Diese Tendenz wird anhand der Erwägung der Folgen der Maximen verwirklicht.

---

428 Kriele, Theorie der Rechtsgewinnung, 2. Aufl., 1976, S. 326 ff.

429 Kriele, a.a.O., S. 326.

430 Kriele, a.a.O., S. 247.

431 Morlok, Notwendigkeit und Grundzüge einer Parteienrechtsdogmatik, 2015, S. 19 (26).

b) Die Erwägung der Folgen der Maximen

Die Erwägung der Folgen der Maximen bedeutet nicht die Abwägung der Rechtsfolgen, sondern die Berücksichtigung der generellen, empirisch erfassbaren Realfolgen, weil diese Realfolgen sich an der Rechtsfindung orientieren können.[432] Die Abwägung der Rechtsfolgen fungiert nur in der finalen Subsumtion, die vom Gesetzgeber angeordnet ist. Soweit Rechtsentscheidungen an ihren Realfolgen zu orientieren sind, kommt dem juristischen Bewusstsein bei der Erkennung der empirischen Wissenschaften im Sinne der legislative facts ein gewisser Spielraum zu.

Es ist nahezu selbstverständlich, dass das Verhältnis von Gesetzgeber und Richter demnach nicht dem eines Rechtssetzers und Rechtsanwenders entspricht, sondern dass beide eine originäre rechtsschöpferische Gewalt besitzen.[433] Dementsprechend beschränkt sich die Folgendiskussion nicht auf den Entscheidungsspielraum der Judikatur und der fachjuristischen Dogmatik, sondern kann durch andere Disziplinen unterstützt werden. Wie bei der Entstehung des Parteiengesetzes, so setzt sich auch die Parteienrechtskommission aus Vertretern verschiedener Wissenschaftsgebiete zusammen, insbesondere der Gebiete der Philosophie, Geschichte, Soziologie, Politikwissenschaft und des Staatsrechts.[434] Die interdisziplinäre Struktur kommt nicht nur in der Gesetzgebung zum Tragen, sondern auch in der Judikatur, soweit sich die juristische Denkrichtung auf dem legislativen Weg befindet.

c) Die Unparteilichkeit der Abwägung

In Bezug auf die Frage, wie die offenen generellen, empirisch erfassbaren Realfolgen in einzelnen vernunftrechtlichen Entscheidungsgründen zu bestimmen sind, rückt Kriele Vorstellung, Abschätzung und Abwägung der Folgen der Entscheidungsmaximen in den Vordergrund.[435]

aa) Die Vorstellung der Folgen der Entscheidungsmaximen

Bei der Vorstellung der Folgen der Entscheidungsmaximen handelt es sich nicht um ein subjektives Gefühl, sondern um „einen Akt der inneren Identifikation“[436]. Die Vorstellung der Folgen vermittelt die relevanten Folgen aus der

---

432 Deckert, Folgenorientierung in der Rechtsanwendung, 1994, S. 111.

433 Kriele, a.a.O., S. 322 f.

434 Parteienrechtskommission, Rechtliche Ordnung des Parteiwesens, 1957, S. XII.

435 Kriele, a.a.O., S. 334.

436 Kriele, a.a.O., S. 335.

konventionellen Wirkungsanalyse. Diese Analyse basiert im Wesentlichen auf der Zielstruktur der Gesamtrechtsordnung.[437] Im Bereich des Parteienrechts wird dieser Schritt mit der Parteienfunktion in Sinne der streitbaren Demokratie, der repräsentativen Demokratie und der Konkurrenzdemokratie aufgefüllt.

bb) Die Vorausschätzung der Folgen der Entscheidungsmaximen

Eine Vorausschätzung der Folgen fungiert als eine auf der Grundlage der Lebenserfahrung basierende Erwartung von Wahrscheinlichkeit. Zu diesem Zweck muss die Wahrscheinlichkeit der Folgenprognosen vorausgesagt werden. Der Schwerpunkt besteht aufgrund der Feststellung zukünftiger Prognosetätigkeiten in der Frage, wie man die empirische Folgenprognose bewerten kann.

Im Rahmen des Parteienrechts hängt die künftige Tatsachenentwicklung häufig von dem vergangenen, gegenwärtigen und zukünftigen Parteienwesen ab. Führt man sich die Vielfalt des Parteienstaats zum wiederholten Male genauer vor Augen, so zeigt sich, dass der Prognosecharakter anhand Leibholz' Parteienstaatslehre in der Gesetzgebung des Parteiengesetzes und in der früheren Judikatur des Bundesverfassungsgerichts bereits Verwendung findet. Sodann hat Philippi die Tatsachenfeststellungen des Bundesverfassungsgerichts analysiert und wie folgt kategorisiert: (1) zukünftige Folgen bei der Realisierung von Verfassungsprinzipien, (2) zukünftige Auswirkungen unterschiedlicher gesetzgeberischer Problemlösungen, (3) Änderung politischer und ökonomischer Strukturen,[438] (4) wirtschaftliche Krisen (5) irreparable Fakten (6) zukünftiges Wählerverhalten[439] und (7) zukünftiges staatliches Verhalten. Diese wesentliche empirische Prognosetätigkeit zeigt sich also in der Entstehung der Parteienstaatslehre. Dementsprechend lässt sich anhand der Leibholz'schen Parteienstaatslehre erkennen, dass die empirische Folgenprognose als phänomenologische Konstruktion in der Parteienrechtslehre enthalten ist und sich an der betreffenden parteienrechtsrelevanten Judikatur orientiert.

cc) Die Folgenabwägung der Entscheidungsmaximen

Die Folgenabwägung geht im normativen Bereich davon aus, dass die Interessenabwägung bzw. die fundamentalen Interessen den Gedankengang der Bewertung leiten. Gewisse Schwierigkeiten bereitet hier die Einordnung der kollidierenden

---

437 Deckert, a.a.O., S. 120.

438 BVerfGE 8, 51 (64 ff.); 20, 56 (102, 111); 24, 300 (358 f.) Philippi, Tatsachenfeststellungen des Bundesverfassungsgerichts, 1971, S. 33 f.

439 BVerfGE 1, 208 (260); 5, 85 (132 f.); 24, 300 (336); Philippi, a.a.O., S. 34.

Interessen, die sich in einzelnen Fällen in einem Spannungsverhältnis zwischen Grundprinzipien befinden. Die erwähnten Spannungsverhältnisse können durch das Effizienz-, das Gerechtigkeits- und das Wahrheitskriterium bestimmt werden.

Im Rahmen des Parteienrechts handelt es sich bei der Bewertung der fundamentalen Interessen um die Ermittlung der Parteienrechtslehre, in deren Bereich die Problematik und die Kritik des Parteienwesens den Ausgangspunkt der Folgenabwägung bilden. Auf diese Weise hat Leibholz schon früher festgestellt, dass in Bezug auf die Einordnung der zwischen dem modernen massendemokratischen Parteienstaat und der repräsentativ-parlamentarischen Demokratie kollidierenden Interessen anhand seiner Parteienstaatslehre nach dem Kriterium des Wesens der Repräsentation eine bedingte Vorrangrelation zwischen den Prinzipien festzusetzen ist. Zwar ist seine Identitätsthese der Parteienstaatslehre in der Argumentation nicht haltbar; zumindest theoretisch denkbar ist jedoch, dass das Wesen der Repräsentation als ein Kriterium zur Interessenabwägung in Betracht kommen könnte. In diesem Kontext orientiert sich das Vorverständnis der Demokratie als ein Kriterium an den vernunftrechtlichen Entscheidungsgründen in der parteienrechtsrelevanten Judikatur.

Das Vorverständnis der Demokratie kann in den einseitigen kritischen Ansätzen in der politologischen Diskussion mitschwingen, damit das Kriterium der Interessenabwägung in der parteienrechtsrelevanten Judikatur flexibel bleibt. Das Kriterium des Demokratievorverständnisses wird in der verfassungsrechtlichen Rechtsprechung durch einen anderen funktionalen Begriff bezeichnet, nämlich durch den Begriff des demokratischen Leitbilds.

III. Demokratische Leitbilder in der verfassungsrechtlichen Rechtsprechung

Erneut rückt die präjudizielle Wirkung der Entscheidung für die Folgen der Entscheidungsmaximen in den Mittelpunkt des Interesses.[440] Die Betrachtung der präjudiziellen Wirkung der parteienrechtsrelevanten Judikatur (z.B. Parteiverbot) zeigt, dass die Entscheidungen des Bundesverfassungsgerichts im SRP- und KPD-Verbot im Sinne der freiheitlichen demokratischen Grundordnung an Präjudizien geknüpft werden.[441] An dieser Entscheidung wird deutlich, dass die präjudizielle Wirkung nicht nur als Indiz für eine richtige Auslegung des Grundgesetzes betrachtet werden kann; darüber hinaus wird in der präjudiziellen

440 Kriele, a.a.O., S. 329.

441 BVerfGE 2, 1 (12–14); 5, 85 (140).

Wirkung der Begriff des „Leitbildes" gebraucht, um das Leitbild der Parteiendemokratie zu konturieren.[442]

In Bezug auf die Frage nach dem Leitbildbegriff in der Rechtswissenschaft liegt keine eindeutige Antwort vor. Der Prototyp des Leitbildes kann dahingehend bezeichnet werden, dass es sich um bildliche Zielvorstellungen handelt. Diese können in der Aufnahme von übergreifenden gesellschaftlichen Gerechtigkeits- und Ordnungsvorstellungen einen besonderen semantischen Gehalt aufweisen und als sinnorientierende Elemente das Denken oder Handeln anleiten.[443] Diese abstrakte Beschreibung des Leitbildes wird in der parteienrechtsrelevanten Judikatur suggestiv und praktisch verwendet. Im Rahmen des Parteienrechts werden die Leitbilder der Parteiendemokratie häufig in der Rechtsprechung des Bundesverfassungsgerichts konturiert und formulieren die idealistische Parteienfunktion anhand verschiedener Demokratietheorien. Diese Beispiele lassen sich in der streitbaren Demokratie, der repräsentativen Demokratie und der Konkurrenzdemokratie darstellen und finden sich dort auch wieder.

1. *Das Leitbild der streitbaren Demokratie*

Das Bundesverfassungsgericht hat das Leitbild in der streitbaren Demokratie verwendet, indem es die freiheitliche demokratische Grundordnung interpretiert.[444] Das Vorliegen zahlreicher Auslegungsvarianten, die sich in Bezug auf die freiheitliche demokratische Grundordnung finden, verdeutlicht, dass das Leitbild in den Rechtsprechungen des Bundesverfassungsgerichts als entscheidungsdirigierendes Flexibilisierungsinstrument dient.[445]

Sowohl im SRP- als auch im KPD-Parteiverbotsurteil wurde die Formel der freiheitlichen demokratischen Grundordnung inhaltlich umgeschrieben und erweitert, um ein substantielles Demokratieverständnis der streitbaren Demokratie zu interpretieren.[446] Im Sinne der streitbaren Demokratie wurde das Leitbild zum gemeinsamen Kommunikationsformat verschiedener Disziplinen. Durch diese Plattform wurde die Integration vieler Disziplinen ermöglicht. Darüber hinaus konnten anhand inhaltlicher Impulse der zur streitbaren

---

442 BVerfG, Urteil des Zweiten Senats vom 17. Januar 2017 – 2 BvB 1/13 – Rn. (530 ff.).

443 J. Braun, Leitbilder im Recht, 2015, S. 209.

444 BVerfGE 2, 1 (12 f.); 5, 85 (197–200); 28, 36 (48 f.); 30, 1 (19 f.); 39, 334 (349). Vgl. dazu 3. Kap. B II.

445 Braun, Leitbilder im Recht, 2015, S. 102 ff.; U. Volkmann, Leitbildorientierte Verfassungsanwendung, AöR 134, 2009, 158 (180).

446 BVerfGE 2, 1 (12 f.); 5, 85 (197 f.).

Demokratie vorliegenden Auffassungen entlang des sozialen Wandels maßgeschneiderte Modifizierungen vorgenommen werden, um die entscheidungsdirigierende Flexibilisierung der leitbildorientierten Verfassungsanwendung wirkungsvoll zu platzieren.[447]

Wenn sich der Inhalt der streitbaren Demokratie im Urteil des Bundesverfassungsgerichts auf die Beamtenverhältnisse bezieht, so hat dies entsprechende Veränderungen im Leitbild der streitbaren Demokratie zur Folge. In Bezug auf die inhaltliche Neubestimmung der streitbaren Demokratie verhält sich das Bundesverfassungsgericht nicht nur kontrovers hinsichtlich der Begriffe des Verfassungsschutzes, des Verfassungsfeindes und der Verfassungstreue. Davon abgesehen, entdeckte das Bundesverfassungsgericht einen verfassungspolitischen Zugang zur Umsetzung und Modifikation des Landesbeamtengesetzes im demokratischen Rechtsstaat, wie z.B. die Zwei-Sphären-Lehre im Radikalenbeschluss.[448] In diesem Urteil hat das Bundesverfassungsgericht eine Verbindung zwischen dem Leitbild der streitbaren Demokratie und dem Prinzip der streitbaren Demokratie hergestellt. Einerseits wird der verfassungspolitische Standort des Bundesverfassungsgerichts durch die Formulierung des Leitbilds der streitbaren Demokratie expliziert; andererseits wird die traditionelle Rechtsdogmatik mit dem Prinzip der streitbaren Demokratie eingehalten. Angesichts des zweipoligen Charakters der streitbaren Demokratie ist nachzuvollziehen, dass das Bundesverfassungsgericht einen zweigleisigen Ansatz vertritt.[449]

2. *Das Leitbild der repräsentativen Demokratie*

Wenn der Begriff der politischen Parteien im Sinne des Art. 21 Abs. 1 S. 1 GG durch einen Rechtssatz des Funktionsbegriffs definiert wird, wird die idealistische Parteienfunktion stark mit dem Willen des Grundgesetzes verwoben. Auf dieser Grundlage bemüht sich das Bundesverfassungsgericht im (zweiten) Parteienfinanzierungsurteil des Bundesverfassungsgerichts um eine kontinuierliche sowie stabile Bildung des Leitbildes der Parteienfunktion: „Sie (politische Parteien) erschöpfen sich nicht in dem nur in Abständen wiederkehrenden Akt der Wahl des Parlaments. Willensbildung des Volkes und Willensbildung in den Staatsorganen vollziehen sich in vielfältiger und tagtäglicher, von den Parteien mitgeformter Wechselwirkung. Politisches Programm und Verhalten

447 Braun, Leitbilder im Recht, 2015, S. 110.
448 Vgl. BVerfGE 39, 334 (349).
449 Braun, Leitbilder im Recht, 2015, S. 121.

der Staatsorgane wirken auf die Willensbildung des Volkes ein und sind selbst Gegenstand seiner Meinungsbildung.“[450]

Diese kontinuierliche rhetorische Verwendung eines Leitbilds von politischen Parteien[451] fungiert weder als entscheidungsdirigierendes Flexibilisierungsinstrument noch als legislativer Umsetzungsfaktor. Sie fungiert lediglich als eine Zwischenschicht[452] oder ein nicht-normatives Steuerungsinstrument[453] in der verfassungsrechtlichen Judikatur, um die Brücke zum Realbefund zu schlagen, wobei die Grenze zwischen Sein und Sollen verschwimmt.[454] Diese Beschreibungen geben eine offene Wirklichkeit der idealistischen Parteienfunktion in der Vorrangstellung der Judikatur mit potentiell rechtsrelativierender Konsequenz wieder. Damit wird in der Argumentationsstruktur ein kontinuierlicher Weg beschritten.

3. *Das Leitbild in der Konkurrenzdemokratie*

Das Bestehen einer erfolgreichen Konkurrenzdemokratie im Parteienrecht hängt wesentlich davon ab, inwieweit die gerichtliche Kontrollintensität im Sinne des chancengleichen Wettbewerbs zwischen den politischen Parteien reagiert. Wird diesbezüglich anhand der Reaktion der verfassungsrechtlichen Judikatur die Chancengleichheit innerhalb des politischen Wettbewerbs untersucht, so lässt sich in den folgenden Worten der verfassungsrechtlichen Judikatur ein Leitbild des Parteienwettbewerbes in der Konkurrenzdemokratie erkennen: „Die Verfassung geht hierbei von der Unterschiedlichkeit der individuellen und gesellschaftlichen Meinungen, Interessen und Bedürfnisse aus. Sie gewährleistet die Freiheit der Organisation in miteinander konkurrierenden politischen Vereinigungen. Diese Offenheit des politischen Prozesses hat das Bundesverfassungsgericht in seiner Rechtsprechung wiederholt als einen zentralen Grundsatz der Demokratie betont und gestärkt.“[455]

Wenn in diesem Zusammenhang von einem freien Zugang zum politischen Markt die Rede ist, so ist dabei die Bedeutung kleiner Parteien in der

---

450 BVerfGE 85, 264 (284 f.).

451 Vgl. BVerfGE 20, 56 (114); 44, 125 (139 f.); 73, 40 (85), 85, 264 (284 f.); 91, 276 (285 f.); 121, 30 (55).

452 Volkmann, Leitbildorientierte Verfassungsanwendung, AöR 134, 2009, 158 (182).

453 Braun, Leitbilder im Recht, 2015, S. 92 f.

454 P. M. Huber, Rechtsgewinnung aus Bildern – Kurzintervention, in: Krüper/Merten/Morlok (Hrsg.), An den Grenzen der Rechtsdogmatik, 2010, S. 91 (91).

455 Vgl. BVerfGE 14, 121 (133); 73, 40 (86); 85, 264 (288, 293); 91, 276 (285 f.); 111, 382 (404).

verfassungsrechtlichen Judikatur zu beachten: „Auch kleine Parteien sind für den politischen Prozess und die politische Landschaft von Bedeutung. Das institutionalisierte politische System, das auf politische Parteien und effektiven Wettbewerb zwischen ihnen setzt, braucht die Mitwirkung neuer Konkurrenten, aber auch der bestehenden kleinen Parteien. Der Wettbewerb zwischen den Parteien kann auf Dauer nur wirken, wenn er nicht auf die Konkurrenz zwischen den bereits existierenden und erfolgreichen beschränkt bleibt, sondern durch das Hinzutreten neuer Wettbewerber und die anhaltende Herausforderung durch die kleinen Parteien erweitert, intensiviert und gefördert wird."[456]

Mit der Bedeutung, die kleinen Parteien beigemessen wird, kommt zum Ausdruck, dass das Leitbild der Konkurrenzdemokratie durch Parteienwettbewerb zwischen kleinen Parteien und Parlamentsparteien gebildet wird. Die Funktion dieser leitbildorientierten Verfassungsanwendung mit Fokus auf kleinen Parteien besteht im inhaltlichen Impuls im Rahmen des legislativen Umsetzungsprozesses zur Orientierung bei Gesetzgebungsvorhaben, indem die Verletzung der Chancengleichheit politischer Parteien im Sinne des § 18 IV 3 PartG i. d. F. des 38. Änderungsgesetzes festgestellt wird.[457] Hinzu kommt, dass dieses determinierende Vorverständnis über rechtspolitische Gestaltung des chancengleichen Parteienwettbewerbs mit der Widerlegung der Rechtfertigungsgründe vom Gesetzgeber verwoben ist, wobei das Leitbild des chancengleichen Parteienwettbewerbs in der Konkurrenzdemokratie im Rahmen des Gesetzgebers ermittelt werden kann. Aus diesem Grund wird die leitbildorientierte Verfassungsanwendung im Sinne des § 18 IV 3 PartG als Positionslichter der Gesetzgebung bezeichnet. Die Leitbildorientierung kann im Rahmen der Rechtsanwendung zu Normkonkretisierungszwecken ergänzen.[458]

Versucht man die hier angesprochenen Funktionen der leitbildorientierten Verfassungsanwendung im parteienrechtsrelevanten Bereich konkreter zu fassen, so lassen sich im Wesentlichen drei Kategorien von Funktionen unterschieden: die Funktion als entscheidungsdirigierendes Flexibilisierungsinstrument, als legislativer Umsetzungsfaktor oder als kontinuierliche rhetorische Zwischenschicht.

---

456 BVerfGE 111 382 (404).

457 Braun, Leitbilder im Recht, 2015, S. 91 f.; Morlok, Das BVerfG als Hüter des Parteienwettbewerbs, NVwZ 2005, 157 (158).

458 Braun, Leitbilder im Recht, 2015, S. 92.

C. Facetten der Parteienrechtswissenschaft im Spiegel der Neuen Verwaltungsrechtswissenschaft

Während das Verständnis der Demokratie, die empirische Folgenprognose und die normativen inhaltlichen Impulse durch die leitbildorientierte Verfassungsanwendung in den parteienrechtsrelevanten Entscheidungen des BVerfG interpretiert werden, zeigt sich in der Parteienrechtswissenschaft ein steuerungsorientierter und interdisziplinärer Ansatz. Morloks Definition nach ist die Parteienrechtswissenschaft wie folgt zu verstehen: „Parteienrechtswissenschaft ist ein Sammelbegriff, der unterschiedliche Richtungen der wissenschaftlichen Erforschung des Parteienrechts vereint; so wird man unter diesen gemeinsamen Interessen das Parteienrecht der verschiedenen Länder vergleichen, das bestehende Parteienrecht kritisch überprüfen und rechtspolitische Vorschläge erarbeiten, man entwickelt Stellungnahmen zu aktuellen Rechtsproblemen, bespricht Gerichtsentscheidungen auf diesem Gebiet und kann auch auf oberer Ebene – am besten in Zusammenarbeit mit den Sozialwissenschaften – eine Parteienrechtstheorie entwickeln.“[459] Eine sich an sämtliche Ansätze anlehnende Darstellung der Parteienrechtswissenschaft liefern ebenfalls im Verwaltungsrecht Hoffmann-Riem, Schmidt-Aßmann und Voßkuhle unter dem Begriff „Neue Verwaltungsrechtswissenschaft“[460]. In diesem Zusammenhang ist darauf zu achten, dass Facetten und Denkstile der Parteienrechtswissenschaft sich in der Neuen Verwaltungsrechtswissenschaft widerspiegeln.

I. Die steuerungswissenschaftliche Perspektive

Die „Neue Verwaltungsrechtswissenschaft“ versteht sich vor allem als die Forderung nach einer methodischen Neuausrichtung, die sich deutlich von der Juristischen Methode und herkömmlichen methodischen Zugängen abhebt.[461] Die Reform der Verwaltungsrechtswissenschaft befindet sich seit spätestens

459 Morlok, Notwendigkeit und Grundzüge einer Parteienrechtsdogmatik, in: Brandt/Haratsch/Schmidt (Hrsg.), Verfassung – Parteien – Unionsgrundordnung: Gedenksymposion für Dimitris Th. Tsatsos, 2015, S. 19.

460 Voßkuhle, Neue Verwaltungsrechtswissenschaft, in: Hoffmann-Riem/Schmidt-Aßmann/Voßkuhle (Hrsg.), Grundlagen des Verwaltungsrechts, Band I, 2. Aufl., 2012, §1 Rn. 1 ff.

461 Voßkuhle, a.a.O., §1 Rn. 16 ff.; Möllers, Methoden, in: Hoffmann-Riem/Schmidt-Aßmann/Voßkuhle (Hrsg.), Grundlagen des Verwaltungsrechts, Band I, 2. Aufl., 2012, §3 Rn. 17 ff.

Mitte der 1980er Jahre in einer tiefgreifenden Phase des Wandels.[462] Der Wandel der Staatsaufgaben, die Krise des regulativen Rechts, die neuere Diskussion des kooperativen Staats und Verwaltungshandelns sowie die Entwicklung der staatlichen Steuerung folgen als Ursachen und Antriebskräfte für die Reform.[463] Vor diesem Hintergrund sollte die vielzitierte Charakterisierung des Reformansatzes als Kennzeichnung und Element der Neuen Verwaltungsrechtswissenschaft verstanden werden: „Verwaltungsrechtswissenschaft muss methodisch vorgehen, wenn sie Wissenschaft sein will“[464], „Verwaltungsrechtswissenschaft muss systematisch sein“[465], „Verwaltungsrechtswissenschaft soll von der Interpretations — zur rechtsetzungsorientierten Handlungs — und Entscheidungswissenschaft werden“[466], „Verwaltungsrechtswissenschaft ist mit einer interdisziplinäre Öffnung verbunden, nicht zuletzt in die Gesellschaftswissenschaften (Verwaltungssoziologie, Politologie, Ökonomie) “[467], „Mithilfe der Verwaltungsrechtswissenschaft soll durch die methodische Öffnung auch die praktische Problemlösungsfähigkeit der Wissenschaft verbessert werden“[468], und „Mithilfe der Verwaltungsrechtswissenschaft wird versucht, eine wissenschaftliche (Verwaltungs-)Rechtspolitik als zusätzliche juristische Perspektive zu etablieren“[469].

Beim steuerungswissenschaftlichen Ansatz der Neuen Verwaltungsrechtswissenschaft rückt „das Steuerungsmedium des Rechts im modernen Staat“ in den Vordergrund. Betrachtet man die Definition der „Steuerung“ in der Neuen Verwaltungsrechtswissenschaft, so findet sich in der Literatur die

---

462 Voßkuhle, a.a.O., §1 Rn. 9; W. Henke, Wandel der Dogmatik des öffentlichen Rechts, JZ 1992, S. 541 ff.

463 Voßkuhle, a.a.O., §1 Rn. 9 ff.; W. Henke, a.a.O., S. 541 ff.

464 Vgl. Eifert, Das Verwaltungsrecht zwischen klassischem dogmatischen Verständnis und steuerungswissenschaftlichem Anspruch, VVDStRL 67 (2008), 286 (288); Voßkuhle, in: Bauer/Czybulka/Kahl/Voßkuhle (Hrsg.), Umwelt, Wirtschaft und Recht, 2002, 171 (172 f.).

465 Vgl. Eifert, a.a.O., S. 288; E. Schmidt-Aßmann, Das allgemeine Verwaltungsrecht als Ordnungsidee, 2. Aufl. 2006, 1. Kap. Rn. 1 ff.

466 Vgl. Voßkuhle, a.a.O., §1 Rn. 15; Gärditz, Die "Neue Verwaltungsrechtswissenschaft" – Alter Wein in neuen Schläuchen?, in: Martin Burgi (Hrsg.), Zur Lage der Verwaltungsrechtswissenschaft, 2017, S. 105 (107).

467 Vgl. Voßkuhle, a.a.O., §1 Rn. 37 ff.; Gärditz, a.a.O., 105 (108); Eifert, a.a.O., 286 (299); Burgi, Intradisziplinarität und Interdisziplinarität als Perspektiven der Verwaltungsrechtswissenschaft, in: Martin Burgi (Hrsg.), Zur Lage der Verwaltungsrechtswissenschaft, 2017, S. 33 ff.

468 Vgl. Voßkuhle, a.a.O., §1 Rn. 71 ff.; Gärditz, a.a.O., 105 (108); Burgi, a.a.O., S. 33 (46 f.).

469 Vgl. Voßkuhle, a.a.O., §1 Rn. 12; Gärditz, a.a.O., 105 (108); Eifert, a.a.O., 286 (311).

Meinung: (Verwaltungs-)Recht werde als Instrument zur Bewirkung von erwünschten oder zur Vermeidung von unerwünschten Wirkungen verstanden, also zur Beeinflussung von Ereignisabläufen (Ereignisketten, -kaskaden, -rückkoppelungen u.a.).[470] Der Ansatz knüpft an die Betonung einer Wirkungsforschung und Folgenberücksichtigung an, deren Kennzeichen eine Kontrolle des gesetzlichen Inputs hin zu Output, Impact und Outcome sowie eine überzeugenden Rechtsentscheidung sei.[471] Die Neuausrichtung führt damit nicht nur zu Charakterisierung „der Verwaltungsrechtswissenschaft als Steuerungswissenschaft."[472] Das moderne Verwaltungsrecht muss auch das Aufkommen der Governance-Diskussion berücksichtigen. Governance als Fortentwicklung des steuerungswissenschaftlichen Ansatzes ist insbesondere auf Offenheit, Partizipation, Verantwortlichkeit, Effektivität und Kohärenz ausgerichtet.[473] In parteienrechtswissenschaftlicher Hinsicht ist zu bemerken, dass solche sozial- und politikwissenschaftlichen Begriffe gleichfalls in der „zweiten Generation der Parteienrechtswissenschaft"[474] verwurzelt sind.

Die steuerungswissenschaftliche Perspektive der Parteienrechtswissenschaft und der neuen Verwaltungsrechtswissenschaft wurde in der Habilitationsschrift von Shirvani konstatiert.[475] Nach Shirvani sei in Bezug auf die „Verrechtlichung des Parteiwesens", die Leistungsfähigkeit des Parteienrechts und die weiteren erwähnten Steuerungsmedien zunächst zu beachten, dass das Parteienrecht jedenfalls insoweit eine Ordnungsfunktion wahrnehme, als es die anderen Steuerungsmedien – die Finanzen, die Information und den Markt – nach rechtlichen Kriterien forme. Die Festsetzung der staatlichen Parteienfinanzierung (§§18–22

470 Hoffmann-Riem, Tendenzen in der Verwaltungsrechtsentwicklung, DÖV 1997, 433 (439); vgl. Eifert, a.a.O., S. 288; E. Schmidt-Aßmann, Das allgemeine Verwaltungsrecht als Ordnungsidee, 2. Aufl. 2006, 1. Kap. Rn. 1 ff.

471 Vgl. Voßkuhle, a.a.O., §1 Rn. 32 ff.; Gärditz, a.a.O., 105 (108); Burgi, a.a.O., S. 33 (46 f.).

472 Vgl. Appel, Das Verwaltungsrecht zwischen klassischem dogmatischen Verständnis und steuerungswissenschaftlichem Anspruch, VVDStRL 67 (2008), S. 226; Eifert, a.a.O., S. 288 ff.

473 Voßkuhle, a.a.O., §1 Rn. 68 ff.; Schuppert, Verwaltungsorganisation und Verwaltungsorganisationsrecht als Steuerungsfaktoren, in: Hoffmann-Riem/Schmidt-Aßmann/Voßkuhle (Hrsg.), Grundlagen des Verwaltungsrechts, Band I, 2. Aufl., 2012, §16 Rn. 20 ff.

474 Morlok, Für eine zweite Generation des Parteienrechts, in: Tsatsos (Hrsg.), 30 Jahre Parteiengesetz in Deutschland, 2002, S. 53 ff.; Morlok, Parteienrecht als Wettbewerbsrecht, in: P. Häberle (Hrsg.), Festschrift Tsatsos zum 70. Geburtstag, 2003, S. 411 ff.

475 Shirvani, Das Parteienrecht und der Strukturwandel im Parteiensystem, 2010, S. 454 ff.

PartG), die Prüfung der Rechenschaftslegung (§§23–31 PartG) und die Chancengleichheit im Parteienwettbewerb (Parteienmarkt) (§ 5 Abs. 1 PartG) können als Steuerungsmedien in die Betrachtung einbezogen werden, insoweit eine bereichsspezifische Verrechtlichung des Parteienwesens vorliegt.[476]

Hieran erinnern die Maximen der Parteienrechtsdogmatik von Morlok, der die verschiedenen Dimensionen des Parteienrechts z.B. wie folgt kategorisiert hat: „Parteienrecht ist Wettbewerbsrecht", „Parteienrecht ist Tendenzrecht", „Parteienrecht ist Organisationsrecht", „Parteienrecht ist finanzzentriertes Recht", „Parteienrecht ist laientaugliches Recht", „Parteienrecht ist demokratieförderndes Recht"; des Weiteren hat er hinsichtlich dieser kategorisierten Rechtsgebiete eine Auslegungsanweisung der Maximen vorschlagen.[477] Auf diese Weise ist zu erkennen, dass die steuerungswissenschaftliche Perspektive der Parteienrechtswissenschaft zu einem differenziert-integrativen Ansatz fortentwickelt werden soll. Während der differenziert-integrative Ansatz unterschiedliche Facetten des Parteienrechts mit geordneten „rechtlichen Kriterien, Auslegungsanweisungen oder Maximen" in einer bereichsspezifischen Verrechtlichung des Parteienwesens zusammenführen und steuern soll, zeigt sich im Rahmen der Steuerungsmedien die Vielfalt der Parteienrechtslehre.

II. Der differenziert-integrative Ansatz

Der differenziert-integrative Ansatz der Neuen Verwaltungsrechtswissenschaft interessiert sich notwendigerweise ebenso für eine interdisziplinäre und methodische Öffnung. Bei der Forderung nach einer interdisziplinären Öffnung geht es um die Öffnung der Verwaltungsrechtswissenschaft für die Wirklichkeitsbeschreibungen anderer Disziplinen, die sich ebenfalls mit der Organisation und Tätigkeit der öffentlichen Verwaltung und ihrem Recht beschäftigen.[478] Gewiss bleiben dieser Import außerjuridischen Wissens in das Verwaltungsrecht und die Reflexion über die normative Wirklichkeit schwierig. Dazu bedürfte es der Entwicklung geeigneter „Verkehrsregeln", die den Wissenstransfer zwischen der normativ-dogmatischen Verwaltungsrechtswissenschaft und den Nachbarwissenschaften im Sinne einer „transdisziplinären Metatheorie"

476 Shirvani, a.a.O., S. 458 f.

477 Morlok, Notwendigkeit und Grundzüge einer Parteienrechtsdogmatik, in: Brandt/Haratsch/Schmidt (Hrsg.), Verfassung – Parteien – Unionsgrundordnung, 2015, S. 19 (27 ff.).

478 Voßkuhle, a.a.O., §1 Rn. 39.

strukturieren.[479] Eine Definition dessen, was genau jedoch unter der transdisziplinären Metatheorie zu verstehen ist, darf freilich bis heute als weitgehend ungeklärt gelten. Die formellen Elemente der transdisziplinären Metatheorie sind Methodentransparenz, Methodenehrlichkeit, Begründungsbedürftigkeit jedes Methoden- oder Theorietransfers, Sichtbarmachung der unterschiedlichen Verwendungshorizonte und (aus juristischer Sicht) die Berücksichtigung der normativen Grenzen.[480] Stabilen, inhaltlichen und theoretischen Brücken zwischen der Verwaltungsrechtswissenschaft und den Nachbarwissenschaften kann jedoch lediglich praktische Relevanz zugesprochen werden, in dem Sinne, dass sie der Entwicklung von Problemlösungen dienen.[481] Damit bleibt der differenziert-integrative Ansatz der Neuen Verwaltungsrechtswissenschaft methodisch äußerst pragmatisch, denn sie stellt kein geschlossenes System dar und unterliegt durchaus einer wissenschaftlichen Autonomie.[482]

Die interdisziplinäre und methodische Öffnung ist für die Parteienrechtswissenschaft kein Fremdwort, während die Parteienrechtswissenschaft sich als ein Sammelbegriff mit einer Vielzahl von rechts-, politik- und sozialwissenschaftlichen Dimensionen erweist.[483] Der Import außerjuridischen Wissens und die Reflexion über die normative Wirklichkeit verstärken sich in der zweiten Generation des Parteienrechts, als die Rechtspolitik bzw. rechtspolitische Vorschläge in den Vordergrund der Betrachtung gestellt werden. Das Referat „Parteienstaatlichkeit – Krisensymptome des demokratischen Verfassungsstaat“ von Stolleis ist deshalb bemerkenswert, weil es dazu veranlasst, den Richtpunkt des Parteienrechts zu überdenken, wobei parteienrechtliche Vorschläge als Therapie zur Kurierung der Krisensymptome der Parteienstaatlichkeit und zur Wiedergewinnung einer idealen politischen Willensbildung der Parteien vorgebracht werden können.[484] Hierbei ist der Richtpunkt des Parteienrechts nicht anhand der Verfassungsprinzipien des Parteienwesens zu bestimmen, sondern vielmehr durch die Reflexion des Parteienwesens zu modifizieren, damit sich die

479 Voßkuhle, a.a.O., §1 Rn. 39; Burgi, a.a.O., S. 40 f.; Fehling, Die „neue Verwaltungsrechtswissenschaft“ – Problem oder Lösung. Innovation durch Kanonisierung?, in: Martin Burgi (Hrsg.), Zur Lage der Verwaltungsrechtswissenschaft, 2017, S. 85.

480 Voßkuhle, a.a.O., §1 Rn. 39.

481 Möllers, a.a.O., §3 Rn. 57; Burgi, a.a.O., S. 40 f.

482 Möllers, a.a.O., §3 Rn. 57; Fehling, a.a.O., S. 86 ff.

483 Morlok, Notwendigkeit und Grundzüge einer Parteienrechtsdogmatik, in: Brandt/Haratsch/Schmidt (Hrsg.), Verfassung – Parteien – Unionsgrundordnung: Gedenksymposion für Dimitris Th. Tsatsos, 2015, S. 19.

484 S. Dritter Teil C II.

Parteienrechtswissenschaft auch mit der praktischen Relevanz im Sinne von Problemlösungen verbindet.

Der differenziert-integrative Ansatz der Parteienrechtswissenschaft deutet darauf hin, dass die Parteienrechtslehre als Methoden- oder Theorietransfer zwischen der normativ-dogmatischen Parteienrechtswissenschaft und den Nachbarwissenschaften anzusehen ist. Denn der Parteienrechtslehre ist zur rechtlichen Gewährleistung der Parteienfunktion zuzugestehen, dass sie einzelne Probleme des Parteienwesens, die sich im Missbrauch der Parteienmacht oder bei beherrschender Stellung des demokratischen Markts stellen, praktisch oder theoretisch rationaler zu lösen vermag.

III. Die praktische Relevanz der Rechtsvergleichung

Durch die Wirkung der europäischen Integration hat sich die praktische Relevanz der Rechtsvergleichung in der Verwaltungsrechtswissenschaft[485] und Parteienrechtswissenschaft[486] deutlich erhöht. Aktuell tendieren beide Rechtsentwicklungen zu einem rechtlichen Internationalisierungsphänomen.[487]

Die praktische Relevanz der Rechtsvergleichung in der Verwaltungsrechtswissenschaft basiert auf dem praktischen Bedarf, der den Akteuren der europäischen Verwaltungsrechtslehre die Kenntnis von Grundstrukturen und einzelnen Figuren ausländischer Rechtsordnungen abverlangt.[488] Auf diese Weise sind die Grundstrukturen mancher Gebiete der europäischen Rechtsetzung zu verstehen und legal transplants an ihren Ursprung zu verfolgen und zu deuten.[489] In diesem Kontext ist die Verwaltungsrechtslehre vor neue Aufgaben gestellt und bemüht sich darum, Rechtsfiguren des Sekundärrechts in mitgliedstaatlichen Rechtsordnungen zurückzuverfolgen bzw. aus mitgliedstaatlichen Rechtsordnungen entweder eine Synthese im Sinne eines Regelungsoptimums zu formulieren oder Bedingungen für den Wettbewerb der Rechtsordnungen in der Rechtsvergleichung auszuloten.[490] Die aktuelle Rechtsentwicklung zeichnet sich durch den Versuch aus, ein internationales Verwaltungsrecht oder ein Global

485 Möllers, a.a.O., §3 Rn. 41; Ruffert, Rechtsvergleichung als Perspektivenerweiterung – Neuorientierung(en) für Verwaltungsrecht und Verwaltungsrechtswissenschaft, in: Martin Burgi (Hrsg.), Zur Lage der Verwaltungsrechtswissenschaft, 2017, S. 165 (167).

486 Morlok, a.a.O., S. 35.

487 Möllers, a.a.O., §3 Rn. 41; Ruffert, a.a.O., S. 165 (166).

488 Ruffert, a.a.O., S. 165 (167).

489 Ruffert, a.a.O., S. 165 (167).

490 Ruffert, a.a.O., S. 165 (168).

Administrative Law zu entwickeln. Bei diesem Forschungsansatz geht es darum, die vielfältigen Regulierungen internationaler Institutionen rechtsstaatlich einzuhegen und in der Entfaltung ihrer verwaltungsrechtlichen Steuerungsmöglichkeiten zu analysieren.[491]

Die europäisierungsorientierte Parteienrechtsvergleichung aus der Perspektive der parteienrechtskulturellen Gemeinsamkeiten steht auch am Beginn der Parteienrechtswissenschaft.[492] Auf europäischer Ebene hat die Venedig-Kommission im Jahr 2010 die *Guidelines on Political Party Regulation* aufgenommen, um internationale Standards in der Regulierung politischer Parteien oder im Parteienrecht einzurichten.[493] Darüber hinaus konstruiert die praktische Relevanz der Rechtsvergleichung in der Parteienrechtswissenschaft sich eine Problemlösungsfähigkeit aus unterschiedlichen Gestaltungsformen des Parteienrechts, um damit Analogiedenken und interpretationsorientierte Kenntnisse der Parteienrechtsdogmatik hervorzubringen. Das jeweilige nationale Parteienrecht kann nach Morlok durch den Blick in andere Länder in Selbstverständlichkeiten erschüttert und in Gestaltungs- und Deutungsmöglichkeiten bereichert werden.[494] Dies kann jedoch nur gelingen, wenn die Parallelen und Unterschiede zwischen den mitgliedstaatlichen oder ausländischen Parteienrechtsordnungen sachverständig betrachtet werden, und hierzu sind wiederum tiefgreifende rechtsvergleichende Betrachtungen erforderlich. In diesem Kontext kann nur die Parteienrechtslehre gleich einem Uhrpendel zwischen den unterschiedlichen Gestaltungsformen des Parteienrechts im Sinne der wehrhaften Demokratie, der parteienstaatlichen Demokratie und der Konkurrenzdemokratie ausgelegt werden, obwohl die ökonomischen, historischen und politischen Hintergründe oder Besonderheiten in den Parteienrechtsordnungen unterschiedlicher Staaten eingesetzt werden.

---

491 Ruffert, a.a.O., S. 165 (169).

492 Schneider/Tsatsos, Europäisches Parteienrecht im Vergleich – Zum Gegenstand und zur Methode, in: Tsatsos/Schefold/Schneider (Hrsg.), Parteienrecht im europäischen Vergleich, 1990, S. 19 f.

493 Organization for Security and Cooperation in Europe (OSCE) and Venice Commission, Guidelines on Political Party Regulation, 2011; Gauja Anika, The Legal Regulation of Political Parties: Is There a Global Normative Standard?, Election Law Journal: Rules, Politics, and Policy, March 2016, Vol. 15, No. 1: 4–19.

494 Morlok, Notwendigkeit und Grundzüge einer Parteienrechtsdogmatik, in: Brandt/Haratsch/Schmidt (Hrsg.), Verfassung – Parteien – Unionsgrundordnung, 2015, S. 19 (35).

Schließlich ist anzumerken, dass die Betrachtung von Facetten der Parteienrechtswissenschaft im Spiegel der Neuen Verwaltungsrechtswissenschaft erweist, dass die steuerungswissenschaftliche Perspektive, der differenziert-integrative Ansatz und die praktische Relevanz der Rechtsvergleichung sich auch in der Parteienrechtswissenschaft finden. In diesem Kontext werden der demokratiefördernde Charakter der Parteienrechtswissenschaft und die Funktion der Parteienrechtslehre als Plattform für den Austausch der bei der Ausarbeitung, Unterstützung und Umsetzung der parteienrechtlichen Entwicklungsstrategien gewonnenen Erkenntnisse und Erfahrungen hervorgehoben.

D. Zwischenergebnis

Die Frage, was die verfassungsgeschichtliche Parteienrechtslehre des Vier-Phasen-Schemas, die geistesgeschichtlich-phänomenologische Parteienrechtslehre der Parteienstaatslehre, die systematisch-dogmatische Parteienrechtslehre der verfassungsrechtlichen Stellung der politischen Parteien, die rechtspolitischen Vorschläge der Parteienrechtslehre, die wettbewerbsrechtsorientierte Parteienrechtslehre, die demokratisch leitbildorientierte Verfassungsanwendung und die von Maximen gesteuerte Parteienrechtslehre in gemeinsamer Weise vermitteln, ließe sich mit der pragmatischen Tendenz der Parteienrechtslehre beantworten. Die pragmatische Tendenz ist in der Ableitung aus der geschichtlichen Entwicklung der Parteienrechtslehre festzustellen. So hat Tsatsos bereits darauf hingewiesen, dass beim pragmatischen Bezug von Partei und Demokratie die Partei als Voraussetzung und Folge der Demokratie gemeint sei.[495] Der Stand der Literatur und Rechtsprechung zeigt, dass die pragmatische Tendenz der Parteienrechtslehre bislang zwar erkannt, jedoch noch keiner konkreten Analyse unterzogen worden ist.

Auf dem Weg der Rechtsdogmatik steht die Systematisierung der Normerlaubnis oder des Normverbots im Vordergrund. Wenn Parteiennormen sich angesichts der unbestimmten Parteienrechtsprinzipien mit der Entfaltung der inhaltlichen Dimensionen einer Parteienrechtsdogmatik abmühen, dürfen allein die formelle logische Prinzipientheorie bzw. Optimierungsgebote, das Kollisionsgesetz oder das Abwägungsgesetz in der Entwicklung einer Parteienrechtsdogmatik gelten. Mit dieser formellen logischen Rechtstheorie hat Morlok „die Maximen der Parteienrechtsdogmatik“ vorgeschlagen, wobei Präferenz- und

495 Tsatsos, Aspekte einer Parteienrechtslehre, in: Beyerlin/Bothe/Hoffmann/Petersmann (Hrsg.), Recht zwischen Umbruch und Bewahrung, Festschrift für Rudolf Bernhardt, 1995, S. 885 (897).

Abwägungsentscheidungen zugunsten einer bestimmten Handhabung des Parteienrechts beinhaltet sind. Diese Präferenzsätze stellen sich in Form der Maximen dar und verbinden Demokratietheorien; schließlich kommen sie durch die Auslegungsanweisung zum Vorschein.

Auf dem Weg der Rechtsgewinnung werden die vernünftigen Rechtfertigungsgründe in einer offenen Argumentationsstruktur zur juristischen Entscheidung betont. Sofern Folgen der Entscheidungsmaximen dem Bundesverfassungsgericht zugrunde gelegt werden, können die Demokratietheorie oder andere einseitige politologische Ansätze nicht nur als Vorverständnis, sondern als Entscheidungsgründe argumentiert werden. Diese offene Argumentationsstruktur zur juristischen Entscheidung kann jedoch angesichts einer „Gefahr des Grenzenlosen" die im Rechtsstaat angelegte Gewaltenteilung zerstören und soll daher mit einer traditionellen rechtsdogmatischen Methode modifiziert und adaptiert werden, wie z.B. mit der Methode der Analogie oder der Argumentation des BVerfG als Ersatzgesetzgeber. Auf diese Weise wird die demokratische leitbildorientierte Verfassungsanwendung in der parteienrechtsrelevanten reflektiert.

Die beiden Wege sind Pragmatismus und Eklektizismus. Während Morlok die konkrete Folgenabwägung der parteienrechtlichen Probleme in Form einer Auslegungsanweisung abstrahiert, bewirkt das Bundesverfassungsgericht durch eine modifizierende leitbildorientierte Verfassungsanwendung eine Uneindeutigkeit in der Folgenabwägung. Dem Bundesverfassungsgericht bietet sich die Möglichkeit, in Bezug auf Auslegungsalternativen taktisch zwischen einem Leitbild als entscheidungsdirigierendes Flexibilisierungsinstrument, als legislativer Umsetzungsfaktor oder als kontinuierlich rhetorische Zwischenschicht zu wählen.

Die pragmatische Tendenz der Parteienrechtslehre ist also adaptiv und praktisch, wenn entweder auf dem Weg der Rechtsdogmatik oder Rechtsgewinnung angebahnt wird. Peirces Definition nach ist die Logik des Pragmatismus wie folgt zu verstehen: „Überlege, welche Wirkungen, die denkbarerweise praktische Bedeutung haben können, wir dem Gegenstand unseres Begriffes zuschreiben. Dann ist unser Begriff dieser Wirkungen der ganze Umfang unseres Begriffs des Gegenstandes."[496] Anhand dieser Definition wird das Argumentieren im Parteienrechts so dargestellt, dass die Rechtsgewinnung mithilfe der Rechtsdogmatik den Gedankengang leitet. Mit der pragmatischen Maxime bezweckt die

---

496 Ch. S. Peirce, CP 5. 402, Collected Papers, Hartshorne/Weiss (Hrsg.), Vol 5, 1960, Rd. 402; P. Kasiske, Rechts- und Demokratietheorie im amerikanischen Pragmatismus, 2007, S. 24 ff., 38 m.w.N.

Parteienrechtslehre keine Normhypothesen, sondern eine zusammenfassende Aufgabe, die hinsichtlich der historischen, empirischen und „im Kausalverlauf" auftretenden Realfolgen des Parteienwesens anhand einer systematisch-dogmatischen Methode vernünftig argumentiert, um sich an dem Vorverständnis der Demokratie, dem Präferenzsatz im Einzelfall und der gerichtlichen Kontrollintensität zur rationalen Entscheidung zu orientieren.

Betrachtet man Facetten der Parteienrechtswissenschaft im Spiegel der Neuen Verwaltungsrechtswissenschaft, *so zeigen sich* die steuerungswissenschaftliche Perspektive, der differenziert-integrative Ansatz und die praktische Relevanz der Rechtsvergleichung auch in der Parteienrechtswissenschaft. Vor diesem Hintergrund ist die Parteienrechtswissenschaft nach Morlok nicht nur ein Sammelbegriff, der unterschiedliche Richtungen der wissenschaftlichen Erforschung des Parteienrechts vereint.[497] Die Parteienrechtswissenschaft muss auch zur „Teildisziplin einer rechtsgebietsübergreifenden Steuerungswissenschaft" zur Orientierung der Judikatur werden. In der Entscheidung kann sie sich mithilfe verschiedener juristischer Methoden und unterschiedlicher dogmatischer Rekonstruktionen in differenziert-integrativer Weise fortentwickeln. Auch in dieser offenen Argumentationsstruktur zur juristischen Entscheidung kann die funktionalistische Parteienrechtsvergleichung für die Parteienrechtswissenschaft fruchtbar sein.[498]

497 Morlok, Parteienrecht als Wettbewerbsrecht, in: P. Häberle (Hrsg.), Festschrift Tsatsos zum 70. Geburtstag, 2003, S. 412.

498 Morlok, Rechtsvergleichung auf dem Gebiet der politischen Parteien, in: Tsatsos/Schefold/Schneider (Hrsg.), Parteienrecht im europäischen Vergleich, 1990, S. 698 ff.; Notwendigkeit und Grundzüge einer Parteienrechtsdogmatik, in: Brandt/Haratsch/Schmidt (Hrsg.), Verfassung – Parteien – Unionsgrundordnung, 2015, S. 19 (35).

Fünfter Teil: Die Parteienrechtsvergleichung zwischen Deutschland und Taiwan

Ein Rechtsvergleich als Methode zur Parteienrechtsforschung stellt an sich nichts Neues dar. Dimitris Th. Tsatsos als „ein Mann der Vielfalt"[499] entwickelte die Parteienrechtsforschung im europäischen Vergleich aus dem Blickwinkel der parteienrechtskulturellen Gemeinsamkeiten[500] und arbeitete die Stellung der europäischen Parteien gemäß des damaligen Art. 138a EGV heraus.[501] Im Rahmen seines Gedankenganges kann die auf theoretischen Erkenntnisgewinn zielende Rechtsvergleichung gerade aus unterschiedlichen Gestaltungsformen des Rechts im Hinblick auf ähnliche Probleme, subtiles Analogiedenken und interpretationsorientierte Kenntnisse wichtige Beiträge leisten.[502] Martin Morlok schrieb der Parteienrechtsvergleichung die Aufgabe der Entwicklung der Parteienrechtsdogmatik zu, um aus dem Vergleich der verschiedenen Parteienrechtsordnungen einen Gewinn zu ziehen. Dabei profitiere nach Morloks Ansicht das jeweilige nationale Parteienrecht durch den Blick in andere Länder, indem (vermeintliche) Selbstverständlichkeiten in Frage gestellt und weitere Gestaltungs- sowie Interpretationsmöglichkeiten übernommen werden können.[503]

Aus diesem Grund wird im Folgenden die deutsche Institution der politischen Parteien mit der taiwanischen Institution der politischen Parteien verglichen, soweit in Taiwan die deutschen parteienrechtlichen Konzepte als Paradigmen

---

499 Morlok, Dimitris Th. Tsatsos (1930–2010) – Ein Mann der Vielfalt, in: Häberle/Kilian/Wolff (Hrsg.), Staatsrechtslehrer des 20. Jahrhunderts. Deutschland – Österreich – Schweiz, 2014, S. 993 ff.

500 Schneider/Tsatsos, Europäisches Parteienrecht im Vergleich – Zum Gegenstand und zur Methode, in: Tsatsos/Schefold/Schneider (Hrsg.), Parteienrecht im europäischen Vergleich, 1990, S. 19 f.

501 Tsatsos, Parteienrecht im europäischen Wandel, EuGRZ 1992, S. 133 ff.

502 Schneider/Tsatsos, Europäisches Parteienrecht im Vergleich – Zum Gegenstand und zur Methode, in: Tsatsos/Schefold/Schneider (Hrsg.), Parteienrecht im europäischen Vergleich, 1990, S. 19 f.

503 Morlok, Notwendigkeit und Grundzüge einer Parteienrechtsdogmatik, in: Brandt/Haratsch/Schmidt (Hrsg.), Verfassung – Parteien – Unionsgrundordnung, 2015, S. 19 (35).

rezipiert worden sind (A). Daran anschließend soll anhand der taiwanischen Institution der politischen Parteien aufgezeigt werden, wie sich die deutschen parteienrechtlichen Konzepte auf das Parteienwesen auswirken (B). Schließlich werden der pragmatische Charakter konturiert und Reflexionen über das Parteienrecht angestellt (C).

A. Die Rezeption des deutschen Parteienrechts als Ausgangspunkt

Während die deutschen parteienrechtlichen Konzepte als Paradigmen bezeichnet werden,[504] finden sich solche parteienrechtlichen Bestimmungen (der Funktionsbegriff der Parteien, die Gründungsfreiheit der Parteien, die innerparteiliche Demokratie, die Offenlegung der Parteienfinanzierung und die wehrhafte Demokratie) sowohl in Taiwans Verfassung als auch im einfachgesetzlichen Recht der politischen Parteien wieder. Als das Gesetz über die politischen Parteien (PartG-Taiwan)[505] am 6. Dezember 2017 in Kraft trat, enthielten das taiwanische Verfassungs- und Parteienrecht bereits parteienrechtliche Bestimmungen. In Taiwan sind die politischen Parteien zwar verfassungsrechtlich institutionalisiert, indem der Verfassungstext die Gleichheit der Parteien, die wehrhafte Demokratie und das Parteienverbot regelt,[506] doch der Funktionsbegriff der Parteien, die innerparteiliche Demokratie und die Offenlegung der Parteienfinanzierung werden im PartG-Taiwan reguliert und gefordert. Darüber hinaus wurde am 25. Juli 2016 das „Gesetz über die Behandlung des unrechtmäßig erworbenen Vermögens der Parteien und Massenorganisationen (PartG-KMT)“[507] erlassen. In diesem Gesetz wird der aus dem ehemaligen KMT-Regime

504 Tzong-li Hsu, Rezeption und Weiterentwicklung des Konzepts der wehrhaften Demokratie in Taiwan, in: Werner Heun/Christian Starck/Tzung-jen Tsai (Hrsg.) Rezeption und Paradigmenwechsel im öffentlichen Recht, 2009, S. 97 ff.; Chih-kuang Wu, Streitbare Demokratie: ihre Entwicklung in Deutschland und ihre Rezeption in Taiwan (Republik China), 1998, S. 105 ff.

505 PartG-Taiwan. Vgl. Anhang 4.

506 Tzong-li Hsu, Rezeption und Weiterentwicklung des Konzepts der wehrhaften Demokratie in Taiwan, in: Werner Heun/Christian Starck/Tzung-jen Tsai (Hrsg.), Rezeption und Paradigmenwechsel im öffentlichen Recht, 2009, S. 97 ff.; Chih-kuang Wu, Streitbare Demokratie: ihre Entwicklung in Deutschland und ihre Rezeption in Taiwan (Republik China), 1998, S. 105 ff.

507 In Englisch: „The Act Governing the Handling of Ill-Gotten Properties by Political Parties and Their Affiliated Organizations“; in (traditionellem) Chinesisch: „政黨及其附隨組織不當取得財產處理條例 (zhèng dǎng jí qí fù suí zǔ zhī bù dāng qǔ dé

stammenden Parteivermögen geregelt, indem das Gesetz über Parteien und andere politische Vereinigungen (PartG-DDR) als Vorbild betrachtet wird.

Das Vorliegen der gleichen inhaltlichen parteienrechtlichen Grundlage in beiden Ländern erlaubt eine Parteienrechtsvergleichung zwischen Deutschland und Taiwan. Um im Parteienrechtsvergleich rational sachliche Grenzen zu setzen, bedarf es je nach Zweck, Gegenstand und geographischem Umfang des geplanten Vergleichs verschiedener Methoden der Rechtsvergleichung.[508] Der Zweck dieser Rechtsvergleichung besteht darin, die gleichen inhaltlichen parteienrechtlichen Grundlagen in Deutschland und Taiwan mit Blick auf die Besonderheiten des demokratischen Übergangs in Taiwan zu untersuchen. Wenn der Zusammenhang zwischen den parteienrechtlichen Bestimmungen und dem Prozess der Demokratisierung analysiert wird, lässt sich zugleich der pragmatische Charakter des Parteienrechts erkennen.

Der Gegenstand dieser Rechtsvergleichung bezieht sich auf die Leitfrage, ob deutschen parteienrechtlichen Bestimmungen im Rahmen des Funktionsbegriffs der Parteien, der Gründungsfreiheit der Parteien, der innerparteilichen Demokratie, der Offenlegung der Parteienfinanzierung, der wehrhaften Demokratie und der rechtliche Behandlung der unrechtmäßig erworbenen Parteienvermögen in Taiwans Demokratisierung nachhaltig wirksam sind. An diese generelle Fragestellung schließen sich detaillierte spezifischere Untersuchungsfragen an: (1) Aus welchen Gründen wurde das deutsche Parteienrecht in Taiwan als Vorbild empfunden und warum wurde die deutsche verfassungsrechtliche Bändigung der politischen Parteien rezipiert bzw. adaptiert? (2) Auf welche Weise und durch welche Rechtsform rezipierte Taiwan die deutschen Rechtsinstitutionen der politischen Parteien? (3) Worin besteht der Erfolg der Rezeption der deutschen rechtlichen Grundlagen politischer Parteien in Taiwan?

Der Umfang dieser Rechtsvergleichung wird nach dem in der Schrift „Parteienrecht im europäischen Vergleich" vorgeschlagenen Fragenkatalog formuliert.[509] Denn durch die gemeinsam abgestimmte Rahmengliederung lässt sich die Institution der politischen Parteien in Taiwan systematisch erkennen. Während zum einen Taiwans historische und politische Besonderheiten durch diese

---

cái chǎn chù lǐ tiáo lì)." Der Volltext in chinesischer Sprache ist abrufbar unter: http://law.moj.gov.tw/LawClass/LawAll.aspx?PCode = A0030286 (Zugriff am: 11.04.2019).

508 Starck, Rechtsvergleichung im öffentlichen Recht, JZ 1997, S. 1026; ders., Gründe, Bedingungen und Formen von Rechtsrezeptionen, Jahrbuch der Akademie der Wissenschaften zu Göttingen, 2009, S. 377.

509 Tsatsos/Schefold/Schneider (Hrsg.), Parteienrecht im europäischen Vergleich, 1990, S. 11 ff.; S. Anhang 3.

Rahmengliederung erklärt werden, werden zum anderen Gemeinsamkeiten bzw. Unterschiede zwischen den Erkenntnissen sowie Anwendungen des positiven Rechts hervorgehoben. Abschließend sind das Wesen des Parteienrechts und der Charakter der Parteienrechtslehre relevant, sofern der Funktionswandel des Parteienrechts im Demokratisierungsprozess Taiwans herausgestellt, betont und erläutert wird.

B. Die Institution der politischen Parteien in Taiwan

I. Geschichtlicher und rechtlicher Rahmen

1. Parteibildung

a) Historischer Überblick: Republik China und Taiwan

aa) 1912–1949: Republik China auf dem Festland

Die Republik China wurde nach der Xinhai-Revolution im Jahr 1912 gegründet. Die Kuomintang Chinas (KMT; Chinese Nationalist Party) leitete diesen revolutionären Vorgang als revolutionäre Organisation[510] und Partei ein und löste die Qing-Dynastie ab. Dr. Sun Yat-sen gründete die Kuomintang (KMT); seine „Drei Prinzipien des Volkes" (bzw. Prinzip der Volksgemeinschaft, Prinzip der Volksrechte und Prinzip der Volkswohlfahrt) als Staatsphilosophie oder -lehre haben die Modernisierung, das Verfassungsleben und die Demokratisierung der Republik China wesentlich beeinflusst.[511]

In seinen „Grundlagen des nationalen Wiederaufbaus" schlug Dr. Sun Yat-sen ein Staatsprogramm mit drei Phasen vor: Militärregierung, politische Bevormundung und konstitutionelle Demokratie. 1924 strukturierte er die KMT als eine leninistische Partei des demokratischen Zentralismus während der „Ersten Einheitsfront", die die erste Phase der Zusammenarbeit zwischen

---

510 Xing-Zhong-Hui (Vereinigung zur Wiederherstellung Chinas).

511 O. Franke, Die staatsrechtliche Entwicklung in China seit 1901, JöR 6 1912, S. 503 ff.; F. Jäger, Die Verfassung der chinesischen Republik vom März 1912, JöR 7, 1913, S. 489 ff.; Koellreutter, Staatslehre im Umriss 1955, S. 258 ff.; Ottmann, Geschichte des politischen Denkens, Bd. 4: Das 20. Jahrhundert, Teilbd. 1: Der Totalitarismus und seine Überwindung, 2010, S. 371 ff.; Tsi-Yang Chen, Die immanenten materiellen Schranken der verfassungsändernden Gewalt in der Verfassung der Republik China (Taiwan) und in dem Grundgesetz für die Bundesrepublik Deutschland unter besonderer Berücksichtigung des Art. 79 III des Grundgesetzes, 1993, 137 ff.

der Kommunistischen Partei Chinas (KPCh) und der KMT von 1923 bis 1927 bezeichnet.[512] Nach Suns Tod 1925 zeichnete die KMT in der Phase des „Studiums der politischen Bevormundung" für alle politischen Entscheidungen sowie für die Realisierung der konstitutionellen Demokratie verantwortlich. Das führte zum Machtkampf zwischen den Kommunisten und der KMT. Während des Zweiten Japanisch-Chinesischen Krieges bildete sich zwar die zweite Einheitsfront der KMT (Chiang Kai-shek) und der Kommunisten (Mao Zedong), doch endete dieser Frieden bereits nach Ende des Zweiten Weltkrieges und war somit nur von kurzer Dauer. Während des Chinesischen Bürgerkrieges (1945–1949), den die Vereinigten Staaten und die Sowjetunion beeinflussten und lenkten, wurde die Entwicklung der Verfassung der Republik China als eine Chance auf einen Waffenstillstand wahrgenommen;[513] im Januar 1946 wurde die Verfassung von der Kommission der Politischen Konsultativkonferenz beschlossen und am 25. Dezember 1947 in Kraft gesetzt.

bb) 1945–1949: Rückgabe Taiwans an die Republik China

Nach dem Ersten Japanisch-Chinesischen Krieg war Taiwan von 1895 bis 1945 eine Kolonie des Japanischen Kaiserreichs. Die 1927 unter der japanischen Kolonialherrschaft gegründete taiwanische Volkspartei bemühte sich intensiv um Taiwans Selbstverwaltung und die allgemeinen Wahlen zum Provinzparlament Taiwans.[514] In der Konferenz von Kairo 1943 verständigten sich die USA, das Vereinigte Königreich und die Republik China darauf, dass Taiwan nach dem Krieg wieder an die Republik China übergeben werden sollte. Unter der KMT-Herrschaft verstärkten sich die Spannungen zwischen Einheimischen und Festlandchinesen aufgrund der repressiven und korrupten Regierung der KMT und ethnischer Vorurteile. Diese Spannungen führten zum Aufstand vom 28. Februar 1947. Heute wird in Taiwan allgemein vom 228-Zwischenfall gesprochen,

512 Tay-Sheng Wang, The "Party-rule" Practice of KMT in Republican China: Promoter or Suppresser of Constitutional Democracy?, Academia Sinica Law Journal Vol. 5, No. 09 (2009), pp. 69–228.

513 Lei Zhen, The Constitutional History of the Republic of China: The Path of Constitution-Making (1912–1945), 2010, p. 199.

514 Whei-Ming Chou, Taiwan unter japanischer Herrschaft 1895–1945, Diss., Universität Bochum, 1989, S. 290 ff.; S. Fleischauer, Der Traum von der eigenen Nation: Geschichte und Gegenwart der Unabhängigkeitsbewegung Taiwans, 2008, S. 38.

der die Demokratisierung Taiwans und das Entstehen der taiwanischen Unabhängigkeitsbewegung noch bis in die heutige Zeit wesentlich beeinflusst.[515]

cc) 1949–1971: Republik China auf Taiwan als alleinig legitimierter Vertreter Chinas in den Vereinten Nationen

Am 1. Oktober 1949 proklamierte Mao Zedong auf dem chinesischen Festland die Volksrepublik China. Nach der Niederlage gegen die Kommunisten zog sich die gesamte Nationalregierung unter Führung von Chiang Kai-shek nach Taiwan zurück. Während des Koreakriegs wurde Taiwan als ein „unsinkbarer Flugzeugträger der USA“[516] sowie als eine Festung der KMT für eine spätere Fortsetzung des antikommunistischen Kampfes und die Rückeroberung des chinesischen Festlandes betrachtet. Daher rührte auch der Umstand, dass sich Taiwan von 1949 bis 1987 im Belagerungszustand befand, in dem Taiwan unter der autoritären Ein-Parteien-Herrschaft der KMT stand. Diese Phase wird heute als „Weißer Terror“ bezeichnet.[517] In diesem Zeitraum bestanden keine spezifischen Normen zum Parteiverbot oder zu Beschränkungen der Versammlungs- und Vereinigungsfreiheit. Hingegen war es möglich, dass politische Meinungsäußerungen den Tatbestand des Landesverrates erfüllten.[518]

dd) 1971–1991: Die internationale Isolation der Republik China und der Taiwan-Konflikt

Nach der Resolution 2758 der UN-Generalversammlung 1971[519] und dem Abbruch der diplomatischen Beziehungen zwischen der Republik China und

---

515 Nach dem 228-Zwischenfall wurde die von 1956 bis 1965 bestehende "provisorische Regierung der Republik Taiwan" von Dr. Liao Wen-i in Tokio gegründet. Vgl. S. Fleischauer, a.a.O., S. 89 ff.; Liao, Formosa speaks, 1950, S. 14 ff.

516 M. Neukirchen, Die Vertretung Chinas und der Status Taiwans im Völkerrecht, 2004, S. 78.

517 Fleischauer, a.a.O., S. 163.

518 Vgl. Betrayers Punishment Act (1949)懲治叛亂條例; Martial Law (1949)戒嚴法; National Security Act During the Period of National Mobilization for Suppression of the Communist Rebellion (1987)動員戡亂時期國家安全法; Yun-Ju Wang, Die Entwicklung der Grundrechte und der Grundrechtstheorie in Taiwan: Eine Rezeptionsgeschichte des deutschen Grundrechtsverständnisses, 2008, S. 109 ff.

519 „Die Vollversammlung der Vereinten Nationen […] beschließt, all die Rechte der Volksrepublik China instandzusetzen und die Vertreter ihrer Regierung als die einzigen legitimierten Vertreter Chinas in den Vereinten Nationen anzuerkennen und von nun ab die Vertreter Chiang Kai-sheks von dem Platz zu entfernen, den sie zu Unrecht in den Vereinten Nationen und all ihren Organisationen einnehmen.“

den USA 1979[520] war der Status Taiwans umstritten.[521] Vor diesem Hintergrund erfuhren der taiwanische Nationalismus, die taiwanische Unabhängigkeit sowie Taiwans Liberalisierung und Demokratisierung in der verbotenen, oppositionellen Zeitschrift „Dangwai“[522] eine rasante Entwicklung. Die oppositionellen und reformerischen Kräfte konsolidierten sich nach der Oppositionsbewegung „Dangwai“, um die Gründung der Demokratischen Progressiven Partei (DPP) 1986 als politische Partei herbeizuführen.[523] Nachdem der Belagerungszustand und das Kriegsrecht im Jahr 1987 von der Regierung unter Führung von Chiang Ching-kuo aufgehoben wurden, wurde ein neues Kapitel in der Parteipolitik und Demokratisierung Taiwans aufgeschlagen.

ee) 1991–2016: Demokratisierung Taiwans

Lee Teng-hui, als Nachfolger Chiang Ching-kuos und neuer Führer der KMT, stellte sich an die Spitze der Demokratisierung Taiwans, um den Weg zu einer konstitutionellen Demokratie und einem konkurrierenden Parteiensystem zu bahnen. Mithilfe der Studentenbewegung 1990 und der Interpretation des Verfassungsgerichts[524] wurden die Wahlrechtsreform und die Verfassungsänderung initiiert.[525] Während der Mainstream der politischen Ideologie bzw. staatlichen Identitätsvorstellungen in der KMT unter Lee Teng-huis Führung eine Verschiebung weg von der chinesischen Wiedervereinigung hin zur taiwanischen Unabhängigkeit erfuhr, entstand eine Reihe neuer Parteien (Neue Partei im Jahr 1993, Volksnahe Partei im Jahr 2000 und Taiwanische Solidaritätsunion im Jahr 2001), vor allem durch Abspaltungen von der KMT. Bei der Präsidentenwahl 2000

---

520 O. Weggel, Die Geschichte Taiwans, 2007, S. 195 ff.

521 Lung-chu Chen and Harold D. Lasswell, Formosa, China, and the United Nations: Formosa in the World Community, 1967, pp. 143; Hungdah Chiu, China, the United States, and the question of Taiwan, in Chiu, Hungdah, ed., China and the question of Taiwan: documents and analysis, 1973, pp. 112–191; M. Neukirchen, Die Vertretung Chinas und der Status Taiwans im Völkerrecht, 2003, S. 217 ff.; C. Petzold, Die völkerrechtliche Stellung Taiwans, 2007, S. 105 ff.

522 Ching Chen, Die politische Entwicklung und die Große Reform 1986–1991 der Republik China auf Taiwan: Diss., Universität München 1992, S. 53 ff.; Fleischauer, a.a.O., S. 183 ff.

523 Ching Chen, a.a.O., S. 62 ff.; Fleischauer, a.a.O., S. 236 ff.

524 Nr. 261 des Verfassungsgerichts Taiwans (Judicial Yuan Interpretation No. 261, 1990/06/21)

525 Yun-Ju Wang, Die Entwicklung der Grundrechte und der Grundrechtstheorie in Taiwan, 2008, S. 112 ff.; Wen-Chen Chang/Li-ann Thio/Kevin Y. L. Tan/Jiunn-rong Yeh, Constitutionalism in Asia – Cases and Materials, 2014, pp. 217–218

gewann der Kandidat der DPP Chen Shui-bian, womit die fünfzigjährige Regierungsherrschaft der KMT endete. Ma Ying-jeou von der KMT war von 2008 bis 2016 Präsident der Republik China (Taiwan). Seit Mai 2016 ist Tsai Ing-wen von der DPP Präsidentin Taiwans. Vor diesem Hintergrund kann die Demokratisierung Taiwans zu einer Normalisierung des Parteienwettbewerbs führen.

Vonseiten der taiwanischen Bürger war eine Unzufriedenheit angesichts des Regierungswechsels festzustellen, da dieser Wechsel sich letztendlich weiterhin auf die KMT und die DPP beschränkte. Infolge der Proteste während der studentischen „Sonnenblumen-Bewegung" wurde die „Partei der neuen Kraft" im Jahr 2015 als neue „dritte Kraft" gegründet. Bei der Wahl 2016 gelang es vier Parteien, die 5-%-Sperrklausel zu überwinden: DPP, KMT, Partei der neuen Kraft und Volksnahe Partei.

ff) Überblick zur gegenwärtigen Parteienstruktur: Polarisierung des Parteienkampfs

Im Jahr 2016 besaßen die beiden größten Parteien – DPP (68 Sitze) und KMT (35 Sitze) – zusammen 103 von 113 Mandaten im Legislativ-Yuan (Parlament Taiwans). Der politisch signifikante Unterschied zwischen den beiden Parteien besteht im Spannungsverhältnis zwischen taiwanischem und chinesischem Nationalismus. In § 1 der Parteirichtlinien der DPP wird die „Errichtung einer souveränen, unabhängigen und selbstbestimmten Republik Taiwan" als Ziel bestimmt. In § 1 Satzung der KMT hingegen werden die Drei Prinzipien des Volkes und ein freiheitlicher, demokratischer und „gerechter Wohlstand" sowie die national einheitliche Republik China festgelegt. Die Differenz in der Identitätsfrage führt zu verschiedenen Public Policies im Rahmen von u.a. Wirtschaft, Diplomatie und nationaler Sicherheit, weshalb das politische Spektrum und das Parteiensystem Taiwans nicht durch das Rechts-Links-Schema bezeichnet werden, sondern durch das Streben nach Wiedervereinigung bzw. nach Unabhängigkeit.

Nach der Demokratisierung Taiwans und dem Wechsel der Regierungspartei wurde das Parteienrecht mit der Vergangenheitsbewältigung (Transitional Justice) verbunden, um die historischen Reflexionen über die autoritäre Ein-Parteien-Herrschaft der KMT, den „Weißen Terror" sowie den 228-Zwischenfall in den Vordergrund zu rücken. Am 25. Juli 2016 wurde das „Gesetz über die Behandlung des unrechtmäßig erworbenen Vermögens der Parteien und Massenorganisationen (PartG-KMT)"[526] von der DPP-Regierung nach dem erstmaligen

---

526 In Englisch: „The Act Governing the Handling of Ill-Gotten Properties by Political Parties and Their Affiliated Organizations"; in (traditionellem) Chinesisch: „政黨及

Wechsel der Parlamentsmehrheit erlassen. Das Gesetz bezweckt in erster Linie, diejenigen Vermögenswerte bei den Parteien und Massenorganisationen zu sichern und ihnen zu entziehen, die sich bei eben diesen infolge der nicht vorhandenen Trennung von Staat und Parteien im ehemaligen KMT-Regime auf Taiwan angesammelt hatten. Die Vergangenheitsbewältigung (Transitional Justice) ist jedoch ist angesichts der verschiedenen historischen Bewertungen der KMT und ihrer Beiträge zum hohen Wirtschaftswachstum sowie zur Demokratisierung umstritten.

2. *Der verfassungsrechtliche Rahmen*

In Taiwan sind die politischen Parteien zwar verfassungsrechtlich institutionalisiert, indem der Verfassungstext die Gleichheit der Parteien, die wehrhafte Demokratie und das Parteienverbot regelt,[527] doch der Funktionsbegriff der Parteien, die innerparteiliche Demokratie und die Offenlegung der Parteienfinanzierung werden im PartG-Taiwan reguliert und gefordert.

a) Gleichheit politischer Parteien

Die Gleichheit politischer Parteien ist in Artikel 7 in der Verfassung der Republik China verankert,[528] weil die Verfassung der Republik China damals als eine Chance zum Waffenstillstand zwischen der Kommunistischen Partei Chinas (KPCh) und der KMT wahrgenommen wurde.[529] Auf dieser verfassungsrechtlichen Grundlage hat der Gesetzgeber die Gleichbehandlung der Parteien in § 6 PartG-Taiwan geregelt: „Wenn ein Träger öffentlicher Gewalt den Parteien

---

其附隨組織不當取得財產處理條例 (zhèng dǎng jí qí fù suí zǔ zhī bù dāng qǔ dé cái chǎn chù lǐ tiáo lì)." Der Volltext in chinesischer Sprache ist abrufbar unter: http://law.moj.gov.tw/LawClass/LawAll.aspx?PCode = A0030286 (Zugriff am: 26.04.2018).

527 Tzong-li Hsu, Rezeption und Weiterentwicklung des Konzepts der wehrhaften Demokratie in Taiwan, in: Werner Heun/Christian Starck/Tzung-jen Tsai (Hrsg.), Rezeption und Paradigmenwechsel im öffentlichen Recht, 2009, S. 97 ff.; Chih-kuang Wu, Streitbare Demokratie: ihre Entwicklung in Deutschland und ihre Rezeption in Taiwan (Republik China), 1998, S. 105 ff.

528 Artikel 7 der Verfassung der Republik China (Taiwan): Alle Staatsbürger der Republik China, ungeachtet ihres Geschlechts, ihrer Religion, ihrer Rasse, ihrer sozialen Stellung oder ihrer Parteizugehörigkeit, sind vor dem Gesetz gleich.

529 Lei Zhen, The Constitutional History of the Republic of China: The Path of Constitution-Making (1912–1945), 2010, p. 199.

Einrichtungen zur Verfügung stellt oder andere öffentliche Leistungen und Medien gewährt, sollen alle Parteien gleichbehandelt werden."[530]

b) *Wehrhafte Demokratie und Parteiverbot*

Nach der Verfassungsänderung 1992 wurden die wehrhafte Demokratie und das Parteiverbot im Ergänzenden Artikel zur Verfassung festgelegt.[531] Seit 2005 erscheint das Konzept im Zusatzartikel 5 Absatz 5.[532] Die Intention des Verfassungsgesetzgebers bestand darin, durch diesen Artikel den Kommunismus zu bekämpfen, der Aufspaltung des nationalen Territoriums entgegenzuwirken, den Separatismus zu verbieten und die Unabhängigkeitsbewegung Taiwans herbeizuführen, indem die deutsche wehrhafte Demokratie in der Verfassung der Republik China (Taiwan) rezipiert wurde.[533]

II. Die politische Partei und deren Stellung im Verfassungsgefüge

1. *Der Parteibegriff*

Vor dem Inkrafttreten des PartG-Taiwan fand sich die Legaldefinition der politischen Parteien im Vereinsrecht und im bürgerlichen Recht. Entsprechend § 21 BGB in Deutschland, wurde gemäß § 46 BGB Taiwans[534], die allgemeine Rechtsform der politischen Parteien als nichtwirtschaftliche Vereine (Idealverein) mittelbar definiert. Im taiwanischen Gesetz zum Bürgerverein vom 27. Januar 1989 (Vereinsgesetz Taiwans, Civil Associations Act) wird der Verein als gewerkschaftlicher, sozialer oder politischer Verein klassifiziert. Die gesetzlichen Grundlagen der politischen Parteien wurden im Rahmen des politischen Vereins (§§ 44–52 Vereinsgesetz Taiwans) festgelegt. Der gesetzliche Begriff des politischen Vereins erschien in §45 Vereinsgesetz Taiwans.[535]

---

530 § 6 PartG-Taiwan (Political Parties Act): Political parties shall be subject to the same payment practices for the use of public venues, mass media, and/or other public facilities, and may not receive differential treatment without legitimate reason.

531 Jiunn-rong Yeh, The Consitution of Taiwan, 2016, p. 165.

532 Zusatzartikel 5 Absatz 5 der Verfassung der Republik China (Taiwan): Eine politische Partei gilt als verfassungswidrig, wenn ihre Ziele oder Aktivitäten den Fortbestand der Republik China oder die freiheitlich-demokratische Verfassungsordnung gefährden.

533 Tzong-li Hsu (Fn. 8), S. 98 f.

534 § 46 BGB-Taiwan vom 10. 06. 2015: Ein Verein, dessen Zweck nicht auf einen wirtschaftlichen Geschäftsbetrieb gerichtet ist, erlangt Rechtsfähigkeit durch Eintragung in das Vereinsregister des zuständigen Amtsgerichts.

535 § 45 Vereinsgesetz Taiwans: A political association that meets any of the following is a party:

Nach dem Inkrafttreten des PartG-Taiwan wird die gesetzliche Definition der politischen Parteien in § 3 PartG-Taiwan festgelegt: „Parteien sind politische Vereinigungen von Bürgern der Republik China mit gemeinsamem politischen Verständnis, die die freiheitlich-demokratische Verfassungsordnung schützen, bei der politischen Willensbildung des Volkes mitwirken und die Kandidaten für politische und staatliche Ämter aufstellen.“[536] Bei einem Vergleich des § 3 PartG-Taiwan mit Art. 21 Abs. 1 S. 1 GG wird die Hervorhebung der Parteienfunktion in beiden Definitionen der Parteien deutlich.

2. Funktion und Status der politischen Partei in der Verfassungsordnung

Entsprechend dem deutschen Parteibegriff, wirken die politischen Parteien auch nach § 3 PartG-Taiwan bei der politischen Willensbildung des Volkes mit. Dieser Funktionsbegriff wird bereits durch die Auslegung Nr. 644 vom 20.06.2008 vom Verfassungsgericht Taiwans (Judicial Yuan) bestätigt.

In der Auslegung Nr. 644 hat das Verfassungsgericht Taiwans (Judicial Yuan) sowohl das privatrechtliche Parteienverständnis als auch die verschiedenen Bedeutungen des gewerkschaftlichen, sozialen und politischen Vereins im Sinne der Vereinigungsfreiheit dahingehend interpretiert, dass die rechtliche Natur der Parteien und die Klassifizierung im Rahmen des Vereinsgesetzes Taiwans anerkannt sind.[537]

---

1. A national political association intending to recommend candidates to participate in the election of public officials establishes a party in accordance with the provision s of this Act and reports to the central regulating authority for approval and registration.
2. A national political association already registered with the purpose of recommending candidates to participate in the election of public officials.

536 § 3 PartG-Taiwan (Political Parties Act): The term "political parties" in this act refers to political groups consisting of Republic of China citizens with a common political ideology who safeguard the free, democratic, constitutional order, assist in shaping the political will of the people, and nominate candidates for election to public office.

537 Auslegung Nr. 644 vom Verfassungsgericht Taiwan (Judicial Yuan): [...] In addition to the protection of the freedom of people to develop individual characteristics through organized formats, the freedom of association further encourages those with a sense of citizenry to actively participate in socio-economic and political affairs through the formation of [civic] associations. Depending upon different individual meanings, different social systems or democratic constitutional systems, organizations may be subject to different legal protections and restrictions. Yet each respective protection of the freedom of association is based upon each individual's free will to organize,

In der Betrachtung des Zusammenhangs zwischen Parteien- und Vereinigungsfreiheit im Sinne der wehrhaften Demokratie hat das Verfassungsgericht Taiwans (Judicial Yuan) die Gründungsfreiheit der Parteien sowie das Entscheidungsmonopol des Verfassungsgerichts Taiwans (Judicial Yuan) ausgelegt.[538]

In diesem Kontext entfalten das deutsche Parteienprivileg sowie die daran angepasste und pragmatische Parteienrechtslehre im taiwanischen Parteienwesen ihre Wirkung. Der vierfältige Verfassungsstatus der Parteien – der Verfassungsstatus der Freiheit, der Gleichheit, der Öffentlichkeit und der innerparteilichen Demokratie – kann man auch in den verfassungs- und einfachrechtlichen Grundlagen der politischen Parteien in Taiwan finden.[539]

III. Die innere Ordnung der politischen Partei

1. Bestandsaufnahme

a) Parteiengesetz und Parteiensatzung

Da die deutsche innerparteiliche Demokratie nach Art. 21 I 3 GG als Vorbild für das Parteienrecht betrachtet wird, ist das Konzept in § 5 PartG-Taiwan rezipiert worden: „Die Parteien sollen nach demokratischen Grundsätzen organisiert und betrieben werden."[540] Auf dieser Grundlage haben die beiden größten Parteien das Konzept innerparteilicher Demokratie in § 6 Satzung der DPP und in § 8 Satzung der KMT geregelt. Im PartG-Taiwan ist lediglich das Prinzip der innerparteilichen Demokratie formell verankert, nicht jedoch gesetzliche Bestimmungen, präventive Vorkehrungen und entsprechende Maßnahmen; aus diesem

---

and the level of restrictions considered the most severe are those designed to control and limit such freedom of association. […].

538 Auslegung Nr. 644 vom Verfassungsgericht Taiwans (Judicial Yuan): […] Article 5, Paragraph 5 of the Amendment of the Constitution of the Republic of China provides, "[a] political party shall be deemed unconstitutional in the event its goals or activities endanger the existence or the democratic constitutional order of the Republic of China." Since there is no prerequisite that the organization of a political party should seek prior approval, a political party may be disbanded only by the judgment of the Constitutional Court after it has been established and its goals or activities have been deemed to endanger the existence or the democratic constitutional order of the Republic of China. […].

539 Vgl. das Sondervotum von BVR Chen, Shin-Min über Auslegung Nr. 712 des Bundesverfassungsgericht Taiwans, S. 12 f.

540 § 5 PartG-Taiwan (Political Parties Act): The organization and operation of political parties shall comply with democratic principles.

Grund kann die innerparteiliche Ordnung nur anhand von Satzungen freilich ausgestaltet werden.

b) *Innere Struktur der Parteien in der Verfassungsrechtswirklichkeit*

Obwohl das Prinzip der innerparteilichen Demokratie formell im PartG-Taiwan und in den Parteisatzungen seinen Ausdruck findet, entspricht die innerparteiliche Struktur nicht unbedingt dem Aufbau von unten nach oben. Grundsätzlich lässt sich die Behauptung aufstellen, dass die beiden größten Parteien zum Zentralismus neigen, obwohl in beiden Satzungen die vertikale Gewaltenteilung (§ 11 Satzung der KMT; § 9 Satzung der DPP), die horizontale Gewaltenteilung (§ 18, § 21 und § 24 Satzung der KMT; § 8 Satzung der DPP), die Mitgliedsrechte (§ 8 Satzung der KMT; § 6 Satzung der DPP) sowie eine Direktwahl des Parteivorsitzenden (§ 17 I Satzung der KMT; § 15 III Satzung der DPP)[541] festgelegt sind. In der Verfassungsrechtswirklichkeit verstärkt sich jedoch das Eherne Gesetz der Oligarchie mit der Wahl eines einzigen Kandidaten,[542] den innerparteilichen Gruppierungen und dem nominellen Parteimitglied (nominal party member) im Parteienwesen Taiwans.

KMT

Nach der geplanten Demokratisierung Taiwans hat sich die Organisation der KMT zwar in eine Massenpartei verwandelt, doch blieb das „single-party dominant system“ oder „predominant party system“ von 1987 bis 2000 im taiwanischen Parteienwesen weiterhin bestehen. In diesem Zeitraum wandte die KMT den Klientelismus als politische Strategie an, indem sie die Wahlen von Ländern, Gemeinden und gewerkschaftlichen Vereinen (z.B. Bauernverein, Fischereiverein, Verein des landwirtschaftlichen Wasserbaus) durch die staatliche Ressourcenverteilung und Patronage manipulierte.[543] Durch den Streit um die Kandidatenaufstellung zur Parlamentswahl 1992 und den parteiinternen Widerstand gegenüber der charismatischen Parteiführung von Lee Teng-hui kam es zu

---

541 DPP: seit 1998; KMT: seit 2001

542 Die Wahl des KMT- Parteivorsitzenden 2001, 2009, 2013, 2015; die Wahl des DPP-Parteivorsitzenden 2000.

543 Vgl. Wu, Nai-Teh, The Politics of a Regime Patronage System: Mobilization and Control within an Authoritarian Regime. Doctoral Dissertation, Chicago: University of Chicago, 1987, unpublished; Wang, Chin-Shou, Democratization and the Breakdown of Clientelism in Taiwan, 1987–2001. Doctoral Dissertation, Chicago: University of North Carolina, 2004, unpublished.

einer Abspaltung von der KMT, die zur Gründung einer neuen Partei (Taiwanische Solidaritätsunion) führte.

Der Wendepunkt trat im Jahr 2000 ein, als die KMT die Präsidentenwahl verlor. Angesichts des Streits um die Kandidatenaufstellung zur Präsidentenwahl und des innerparteilichen Kampfs wegen der nicht zufriedenstellenden Wahlergebnisse gründeten die innerparteilichen Gruppierungen der KMT neue Parteien: die Volksnahe Partei und die Taiwanische Solidaritätsunion. Seit der Abspaltung von der KMT zeigen die KMT, die Volksnahe Partei und die Taiwanische Solidaritätsunion die Tendenz zu einer charismatischen Parteiführung, in der die Parteirichtlinien vom Willen des Parteivorsitzenden abhängen. Die Wahl des KMT-Parteivorsitzenden 2005 reflektierte einen intensiven innerparteilichen Kampf zwischen Ma Ying-jeou (damaliger Bürgermeister von Taipeh) und Wang Jin-pyng (damaliger Präsident des Parlaments), wobei es insbesondere den Klientelismus, den ethnischen Konflikt und den Generationswechsel als Wahlkampfthemen aufzuzeigen galt. Nach dem Sieg des Parteivorsitzenden gewann Ma in den Jahren 2008 und 2012 in Folge die Wahlen zum Präsidenten. Unter seiner Führung vollzog sich eine rasante Entwicklung sowohl der wirtschaftlichen Integration als auch des politischen Konsenses zwischen Taiwan und der VR China, indem die Einreisegenehmigung chinesischer Touristen (2009), das Rahmenabkommen über Wirtschaftliche Zusammenarbeit (2010), das „Cross Strait Service Trade Agreement“ (2013) und das Treffen der Staatschefs von Taiwan und China (2015) durchgesetzt wurden.

An Präsident Mas Chinapolitik anknüpfend, wählte die KMT auf ihrem Parteikongress Hung Hsiu-chu für die Aufstellung in der kommenden Präsidentenwahl 2016. Weiterführend hat Hung hinsichtlich ihrer Chinapolitik argumentiert, dass die Republik China und die Volksrepublik China beide Teile des einen Chinas seien. Äußerungen dieser Art hatten schlechte Umfragewerte und starke Kritik zur Folge, so dass Hung nach 90 Tagen ihrer Kandidatur durch einen Sonderparteitag abberufen und durch den Parteivorsitzenden Chu Li-lun ersetzt wurde.

DPP

Während des Demokratisierungsprozesses Taiwans ab Mitte der 1980er Jahre spalteten sich die liberalen Kräfte in verschiedene Richtungen auf, nämlich in den Parlamentarismus, in die Protestbewegung sowie in den Nationalismus Taiwans. Diese reformerischen Kräfte waren zwar als innerparteiliche Gruppierungen auf die Bildung der DPP in den Parlamenten angewiesen, doch die Priorisierung zwischen dem demokratischen Parlamentarismus und dem fundamentalen Nationalismus Taiwans wurde stark debattiert, und zahlreiche periodische Parteibeschlüsse wurden umgesetzt.

Innerhalb dieses Kontexts polarisierte die DPP zwischen dem taiwanischen de facto-Nationalismus (Melidao Faction, Justice Alliance Faction, Alliance for Taiwan Welfare State) und dem taiwanischen de jure-Nationalismus (New Tide Faction, World United Formosans for Independence). Die eine Seite ist der Auffassung, dass das heutige Taiwan de facto bereits unabhängig sei, wohingegen die andere Seite die Meinung vertritt, dass die taiwanische Unabhängigkeit auf juristischem Wege vorangetrieben werden müsse, beispielsweise durch den Entwurf einer neuen Verfassung Taiwans. Der Wendepunkt lag im Jahr 2000, als Chen Shui-bian von der DPP die Präsidentenwahl gewann. Von 2000 bis 2008 entwickelte er seine Chinapolitik in beide Richtungen[544] und integrierte die verschiedenen Faktionen durch Förderung der Entstehung des Politikgremiums und der strategischen und abwechselnden Amtsberufung. Auf dieser Grundlage erfuhr die Parteistruktur einen sich von der ideologischen Polarisierung entfernenden Wandel hin zum Zentralismus und der charismatischen Parteiführung. 2006 beschloss die DPP im Parteitag die Auflösung innerparteilicher Faktionen, um die Parteistruktur zu reformieren.

Neben den innerparteilichen Gruppierungen verbleibt das Problem des nominellen Parteimitgliedes in der DPP. Nominelle Mitglieder sind Mitglieder, die von einem Politiker oder der Parteielite rekrutiert werden, um ihren Einfluss in der Partei zu stärken[545] Diese Parteielite zahlt die Mitgliedsbeiträge und verwendet die von ihr gekauften Stimmen, um Vorwahlen und Kandidatenauswahl zu manipulieren. Theoretisch führt zwar ein effektiver innerparteilicher Wettbewerb zu einer partizipatorischen Parteiorganisation, tatsächlich jedoch wird das Parteisystem der innerparteilichen Demokratie durch das nominelle Parteimitglied zerstört, das von der Parteielite der innerparteilichen Gruppierungen für innerparteiliche Wahlen manipuliert und instrumentalisiert wird. Als reformerische Maßnahme wurde die innerparteiliche Vorwahl für die Kandidatenaufstellung zur Präsidentenwahl 2011 abgeschafft; stattdessen wurde die Kandidatenaufstellung durch eine Volksbefragung direkt bestimmt. Bei der Vorwahl zum Präsidenten der DPP im Jahr 2015 wurde mit Tsai Ing-wen eine einzige Kandidatin gewählt und aufgestellt.

---

544 The Four Noes and One Without (2000); One Country on Each Side (2002); Taiwanization (2003), Taiwanese United Nations membership referendums (2008).

545 Shelley Rigger, From Opposition to Power: Taiwan's Democratic Progressive Party, 2001, pp. 65–66.

c) *Nebenorganisationen der Parteien*

In § 18 PartG-Taiwan sind parteiliche Nebenorganisationen in der Universität, den Gerichten und der Armee verboten;[546] jedoch besitzt normalerweise jede taiwanische Partei zahlreiche Stiftungen und Vereine. Die parteinahen Stiftungen und Vereine können durch das Parteivermögen, das Restgeld aus dem Wahlkampf des Kandidaten und der innerparteilichen Faktion sowie durch unterschiedliche Sponsorings finanziert werden.

KMT

Nach der autoritären Ein-Parteien-Herrschaft verwandelte sich die KMT zwar in eine Massenpartei, doch gegenwärtig verweilen die unbestimmten Nebenorganisationen weiterhin zwischen dem alten Einparteiensystem und der reformierten KMT, wie z. B. die Jugendorganisation[547], die Frauenorganisation[548], die Oligopol-Industrie sowie verschiedene Partei-Unternehmen und -Vermögen. Diese Organisationen, Industriebetriebe sowie Unternehmen und Vermögen stehen mit der reformierten KMT weiterhin in einer engen Beziehung.[549]

DPP

Das zentrale Problem der DPP ist grundsätzlich anders gestaltet als jenes der KMT. Das Einparteiensystem ist nicht Bestandteil der DPP-Vergangenheit, vielmehr ist die Partei durch eine Vielzahl parteinaher Stiftungen charakterisiert. Diese parteinahen Stiftungen werden durch das Restgeld aus den Wahlkämpfen von Politikern und Faktionen finanziert, um die politische Ausbildung, die eigenen Thinktanks und Umfrage-Center oder andere Zwecke zu fördern.

---

546 § 18 PartG-Taiwans: Political parties may not establish a party organization in any government agency, government institution, public institution, administrative body, court, military body, or school; they may, however, establish party organizations in people's representative bodies at all levels.

547 Vgl. Die Bericht der UKPV-Taiwan über China Youth Corps: https://storage.googleapis.com/cipas-production/news/2017/10/66ba54d11e33783885e2e8a1fdb15187.pdf (Zugriff am: 26.04.2018).

548 Vgl. Die Bericht der UKPV-Taiwan über National Women's League of the Republic of China: https://storage.googleapis.com/cipas-production/news/2017/07/0f0cffcb5d0f4f8a05d5e73e8d9bf8da.pdf (Zugriff am: 26.04.2018).

549 Chen Shih-meng and Chu Chin-yi, Disintegrating the KMT-State Capitalism, 1991, S. 23 ff.; Shin-Hsin Huang, Party's Property, Party's Enterprises and the Problems of Taiwan's Party Financing: With the German's Experiences, Socioeconomic Law and Institution Review 17, 1995, S. 175 ff.

d) *Parteipresse*

Das Recht auf gleichberechtigte Benutzung einer Anstalt des öffentlichen Rechts und Rundfunks wird in §6 PartG-Taiwan im Sinne des Grundsatzes gleicher Wettbewerbschancen der politischen Parteien festgelegt.[550] Darüber hinaus ist das Verbot des parteilichen Fernsehens und Radios in § 5–1 Radio- und Fernsehgesetz verankert.[551]

e) *Öffentlichkeitsarbeit der Parteien*

Wie bereits erwähnt, werden der Nationalismus Taiwans und die Vereinigung mit China sowohl von der DPP als auch von der KMT vertreten. Vor diesem Hintergrund findet eine Polarisierung der Massenmedien statt. Während des Wahlkampfs wird eine bestimmte Partei von den polarisierenden Massenmedien stark

---

550 § 6 PartG-Taiwan: Political parties shall be subject to the same payment practices for the use of public venues, mass media, and/or other public facilities, and may not receive differential treatment without legitimate reason.

551 § 5–1 Rundfunkrecht Taiwans (Radio and Television Act) vom01.06.2016:

The government and political parties, as well as foundations established with endowments provided by them, and those commissioned by them, may not directly or indirectly invest in privately operated radio/television businesses.

Unless otherwise provided by law, the government and political parties may not provide endowments for the establishment of a privately operated radio/television business.

Existing situations for the government, political parties, and foundations established with their endowments, and those commissioned by them, that do not meet the provisions of the preceding two paragraphs prior to the implementation of the revision of this Act, shall be corrected within two years of the implementation of the revision of this Act.

Political party workers, political appointees, and elected public officials may not invest in radio/television businesses. Total shareholdings by their spouses, relatives by blood within the second degree of relationship, and lineal relatives by marriage, may not hold more than 1 percent of the issued shares of a radio/television business.

Radio/television businesses that have existing situations that do not meet the provisions of the preceding paragraph prior to the implementation of the revision of this Act shall have them corrected within two years of the implementation of the revision of this Act.

The government, political parties, political party workers, and elected public officials may not be promoters, directors, supervisors, or managers of a radio/ television business.

Radio/television businesses that have existing situations that do not meet the provisions of the preceding paragraph prior to the implementation of the revision of this Act shall have the related personnel discharged of their duties within six months of the implementation of the revision of this Act.

The scope of political party workers, political appointees, and elected public officials mentioned in the preceding article shall be defined in the Enforcement Rules of this Act.

kritisiert bzw. unterstützt, um die Massenbasis einer Partei zu solidarisieren. Auf dieser Grundlage wird das normative Verbot des parteilichen Fernsehens und Radios in Wirklichkeit durch parteinahes Fernsehen und Radio ersetzt.

2. Die innerparteiliche Demokratie

a) Innerparteiliche Demokratie als Gesetzgebot

Das Prinzip der innerparteilichen Demokratie ist zwar in § 5 PartG-Taiwan[552] verankert, doch erscheinen im PartG-Taiwan weder präventive Vorkehrungen noch entsprechende Maßnahmen. Auf dieser Basis steht die Gerichtsbarkeit im Spannungsverhältnis zwischen der Vereinigungsfreiheit und der Parteiautonomie.

b) Parteilobbyismus

Die politische Einflussnahme von Interessengruppen und Verbänden setzt heute weniger bei den Parteien, sondern direkt bei der Regierung und den Abgeordneten an. Aus diesem Grund werden die leitenden Beamten der Exekutive und der Legislative in § 2 III Lobbygesetz Taiwans geregelt.[553] Angesichts der politischen und sozialen Kluft gibt es eine Einflussbeziehung zwischen Interessengruppierungen und politischen Parteien.

Dies gilt etwa für den „Verband für pensionierte Beamten“ und die „Vereinigung der Taiwanischen Wirtschaft in Festlandchina“ in ihrem Verhältnis zur KMT ebenso wie für die „Formosan Association for Public Affairs“ und

---

552 § 5 PartG-Taiwan: The organization and operation of political parties shall comply with democratic principles.

553 § 2 Lobbygesetz Taiwans (Lobbying Act) vom 08.08. 2007:
The term lobbying mentioned in this Act refers to the behavior that lobbyist intends to affect the lobbied party or its agency about the formulation, enactment, modification or annulment of laws, government policies or legislation by any oral or written communication direction directly to the lobbied party or its designee.
The term “lobbyist” used in this Act is as follows:
1. Individual, legal person, organization permitted to establishment or file for record or group consitituted by special purpose with representative.
2. Individual or profit corporation designated for lobbying.

The term “lobbied party” mentioned in this Act refers as follows:
1. President, vice president.
2. Legislators of representative bodies at various levels.
3. The chief and deputy chief of special municipality, county/city and township/city.
4. Persons specified in paragraph 1 of article 2 of Political Appointees Pension Statues.

„Presbyterian Church in Taiwan" in ihrem Verhältnis zur DPP. Abgesehen von dem ideologischen Konflikt zwischen der chinesischen Wiedervereinigung und der taiwanischen Unabhängigkeit, ist der Lobbyismus in Taiwan so anbiedernd und pragmatisch, dass die Interessen einer bestimmten Wirtschaftsgruppe durch die strategisch zweiseitige Parteienfinanzierung von den beiden Parteien vertreten werden.

c) *Kandidatenaufstellung*

Das Wahlgesetz Taiwans regelt lediglich die Wahlbehinderung und das Bestechungsverbot der Kandidatenaufstellung in § 101 I[554]; die Aufstellung von Bewerbern für Wahlen zu Volksvertretungen darf daher nicht in geheimer Abstimmung erfolgen. Die Methode zur Kandidatenaufstellung kann durch die modifizierbare Parteienordnung im Sinne der Parteiautonomie beschlossen werden. Nach der modifizierbaren Parteienordnung kann die Art und Weise der

---

554 § 101 I Das Wahlgesetz Taiwans (Civil Servants Election And Recall Act) vom 14. Dez. 2016:

For the nomination of candidates for various civil servants within the political party referred to in Article 2 implemented by the political party, from the day when the nomination operation is publicized and during the period specified for operating nomination, any of the candidates within the political party who performs any of the actions prescribed in Paragraphs One and Two of Article 97 shall be punished in accordance with the provisions prescribed in Paragraphs One and Two of Article 97; anyone performing any of the actions prescribed in Paragraph One of Article 99 to a person with the right to vote shall be punished in accordance with the provision prescribed in Paragraph One of Article 99.

§ 97 I und II: Anyone who makes a candidate or a person qualified for a candidate agree to abandon the campaign or to perform certain campaign activities by asking for expected promises or delivering bribes or other undue benefits to the aforesaid party shall be condemned to fixed-term imprisonment of not less than 3 years and not more than 10 years and may be fined a sum of not less than NT$2,000,000 and not more than NT$20,000,000 in addition.

Any candidate or any person qualified for a candidate who asks for expected promises or accepts bribes or other undue benefits and thereupon promises to abandon the campaign or perform certain campaign activities shall also be punished in accordance with the provision of the preceding Paragraph.

§ 99 I: Anyone who makes a person with the right to vote agree to not exercise the right to vote or exercise it in a certain manner by asking for expected promises or delivering bribes or other undue benefits to the aforesaid party shall be condemned to fixed-term imprisonment of not less than 3 years and not more than 10 years and may be fined a sum of not less than NT$1,000,000 and not more than NT$10,000,000 in addition.

Kandidatenaufstellung durch die Direktwahl von Parteimitgliedern, die indirekte Wahl von Parteidelegierten, den Ausgleich zwischen innerparteilicher Abstimmung und öffentlicher Umfrage, die gefilterte Umfrage und die Rekrutierung des Parteivorstands oder des Parteivorsitzenden bestimmt werden. Hinsichtlich des Prinzips der innerparteilichen Demokratie ist die taiwanische Kandidatenaufstellung juristisches Neuland.[555]

d) Parteimitglieder, innerparteiliche Minderheitsrechte und der Parteiausschluss

Da die innerparteiliche Demokratie im taiwanischen Vereinsgesetz lediglich formell festgelegt ist, erweisen sich die Rechte der Parteimitglieder als inhaltlich unklar. Die Rechte der Parteimitglieder sind zwar in den Satzungen beider Parteien (§ 8 Satzung der KMT; § 6 Satzung der DPP) verankert, doch ihre garantierte Geltung wird in der Auslegung Nr. 331 vom Verfassungsgericht Taiwans (Judicial Yuan)[556] und in § 73 II Wahlrecht Taiwans[557] blockiert. Dem

---

555 Yen Tu Su, The Partisan Ordering of Candidacies and the Pluralism of the Law of Democracy: The Case of Taiwan, Election Law Journal: Rules, Politics, and Policy, 2016, 15(1): 31–47.

556 The Reasoning of J.Y. Interpretation No. 331, 1993/12/30:
„[...] Articles 1, 2 and 4 of the Amendment to the Constitution introduced the system of party-list proportional representation for the election of congressmen who represent overseas Chinese and the National Sector. The legislative intent of such Articles is to ensure that a certain portion of congressmen, while they are exercising the power conferred, do not yield to the will of regional voters in particular precincts, so that they may learn the genuine will of the people as a whole and preserve national interests; in addition, said Articles also are meant to prompt political parties to nominate the most talented, virtuous and reputable members to be said congressmen within the quota proportionate to total ballots won in a particular election and allocated to each party, so that such congressmen may serve their country. Nonetheless, if any of said congressmen should lose his membership in the political party from which he is elected, it is certain that he will also be deprived of his eligibility for the position in the Congress, since the legal foundation of his election is forfeited. Only then can the constitutional intent of introducing such a system be met. (See Article 30, Paragraph 1, of the Law of Constitutional Interpretation Procedure, which provides that where a political party is declared dissolved, its congressmen elected on the basis of party-list proportional representation shall be disqualified as such.) In addition to the aforesaid, a law governing such a procedure of replacement of congressmen, in order to fill the vacancy left by the deposed, shall be enacted accordingly so as to maintain the due course of operation of political parties under democracy.“

557 § 73 II Wahlrecht Taiwans: If a central civil servant elected in the national integrated election or the overseas election of central civil servants loses his / her political party

Mandatsverlust bei Parteiausschluss stimmten das Verfassungsgericht und der Gesetzgeber in Taiwan zu. Die Begründung des Verfassungsgerichts besteht darin, dass angesichts der Mitwirkung bei der politischen Willensbildung des nationalen Volkes im Vergleich mit dem Prinzip des freien Mandates dem Wahlvorschlagsrecht der Parteien im einzelnen Wahlbezirk eine höhere Priorität eingeräumt werden soll.

Der Wendepunkt trat im September 2013 ein, als die KMT unter Führung von Präsident und Parteispitze Ma den Parteiausschluss des Parlamentspräsidenten Wang wegen seines Amtsmissbrauchs mit der Staatsanwaltschaft beschloss. Gegen den Parteiausschlussbescheid ging Wang gerichtlich vor und erwirkte die Erlaubnis, in der Partei bleiben zu dürfen. Im Urteil hat das Oberlandesgericht Taiwans den Parteiausschluss im Sinne der innerparteilichen Demokratie nach § 49 Vereinsgesetz so interpretiert, dass im Vereinsgesetz kein Unterschied zwischen Parteien- und Vereinsausschluss besteht und der normative Gehalt der innerparteilichen Demokratie mit den Mitgliedsrechten und dem Mehrheitsprinzip verbunden werden soll. Aus diesem Grund müssen die Mitglieder des Ausschusses über die Parteidisziplin nach der absoluten Mehrheit im Parteitag berufen werden. Da dieser Ausschuss der KMT vom Parteivorsitzenden direkt einberufen wurde, ist der Parteiausschluss des Parlamentspräsidenten ungültig.[558]

IV. Die Rechte der politischen Parteien

1. Überblick

In der Verfassung der Republik China (Taiwan) finden sich in Bezug auf die verfassungsrechtliche Stellung politischer Parteien zwei Strömungen: die Demokratieorientierung einerseits, die Grundrechtsorientierung andererseits. Die wehrhafte Demokratie und das Parteiverbot sind im Zusatzartikel 5 Absatz 5 Verfassung der Republik China (Taiwan) verankert, während die Gleichheit politischer Parteien in Artikel 7 Verfassung der Republik China (Taiwan) festgelegt ist. Ein konkreter verfassungsrechtlicher Begriff hinsichtlich politischer

---

membership after accession, he / she will lose the title of central civil servant from the day when he / she loses the political party membership, and the Central Election Commission shall inform the Legislative Yuan to write off his / her name. The corresponding vacancy shall be made up by the candidates registered by the political party according to the sequence in the list of candidates; if there is no alternate candidate in the list of candidates registered by the political party, it shall be regarded as vacancy.

558 OLG Taiwan 2014, shang-zih 491 (臺灣高等法院臺灣高等法院 103 年度上字第 491 號)

Parteien und eine systematische verfassungsrechtliche Stellung politischer Parteien erscheinen nicht in den Entscheidungen des Verfassungsgerichts, sondern in der wissenschaftlichen Diskussion.[559]

2. Die Grundrechte der politischen Parteien

a) Gründungsfreiheit

Die Parteien wirken bei der politischen Willensbildung des Volkes mit; ihre Gründung ist frei (Art. 21 Abs. 1 S. 1–2 GG). Diese Gründungsfreiheit wird durch die Auslegung Nr. 644 vom Verfassungsgericht Taiwans (Judicial Yuan) bestätigt. Das Verfassungsgericht Taiwans (Judicial Yuan) hat in dieser Auslegung sowohl die unterschiedlichen Schutzbereiche als auch die Schranken der Vereinigungsfreiheit nach den verschiedenen Funktionen des Individualrechts, des Gesellschaftssystems und des demokratischen verfassungsrechtlichen Systems erklärt.[560] Bemerkenswert ist, dass der Zusammenhang zwischen Vereinigungsfreiheit und Parteiverbot durch das Konzept des Parteienprivilegs und das Konzept des Parteiverbots aufgestellt wird.[561] Damit werden die

---

559 Vgl. Tzung-Jen Tsai, Party Politics in Dilemma, National Taiwan University Law Journal, Vol. 27, No. 2, January 1998, pp. 49–90.; das Sondervotum von BVR Chen, Shin-Min über Auslegung Nr. 712 des Verfassungsgerichts Taiwans (Judicial Yuan), S. 12 f.

560 J. Y. Interpretation No. 644 (Date 2008/6/20):
"The purpose of Article 14 of the Constitution, which grants the freedom of association, is to protect the right of the people to form associations and participate in their activities based upon mutual consent, and to ensure the sustenance of the associations, self-determination regarding their internal constitution and affairs as well as freedom to [conduct] external activities. In addition to the protection of the freedom of people to develop individual characteristics through organized formats, the freedom of association further encourages those with a sense of citizenry to actively participate in socio-economic and political affairs through the formation of [civic] associations. Depending upon different individual meanings, different social systems or democratic constitutional systems, organizations may be subject to different legal protections and restrictions. Yet each respective protection of the freedom of association is based upon each individual's free will to organize, and the level of restrictions considered the most severe are those designed to control and limit such freedom of association."

561 J. Y. Interpretation No. 644 (Date 2008/6/20):
„Article 5, Paragraph 5 of the Amendment of the Constitution of the Republic of China provides, "[a] political party shall be deemed unconstitutional in the event its goals or activities endanger the existence or the democratic constitutional order of the Republic of China." Since there is no prerequisite that the organization of a political party should seek prior approval, a political party may be disbanded only by the

Gründungsfreiheit politischer Parteien, die Formel der „freiheitlichen demokratischen Verfassungsordnung" als spezieller Tatbestand zum Parteiverbot und das Entscheidungsmonopol des Verfassungsgerichts durch die Rezeption des deutschen Parteienprivilegs im taiwanischen Parteienrecht verankert.

b) Allgemeine Parteienfreiheit

Wie bereits erwähnt, ist die unbestimmte Grenze zwischen Vereinigungs- und Parteienfreiheit so flexibel und maßgeschneidert, um eine Fortentwicklung des präventiven und demokratiefördernden Charakters des Parteienrechts zu gewährleisten. Da die Gründungsfreiheit politischer Parteien durch das Parteienprivileg bereits im Verfassungsrecht Taiwans anerkannt ist, können theoretisch die allgemeine Parteienfreiheit bzw. die Gründungs-, Organisations-, Finanzierungs-, Zielbestimmungs-, Mitglieder- sowie Betätigungsfreiheit ausgelegt werden. Das Konzept der Staatsfreiheit und ihre maßgeschneiderte Grenze zwischen Vereins- und Parteiautonomie werden daher im taiwanischen Parteienrecht bestimmt.

c) Chancengleichheit

In Bezug auf politische Parteien (bzw. die Parteizugehörigkeit), so laut Artikel 7 der Verfassung Taiwans, sind im Gleichheitsartikel ein spezielles Differenzierungsgebot sowie -verbot enthalten. Der besagte Artikel erlaubt die Interpretation, dass die rechtliche Gleichberechtigung aller Parteien und das Recht auf Gleichberechtigung gegeben sind.[562] In § 6 PartG-Taiwan erscheint des Weiteren ein Gebot der Gleichbehandlung aller Parteien im Rahmen der öffentlichen Einrichtungen und des Rundfunks. Doch zeigt sich das taiwanische Verfassungsgericht gegenüber dem Differenzierungsverbot sowie der Chancengleichheit der

---

judgment of the Constitutional Court after it has been established and its goals or activities have been deemed to endanger the existence or the democratic constitutional order of the Republic of China. Conversely, disapproval based on Article 2 of the Civic Organizations Act gives the governing authority (or agency) the power to conduct substantive review of the content of such speech before an organization is established. As such, if it should discover that an association advocates the above-mentioned activities, and the facts [collected] at the time are sufficient, the governing authority may then revoke (which has been amended to "repeal" as of December 11, 2002) the approval in accordance with the latter portion of the first paragraph of Article 53, as amended and promulgated on January 27, 1989, to achieve the purpose of disbandment."

562 Vgl. Tzung-Jen Tsai, Party Politics in Dilemma, National Taiwan University Law Journal, Vol. 27, No. 2, January 1998, pp. 49–90.

politischen Parteien im Sinne der Konkurrenzdemokratie bislang unentschlossen. Die Rolle des taiwanischen Verfassungsgerichts im chancengleichen Parteienwettbewerb ist noch ungeklärt.

In Taiwan ist die Fünfprozentklausel im Zusatzartikel 4 Absatz 2 der Verfassung[563] und § 67 II Wahlgesetz[564] geregelt. Die Verfassungsmäßigkeit der Fünfprozentklausel wird in der Auslegung Nr. 721 vom Verfassungsgericht Taiwans (Judicial Yuan) überprüft. Darin wird die Auffassung vertreten, dass der mit der Fünf-Prozent-Sperrklausel in der Verfassung und im Wahlgesetz verbundene zulässige Eingriff in die Grundsätze der Wahlrechtsgleichheit und Volkssouveränität unter den gegebenen rechtlichen und tatsächlichen Verhältnissen gerechtfertigt ist.

---

563 Zusatzartikel 4 Absatz 2 der Verfassung der Republik China (Taiwan):
Die gemäß dem Unterabsatz 1 des vorangegangenen Absatzes erwähnten Mitglieder sollen entsprechend dem Verhältnis der Bevölkerung jeder regierungsunmittelbaren Stadt, jedes Kreises und jeder Stadt gewählt werden, die in Wahlkreise abgeteilt sind, so dass die Zahl der Wahlkreise und die Zahl der zu wählenden Mitglieder gleich ist. Die gemäß Unterabsatz 3 zu wählenden Mitglieder werden mittels Listen der Parteien im Verhältnis der bei der Wahl von jeder Partei erreichten Stimmen gewählt, wobei nur solche Listen berücksichtigt werden, die mindestens 5 % aller abgegebenen Stimmen erhalten haben; die Zahl der weiblichen gewählten Mitglieder darf nicht geringer sein als die Hälfte der Gesamtzahl der Mitglieder.

564 § 67 II Wahlgesetz Taiwan:
For the national integrated election and the overseas election of central civil servants, the quota of electees shall be distributed pursuant to the following provisions:
1. The vote gained by a political party divided by the total of the votes gained by all political parties is the ratio of the vote gained by each political party.
2. The integral of the product of multiplying the total quota of electees by the ratio of vote referred to in the preceding Paragraph is the quota distributed to the political party. The candidates recommended by a political party shall be elected in accordance with the sequence in the list of candidates.
3. If there is any residual quota after distributing the quota under the preceding Subparagraph, the residual quota shall be distributed in sequence according to the size of the residual of each political party. In case of two same residuals, it shall be decided by lottery.
4. If the number of candidates registered by a political party does not exceed the allocated quota of electees distributed to a political party, it shall be regarded as vacancy.
5. If the ratio of vote gained by a political party is less than 5%, no quota will be distributed to the political party, and its vote will not be calculated under Subparagraph 1.
6. The decimal fraction of the ratio referred to in Subparagraphs 1 to 3 and the preceding Subparagraph shall be rounded to the fourth decimal place.

Zuerst hat das Verfassungsgericht Taiwans (Judicial Yuan) in der Begründung das variante Wahlsystem mit der politischen Kultur in Zusammenhang gebracht. Für die Vor- und Nachteile des Mixed-Member Proportional Systems oder Grabenwahlsystems besteht keine besondere zwingende Begründung zur Beeinträchtigung der freiheitlichen demokratischen Grundordnung[565] Weiterhin werden der tatsächliche Wahlerfolg kleiner Parteien und die Berücksichtigung der Fünf-Prozent-Sperrklausel hervorgehoben, die die Parteizersplitterung, die Mehrheitsbildung eines fähigen Parlaments sowie eine funktionstüchtige Kommunikation zwischen der Exekutive und der Legislative umfasst.[566] Schließlich ist die Fünf-Prozent-Sperrklausel verfassungsmäßig, weil weder in die Schutzbereiche des Wahl- und Gleichheitsrechts noch der Volkssouveränitäts- und Demokratieprinzipien eingegriffen wird.[567]

---

565 J. Y. Interpretation No. 721 (Date 2014/6/6):
„As to legislative elections in different countries, some give more weight to the representation of electoral constituencies and adopt the relative majority rule, while others give more weight to the differences in political parties and adopt the political party proportional representation system. These are different alternatives of democratic politics and reflect the differences among political cultures in respective countries. [...] Such a combination and its allotment of seats are a display of the general will of the people, and they do not contradict the principle of the democratic republic and the principle of sovereignty of and by the people. Allegations invoking the practices of other electoral systems (such as an coexisting system) to challenge the Parallel System provided in Amendments 1 and 2 as in breach of the constitutional democratic order shall not be sustained. "

566 J. Y. Interpretation No. 721 (Date 2014/6/6):
"Although the 5% threshold for political parties provided in Amendment 2 may result in a certain discrepancy between the percentages of ballots received by, and seats allotted to, political parties and create an appearance of unequal ballots, its purpose is to ensure the efficiency of legislative operations and the smooth interaction between the executive branch and the Legislature is not impeded by a clustering of small parties and fragmentation of the political party system. In addition, it may be observed from the election results of political party proportional representative elections in recent years that the possibility of winning elections for those political parties which are not the two main parties has not been completely ruled out."

567 J. Y. Interpretation No. 721 (Date 2014/6/6):
"As a result, the provision concerning the threshold for political parties stated in Amendment 2 does not hinder the realization of the principle of the democratic republic and the principle of sovereignty of and by the people, nor does it alter the core contents of the right to equality and suffrage. As such, it is within the scope of the constitution-amending body to consider the circumstances and assess the pros and cons, which is not in violation of the aforementioned constitutional democratic

d) *Andere Grundrechte*

In der Auslegung Nr. 644 vom Verfassungsgericht Taiwans (Judicial Yuan) wird der Zusammenhang zwischen der Meinungs- und der Gründungsfreiheit der Parteien und das Parteiverbot dahingehend erklärt, dass die Einschränkung kommunistischer und separatistischer Meinungsäußerungen nicht durch ein vorheriges Parteiverbot (das Gründungsverbot) erreicht werden dürfe.[568]

Daneben bezieht sich die Einschränkung kommunistischer und separatistischer Meinungsäußerungen auf die Versammlungsfreiheit und das Parteiverbot in der Auslegung Nr. 445 des Verfassungsgerichts Taiwan. Die Beschränkung kommunistischer und separatistischer Meinungsäußerungen durch das vorherige Genehmigungssystem der Versammlung ist verfassungswidrig. Diese Beschränkung bedeutet einen Eingriff in die Grundrechte und entspricht nicht dem Parteiverbot im Sinne der wehrhaften Demokratie.[569]

---

order. As for the provision regarding the Parallel System and the threshold for political parties stated in Article 67, Paragraph 2 of the Civil Servants Election and Recall Act, since it was enacted in accordance with Amendment 2 and its content is identical thereto, such a provision raises no doubt of a conflict with the Constitution."

568 J. Y. Interpretation No. 644 (Date 2008/6/20):
" If disapproval is rendered from the outset of a petition to form a civic organization, it is not different from the prohibition of establishment of a civic association merely on the ground that it advocates Communism or partition of national territory. This has clearly exceeded the scope of necessity under Article 23 of the Constitution, and is not in conformity with the purpose of constitutional protection of people's freedom to associate and freedom of speech. Therefore, Article 2 and the front portion of the first paragraph of Article 53 of the Civic Organizations Act, as indicated above, shall be deemed invalid within the scope of this Interpretation as of the date this Interpretation is issued."

569 J. Y. Interpretation No. 445 (Date 1998/1/23):
" […] Subparagraph I: "Any violation of Articles 4, 6 or 10." Article 4 thereof provides, "There shall be no advocacy of communism or secession of territory during an assembly or a parade." "Advocacy of communism or secession of territory" is a political position. By making it a requirement for approval or denial of an assembly or parade, the competent authority is empowered to review the speech itself, thus abridging the freedom of expression as a fundamental right. Despite the provision of Article 5-V of the Amendments to the Constitution, which reads, "A political party shall be considered unconstitutional if its goals or activities endanger the existence of the Republic of China or the nation's free and democratic constitutional order," the organization of a political party is protected under the freedom of association. Besides, the organization of a political party does not require prior approval, and cannot be prohibited unless and until, subsequent to the establishment of the party,

e) *Verfassungstreue und Parteiverbot*

Die Bedeutung des Parteiverbots im Sinne der wehrhaften Demokratie wird kontrovers diskutiert, weil sein Schutzgut, der „Fortbestand der Republik China", einen ideologischen Konflikt zwischen der Wiedervereinigung mit China und der taiwanischen Unabhängigkeit hervorgerufen hat. Vor dem Hintergrund, dass die Volksrepublik China in den Vereinten Nationen als der einzig legitime Vertreter Chinas gilt, sind die staatliche Identität der Republik China und ihre Verfassungstreue in Taiwan äußerst umstritten.

Zum Verhältnis zwischen der Republik China, der Volksrepublik China und Taiwan existiert eine Vielzahl politischer Argumentationen. Die darin enthaltenen Standpunkte lassen sich thematisch wie folgt aufteilen: „Wiedervereinigung der Volksrepublik China", „Auf dem Weg zu einem Gesamtchina", „Verteidigung der Republik China gegen die Volksrepublik China ", „Ein China, zwei politische Gebilde", „Die Republik China auf Taiwan", „Zwei-Staaten-Theorie", „Taiwan ist die Republik China", „Ein Taiwan und ein China", „De-jure-Unabhängigkeit Taiwans" und „Auf dem Weg zu Republik Taiwan". Im Parteienwettbewerb werden die Gegenüberstellungen dieser Standpunkte sichtbar. Mit dem Kampf um die staatliche Identität ist der Konsens in Taiwan zum Verfassungsproblem geworden.[570]

Um die Republik China gleichermaßen gegen den Kommunismus und den Separatismus zu verteidigen, hat die KMT-Regierung das Rechtsinstitut der wehrhaften Demokratie im Staatssicherheitsgesetz (1986), Versammlungsgesetz (1988), Vereinsgesetz (1989), Zusatzartikel zur Verfassung (1992) und Verfassungsgerichtsgesetz (1993) zur Förderung der Demokratisierung erarbeitet.[571]

---

its goals or activities endanger the existence of the Republic of China or the nation's free and democratic constitutional order, and a judgment is rendered by the Constitutional Court ordering its dissolution. There is no point in any existing law that forbids organizing a political party in advance. The Ministry of the Interior's contention that Article 4 of the Assembly and Parade Act echoes the aforesaid provisions of Article 5 of the Amendments to the Constitution is simply not well reasoned. […]."

570 Chih-kuang Wu, Streitbare Demokratie: ihre Entwicklung in Deutschland und ihre Rezeption in Taiwan (Republik China), 1998, S. 161 ff.; Yun-Ju Wang, Die Entwicklung der Grundrechte und der Grundrechtstheorie in Taiwan, 2008, S. 72 ff.

571 Tzong-li Hsu, Rezeption und Weiterentwicklung des Konzepts der wehrhaften Demokratie in Taiwan, in: Werner Heun, Christian Starck, Tzung-jen Tsai (Hrsg.), Rezeption und Paradigmenwechsel im öffentlichen Recht, 2009, S. 97 (98 ff.); Yun-Ju Wang, a.a.O., 2008, S. 109 ff.; Chih-kuang Wu, Streitbare Demokratie: ihre Entwicklung in Deutschland und ihre Rezeption in Taiwan (Republik China), 1998, S. 131 ff.

Zwar beruft sich der Zusatzartikel 5 Absatz 5 der Verfassung der Republik China auf den Wortlaut des Art. 21 II GG, doch der Wille des Verfassungsgebers ist anders gestaltet. Während die wehrhafte Demokratie und das Parteiverbot angesichts der Reflexion des antidemokratischen Faschismus von Carlo Schmid im Parlamentarischen Rat vorgeschlagen wurden, werden diese als politische Instrumente zur Verstärkung der staatlichen Identität der Republik China und zum Kampf gegen die Unabhängigkeitsbewegung Taiwans in der Verfassung verwendet.[572]

In der Verfassungsjudikatur besteht kein Parteiverbot. Stattdessen wird die Verfassungswidrigkeit des Präventivschutzes in der wehrhaften Demokratie im Versammlungs- und Vereinsgesetz in der Auslegung Nr. 445 und Nr. 644 vom Verfassungsgericht Taiwans (Judicial Yuan) erklärt.[573] In der parteipolitischen Wirklichkeit ist die Rezeption des Parteiverbots in Taiwan gescheitert, weil die staatliche Identität der Republik China noch debattiert wird. Die DPP, die eine souveräne, unabhängige und selbstbestimmte Republik Taiwan anstrebt, gewann nach der Rezeption der wehrhaften Demokratie die Präsidentenwahl von 2000, 2004 und 2016. Unter diesen Gegebenheiten scheitert das Parteiverbot in Taiwan aufgrund der Unbestimmtheit der eigenen staatlichen Identität. Die wehrhafte Demokratie und das Parteiverbotssystem werden weiterhin als ein Mittel staatlicher Identität zur Verteidigung der Republik China betrachtet.

3. *Politische Parteien und öffentlicher Dienst*

a) *Verfassungstreue und öffentliche Ämter*

Der gleichberechtigte Zugang zu öffentlichen Ämtern ist in Artikel 7[574] und 18[575] Verfassung der Republik China (Taiwan) verankert. Gemäß Artikel 138 Verfassung der Republik China (Taiwan) besteht in militärischen Ämtern die Treuepflicht.[576] Die Treuepflicht ziviler Ämter wurde in der

572 Tzong-li Hsu, a.a.O., S. 105; Chih-kuang Wu, a.a.O., S. 153.

573 Tzong-li Hsu, a.a.O., S. 102 ff.; Chih-kuang Wu, a.a.O., S. 148 ff.

574 Artikel 7 der Verfassung der Republik China (Taiwan): Alle Staatsbürger der Republik China, ungeachtet ihres Geschlechts, ihrer Religion, ihrer Rasse, ihrer sozialen Stellung oder ihrer Parteizugehörigkeit, sind vor dem Gesetz gleich.

575 Artikel 18 der Verfassung der Republik China (Taiwan): Das Volk hat das Recht, öffentliche Prüfungen abzulegen und öffentliche Ämter zu bekleiden.

576 Artikel 138 der Verfassung Taiwan: Die Land-, See- und Luftstreitkräfte des ganzen Landes sind frei von jeder Bindung an Personen, Regionen oder Parteien, loyal gegenüber der Nation und schützen das Volk.

Auslegung Nr. 433 vom Verfassungsgericht Taiwans (Judicial Yuan) als Staatstreue interpretiert.[577]

Eine Änderung der Treuepflicht findet sich in der Auslegung Nr. 618 des Verfassungsgerichts Taiwans (Judicial Yuan). Diese Auslegung bezieht sich auf die Verfassungsgerichtsbarkeit von § 21 I Gesetz über die Beziehung zwischen dem Volk in Taiwan und dem Volk auf Festlandchina, der das Recht der nach Taiwan eingewanderten Festlandchinesen mit taiwanischer Staatsbürgerschaft, das Recht, öffentliche Ämter zu bekleiden, extrem einschränkt.[578] Die betreffenden Personen können sich erst zehn Jahre nach der jeweiligen Migration einer Prüfung für eine Beamtenstelle unterziehen.

Zur Rechtfertigung dieser 10-Jahres-Frist hat das Verfassungsgericht Taiwans (Judicial Yuan) zuerst die Beziehung zwischen Taiwan und Festlandchina dahingehend erläutert, dass es sich um eine Beziehung im Status quo zweier getrennter und antagonistischer Einheiten handle und dass wesentliche Unterschiede zwischen den politischen, gesellschaftlichen sowie wirtschaftlichen Systemen existieren. Um die Sicherheit, das Wohlergehen und die freiheitlich-demokratische Verfassungsordnung Taiwans zu schützen, benötige das Volk aus Festlandchina eine lange Anpassungszeit, um ein Verständnis für die freiheitlich-demokratische Verfassungsstruktur zu entwickeln.[579] Aus diesem Grund ist das betreffende

---

577 J. Y. Interpretation No. 433 (Date 1997/7/25):
„The State owes civil servants the duty to ensure their livelihood and to protect their rights by way of paying salaries, retirement pensions, etc.; on the other hand, civil servants owe the State the duties of loyalty and performing civil service."

578 § 21 I Act Governing Relations between the People of the Taiwan Area and the Mainland Area:
Except otherwise provided for in any other law, any of the people of the Mainland Area permitted to enter into the Taiwan Area may not register itself as candidate for any public office, serve in the government, educational institutions or state enterprises, or organize any political party unless it has had a household registration in the Taiwan Area for at least ten years; unless it has had a household registration in the Taiwan Area for at least twenty years, it may not serve in the intelligence agencies or institutions, or serve in the national defense agencies or institutions as any of following personnel:1. Recruited military officers, sergeants and soldiers. 2. Drafted military officers and sergeants. 3. Civilian, educational and military contracted personnel.

579 J. Y. Interpretation No. 618 (Date 2006/11/03):
"[...] once appointed and employed by the State, shall be entrusted with official duties by the State under public law and owe a duty of loyalty to the State, that the public functionary shall not only obey the laws and orders but also take every action and adopt every policy possible that he or she considers is in the best interests of the State by keeping in mind the overall interests of the State since the exercise of his or

Gesetz verfassungsmäßig. Die Verfassungstreue ist in dieser Auslegung mit der freiheitlich-demokratischen Verfassungsordnung Taiwans verbunden.

b) *Einfluss auf die Ämterbesetzung*

Obwohl in Taiwan ein besonderes Beamtengesetz zur Regelung eines neutralen Berufsbeamtentums besteht, beeinflussen die politischen Parteien die Ämterbesetzung erheblich auf dem Weg der Personalpolitik und Ämterpatronage. Der Einfluss wird in der Armee, Polizei, Staatsanwaltschaft und in öffentlichen Unternehmen (Banken, Erdölindustrie, öffentlicher Verkehr etc.) relativ deutlich, weil die Regierungspartei die Berufung der Führungspositionen mittelbar oder unmittelbar zu prägen vermag.

c) *Politische Beamte*

Zwar gilt das Beamtengesetz allein für Berufsbeamte und kennt bzw. berücksichtigt keine politischen Beamten, faktisch jedoch existieren politische Beamte durchaus. Sie finden sich unter Mitarbeitern, Sekretären, Beratern der Ministerien oder treten auch in Form von Präsidenten der Regierung auf. Obwohl die Parteizugehörigkeit niemals eine rechtliche Voraussetzung zur Besetzung eines Amtes sein kann, werden politische Ämter mit Mitgliedern der Regierungspartei besetzt oder mit Personen, deren politische Standpunkte ihr nahestehen. Daher enden die Amtszeiten in solchen Fällen meistens im Zuge eines Regierungsparteiwechsels. Die Amtszeiten der politischen Beamten können nicht durch ein Gesetz bestimmt werden, sondern durch einen jährlichen Arbeitsvertrag.

---

her official duties will involve the public authorities of the State; and, further, that the security of the Taiwan Area, the welfare of the people of Taiwan, as well as the constitutional structure of a free democracy, must be ensured and preserved in light of the status quo of two separate and antagonistic entities which are on opposite sides of the strait and significant differences in essence between the two sides in respect of the political, economic and social systems. Given the fact that a person who came from the Mainland Area but has had a household registration in the Taiwan Area for less than ten years may not be as familiar with the constitutional structure of a free democracy as the Taiwanese people, it is not unreasonable to give discriminatory treatment to such a person and not to the Taiwanese people of the Taiwan Area with respect to the qualifications to serve as a governmental employee, which is not in conflict with the principle of equality as embodied in Article 7 of the Constitution, nor contrary to the intent of Article 10 of the Amendments to the Constitution."

V. Die Finanzen der politischen Parteien

1. *Die Parteienfinanzierung*

Seit Inkrafttreten des Parteiengesetzes im Jahr 2017 sind die Bestimmung der Parteienfinanzierungsquelle, die Pflicht zur öffentlichen Rechenschaftslegung, das Verbot unternehmerischer Tätigkeit der Parteien und Strafvorschriften in den §§ 19–24 PartG-Taiwan geregelt. Eine rechtliche Bestimmung zur Einordnung der Parteienfinanzierungsquellen ist in § 19 PartG-Taiwan[580] enthalten. Gemäß § 19 PartG-Taiwan liegt die Einschränkung vor, dass nur Mitgliedsgebühren, politische Spenden, Sponsorings der Wahlkampfkosten, staatliche Mittel und daraus erzielte Gewinne zu den erlaubten Parteienfinanzierungsquellen zählen.

a) Staatliche Parteienfinanzierung

Die unmittelbare staatliche Parteienfinanzierung wirdn § 22 I und II PartG-Taiwan geregelt.[581] Während in Bezug auf die Sitzverteilung die Fünf-Prozent-Sperrklausel gilt, ist eine Mindestanzahl von 3% der Stimmen der Parlamentswahl

---

580 § 19 PartG-Taiwan: The sources of funding and income for political parties shall be as follows:
1. Political party membership dues
2. Political donations accepted in compliance with relevant laws and regulations
3. Political party subsidies
4. Sales from publications and promotional materials created by political parties to publicize their philosophies or engage in promotional activities as well as income generated from the granting or conceding of rights
5. Other income collected in compliance with this Act
6. Interest generated from funds or income described in the preceding five paragraphs.

581 § 22 PartG-Taiwan:
(1) The competent authority shall allocate a part of its annual budget to subsidize political parties that have attained at least three percent (3%) of the votes in the latest national legislative elections for legislators-at-large and legislators residing overseas.
(2) The subsidy described in the preceding paragraph shall be based on the number of votes attained by the political parties at the most recent national legislative elections for legislators-at-large and legislators residing overseas, where an annual subsidy of NT$50 is offered for every vote attained. The amount of the subsidy granted in any fiscal year shall be calculated by the competent authority, and the subsidy shall be collected by the political party within two months (political parties shall be required to produce a receipt upon collecting the subsidy); the subsidy shall be granted till the tenure of the current session of the members of the Legislative Yuan expires.

ausreichend, um einer Partei den jährlichen Erhalt staatlicher Mittel zu gewähren. Bemerkenswert ist, dass die Wahlkampfkosten der Kandidaten nach § 43 I Wahlrecht Taiwans vom Staat zusätzlich subventioniert werden. Neben der jeweiligen Partei erhält auch die jeweilige kandidierende Person finanzielle Mittel vom Staat.[582] Die staatliche Parteienfinanzierung und die staatliche Finanzierung der Kandidaten erfolgen separat.

In Bezug auf den Rundfunk steht jeder angemeldeten Partei nach § 48 Wahlrecht Taiwans eine bestimmte kostenlose Werbezeit zu.[583] Die Frequenz, die Zeitdauer und die für die Werbung verwendete Verfahrensweise werden von der Zentralen Wahlkommission flexibel vorgeschrieben. Darüber hinaus halten die von der Zentralen Wahlkommission zugelassenen Kandidaten nach § 46 I Wahlgesetz Taiwans während der Wahlkampfdauer mindestens eine politische Präsentation.[584]

582 § 43 I Wahlrecht Taiwans: Except for the national integrated election and the overseas election of central civil servants, if there is only one electee and the vote gained by the electee reaches not less than 1/3 of the vote for being elected in the electoral district, or if there are two or more electees and one of them gains a vote of not less than 1/2 of the vote for being elected, the campaign expenses paid by the electee shall be subsidized by a rate of NT$30 per vote. However, the maximum subsidy may not exceed the maximum campaign fund of the candidates in this electoral district.

583 § 48 Wahlrecht Taiwans: For the national integrated election and the overseas election of central civil servants, the Central Election Commission shall offer the political parties registered the expenditures at the public expenses for campaign activities through the national wireless television channels, the time of which may not be less than an hour per time and the TV station designated may not refuse such request; the measures for the matters regarding the frequency, time and procedure of the propaganda shall be prescribed by the Central Election Commission

584 § 46 I Wahlrecht Taiwan: Except for the national integrated election and the overseas election of central civil servants, the election commission shall hold a politics presentation at public expenses during the period of campaign for the election of civil servants, and the candidates shall attend the meeting to present their politics. However, the meeting may be exempted with the consent of all the candidates in the electoral district, and it may be held or exempted for the election of representatives of township (city) congresses, the representatives of Indigenous district congress and the chief of villages (boroughs) depending on the actual circumstance. The politics presentation referred to in the preceding Paragraph may be held through TV or other public media.

b) Weitere Finanzierungsmöglichkeiten

Die Mitgliedsbeiträge der Parteien sind unter dem Aspekt des Jahresabschlusses irrelevant. 2015 machten die regulären Mitgliedsbeiträge der DPP 5,04% des Jahreseinkommens aus, bei der KMT waren es sogar lediglich 2,92%. Bemerkenswert ist, dass nach § 1 der Finanzordnung der DPP die Abgeordneten auf der DPP-Parteiliste besondere und höhere Mitgliedsbeiträge zahlen müssen. Dabei wird die Beitragshöhe von der Executive Kommission der DPP bestimmt. 2015 machten diese Mitgliedsbeiträge 23,42% der Jahreseinnahmen der DPP aus.

Außer den Mitgliedsbeiträgen werden die Spenden als bedeutsame Parteifinanzierungsmöglichkeit seit 2004 durch das Gesetz über politische Spenden geregelt.[585] Nach § 2 Gesetz über politische Spenden unterliegen politische Spenden einer weiten Definition.[586] Die gesetzlichen Regelungen können hinsichtlich der Geber geltende Begrenzungen (§§ 7–8), spezielle und nur für politische Spenden bestimmte Konten (§ 10), die Rechnungspflicht (§ 11), den Maximalbetrag für anonyme Spenden (§14), den Maximalbetrag für Spenden von Bürgern, Vereinen und Unternehmen (§ 17), steuerrechtliche Begünstigungen (§ 19), Finanzberichtspflichten (§§ 20–23), die Zweckbeschränkung des Restgeldes (§ 24) sowie strafrechtliche Sanktionen (§ 25–32) umfassen.

c) Offenlegung der Finanzlage der Parteien

Vor Inkrafttreten des Parteiengesetzes im Jahr 2017 bestand keine gesetzliche Regelung zur Offenlegung der Finanzlage der Parteien in Taiwan. Stattdessen wurde diese Offenlegung seit 2006 in einer vom Ministerium des Innern erlassenen Verordnung vorgesehen. Die Bestimmung dieser Offenlegung wurde in Form der „Anleitung durch die Verwaltung" beschlossen, daher bestand keine Sanktion. Nach dieser Verordnung wurde in dem Fall, wenn die Partei keinen Finanzbericht zur eigenen Finanzlage angemeldet hatte, der Name der Partei vom Ministerium des Innern im Internet veröffentlicht. Seit Inkrafttreten des Parteiengesetzes im Jahr 2017 ist die Offenlegung der Finanzlage der Parteien in §21 I und II PartG-Taiwan geregelt.[587]

---

585 Ying-Chu Wu, Die Parteienfinanzierung in Taiwan und in Deutschland, 2012, S. 118 ff.

586 § 2 I 1Gesetz über politische Spenden (Political Donations Act): Political donation: refers to the movables or immovables, payment of unequivalent quid pro quo, exemption of debts or other economic benefits provided to the individuals or associations engaged in campaign or other politics-related activities. However, it does not include political party membership dues, association membership dues or volunteer services.

587 §21 PartG-Taiwan:

d) *Kontrollmöglichkeit*

Nach Inkrafttreten des Gesetzes über die Behandlung des unrechtmäßig erworbenen Vermögens der Parteien und Massenorganisationen (PartG-KMT) von 2016 und des Parteiengesetzes (PartG-Taiwan) von 2017 wurden die Unabhängige Kommission zur Überprüfung des Vermögens der Parteien und Massenorganisationen (UKPV-Taiwan) und das Ministerium des Innern als maßgebliche Kontrollinstanzen des Finanzgebarens der Parteien eingerichtet.[588] Hat eine Partei ihre Finanzlage nicht den Vorschriften dieses Gesetzes entsprechend im Rechenschaftsbericht veröffentlicht, wird nach § 40 I PartG-Taiwan mit Geldstrafe bestraft.[589]

2. *Besonderheiten*

Die Betrachtung des Finanzberichts der KMT offenbart einen weiteren Problemkreis der Parteienfinanzierung, nämlich die Existenz einer Finanzierungsquelle der KMT aus dem Trustgewinn, die aus den unbestimmten Vermögen zwischen der autoritären Ein-Parteien-Herrschaft der KMT und der reformierten KMT stammt. 2015 lagen die Trustgewinne der KMT bei 76,52 % des Jahreseinkommens. Dabei ist der Betrag aus diesen Trustgewinnen doppelt so hoch wie das Jahreseinkommen der DPP.

In den wissenschaftlichen Diskussionen wird zur Lösung des in Bezug auf das unrechtmäßige Parteivermögen der KMT bestehende Problem auf das deutsche Rechtsinstitut der Unabhängigen Kommission zur Überprüfung des Vermögens

---

(I) Political parties should submit their annual property and financial statements to the competent authority before May 31 each year.
(II) The annual property and financial statements shall contain the following documents:
1. Final accounts
2. A Profit and Loss account
3. A balance sheet
4. An inventory of property.

588 Ren-Jyun Huang, Die Unabhängige Kommission zur Überprüfung des Vermögens der Parteien und Massenorganisationen in Taiwan, Mitteilungen des Instituts für Deutsches und Internationales Parteienrecht und Parteienforschung (MIP), Heft 24, April 2018, S. 40 ff.

589 §40 I PartG-Taiwan: The competent authority shall notify political parties in violation of Article 21, Paragraphs 1 and 3 (i.e., failure to file a declaration or failure to file a declaration in compliance with relevant laws and regulations) to file a declaration or make revisions within a prescribed time period. Political parties that still fail to file a declaration shall be punished with a fine of not less than NT$1,000,000 but not more than NT$5,000,000.

der Parteien und Massenorganisationen der DDR (UKPV) und die materiell-rechtsstaatlichen Grundsätze nach der deutschen Wiedervereinigung verwiesen.[590]

Diese rechtlichen Rahmenbedingungen wurden im Jahr 2016 im taiwanischen Gesetz hinsichtlich des unrechtmäßigen Vermögens der Parteien und Massenorganisationen rezipiert. Das Gesetz über Vermögen der Parteien und Massenorganisationen (PartG-KMT) bezweckt einen fairen Parteienwettbewerb, die Verbesserung der Demokratie und die Transitional Justice (§ 1). Darüber hinaus regelt das Gesetz die Aufgaben, Befugnisse und Maßnahmen der UKPV-Taiwan (§ 2, § 6, §§ 8–17), die materiell-rechtsstaatlichen Grundsätze (§ 4), den Stichtag (§ 5), die Finanzierungsquelle mit Beschränkung auf die Mitgliedsgebühren, politische Spenden, Sponsorings der Wahlkampfkosten, staatliche Mittel und daraus erzielte Gewinne (§ 5), die hinsichtlich des Parteivermögens geltende Meldepflicht (§ 8), die Organisation der UKPV-Taiwan (§§ 18–22), die halbjährliche Berichtspflicht der UKPV-Taiwan zu Lasten des unrechtmäßig erworbenen Parteienvermögens (§§ 23–24), Sanktionen (§§ 26–28) sowie das Zwangsvollstreckungsverfahren (§§ 30–32). Mit dieser Gesetzgebung eröffnet sich ein neues Kapitel für die Kontrollinstanz der Parteienfinanzierung.

Aber nach Inkrafttreten des PartG-KMT berief sich die KMT auf die Verfassungswidrigkeit des PartG-KMT und begründete dies vor allem mit einem darin zu sehenden Verstoß gegen das Verbot des Einzelfallgesetzes, der Verletzung der Eigentumsrechte, der parteilichen Abhängigkeit der UKPV und der Unbestimmtheit der materiell-rechtsstaatlichen Grundsätze und sie erhob den

---

590 Shin-Hsin Huang, Party's Property, Party's Enterprises and the Poblems of Taiwan's Party Financing: With the German's Experiences, Socioeconomic Law and Institution Review 17, 1995, S. 175 ff.; In-Chin Chen, Die Rekonstruktion der rechtlichen Rahmenbedingungen für einen fairen Parteienwettbewerb – ungerechtes Parteivermögen und Parteienunternehmen (重建政黨公平競爭的基礎：從法制層面談政黨不當財產與黨營事業之處理), in: Taiwan Law Society (Hrsg.), Die Verfassungslage des 21. Jahrhunderts (廿一世紀憲政風雲), 2004, S. 35 ff.; C. Starck, Die Behandlung des Vermögens der Parteien und Massenorganisationen der ehemaligen DDR, in: Staatswissenschaften und Staatspraxis, 1991, S. 316 ff.; Hans-Jürgen Papier, Das Parteivermögen in der ehemaligen DDR – Aktuelle Rechtsfragen der Feststellung, Sicherung und Verwendung, 1992, S. 17 ff.; H. H. Arnim, Wem steht das Vermögen der DDR-Parteien zu?, 1993, S. 24 ff.; G. Toussaint, DDR-Parteivermögen und die Treuhandanstalt: Aktuelle Rechtsprobleme bei der treuhändischen Verwaltung, 1993, S. 5 ff., 20 ff.; S. Berger, Die treuhänderische Verwaltung des Vermögens der Parteien und Massenorganisationen der DDR, 1988, S. 42 ff.; B. Koelges, Der Demokratische Frauenbund: Von der DDR-Massenorganisation zum modernen politischen Frauenverband, 2001, S. 106 ff.

Einwand der Verjährung. Über die Fragen, ob das PartG-KMT Verfassungswidrig ist, hat das Verfassungsgericht Taiwan (Judicial Yuan) bis heute noch nicht entschieden. Eine in naher Zukunft unparteiliche Beantwortung der parteirechtlichen Fragen wird hoffnungsvoll und mit großem Interesse erwartet.

VI. Die Prägung der Verfassungsorgane durch die Institutionalisierung der politischen Parteien

1. Parteienrechtswandel in der Demokratisierung Taiwans

Im Übergang vom autoritären Einparteiensystem hin zum demokratischen Parteienwettbewerb befand sich das Parteienrecht im stetigen Wandel, der durch den Waffenstillstand im Chinesischen Bürgerkrieg, die Auflösung des Belagerungszustandes, die Betonung der staatlichen Identität und die Transitional Justice sowie weitere Themen bestimmt wurde. Während das deutsche Parteienrecht sich nach den Frankfurter Dokumenten mit dem thematisierten Parteienartikel des Grundgesetzes der BRD sowie der demokratisch orientierten Parteienrechtslehre fortentwickelt hat, befindet sich die Entwicklung des taiwanischen Parteienrechts im gegenseitigen Einfluss mit fundamentalen politischen Fragen, die sich z. B. mit den unterschiedlichen historischen Erfahrungen, der Polarisierung der staatlichen Identität und den unterschiedlichen Bewertungen der Transitional Justice befassen.

Das rezipierte Parteienrecht tritt in Taiwan bislang nicht als Leitbild des Parteienwesens im Sinne der wehrhaften Demokratie, der parteienstaatlichen Demokratie oder der Konkurrenzdemokratie in Erscheinung; vielmehr wird es mit der Parteienrechtslehre als Instrument für den parteipolitischen Kampf oder für parteipolitische Strategien benutzt.

2. Repräsentative Demokratie, bürgerschaftliches Engagement und Populismus

In Form der 24 Tage andauernden Besetzung des Parlamentsgebäudes durch Studenten und Akademiker protestierte die Sonnenblumen-Bewegung 2014 wegen der fehlenden Transparenz der Verhandlungen mit China sowie des unrechtmäßigen Verfahrens seitens des Verwaltungsausschusses des Parlaments gegen das Dienstleistungsabkommen zwischen der VR China und Taiwan

Die Legitimität dieses Protestes wurde zum Gegenstand der Debatte verschiedener parteilicher Standpunkte in ihrer jeweiligen Reflexion über die repräsentative Demokratie, die Mitwirkung des bürgerschaftlichen Engagements und den extremen Populismus. Bemerkenswert ist, dass nach den Protesten die „Partei der neuen Kraft" als neue Partei gegründet wurde, um den bürgerschaftlichen Gruppen den Weg zu einer parlamentarischen Demokratie zu bahnen.

C. Die Reflexion des Parteienrechts

Der Blick auf die parteienrechtliche Rechtsvergleichung zwischen Deutschland und Taiwan erbringt den folgenden Befund: Das Vorliegen der gleichen parteienrechtlichen Bestimmungen (die Funktionsbegriffe, die Gründungsfreiheit, die innerparteiliche Demokratie, die Offenlegung der Parteienfinanzierung, die wehrhafte Demokratie und die rechtliche Behandlung der unrechtmäßig erworbenen Parteienvermögen) lässt nicht auf einheitlich regulative Inhalte schließen; vielmehr befinden sich diese Bestimmungen nach dem Willen des Gesetzgebers und der juristischen Entscheidung im Wandel. Daher besteht die Möglichkeit, dass eine parteienrechtliche Bestimmung entworfen und manipuliert wird: Einerseits wird sie als ein Instrument der Regierungspartei zur Konsolidierung ihrer Dominanzstruktur sowie staatlichen Identität und zur Beschränkung eines effektiven Parteienwettbewerbs im undemokratischen Staat verwendet. Andererseits bezweckt sie im demokratischen Staat eine absolute Wertordnung, die sowohl die freiheitliche demokratische Verfassungsordnung als auch die Vergangenheitsbewältigung (Transitional Justice) argumentiert. Anhand der aus Taiwans Demokratisierung gezogenen Erfahrungen lässt sich der zweiseitige Charakter des pragmatischen Parteienrechts erkennen.

Bei der Rechtspolitik besteht ein steuerungsorientierter Ansatz im Parteienrecht. Die deutsche wehrhafte Demokratie und das Parteiverbot sowie die rechtliche Aufarbeitung des DDR-Parteivermögens werden im taiwanischen Parteienrecht rezipiert. Der mit der Rezeption verfolgte Zweck ist jedoch anders gestaltet. Hieraus erklärt sich, mit welchem Ziel die deutsche verfassungsrechtliche Bändigung der politischen Parteien als vorbildlich empfundene Rechtsinstitution von Taiwan übernommen wurde.

Begründet wurde die Rezeption der wehrhaften Demokratie und des Parteiverbots damit, dass die KMT-Regierung sich die Aufspaltung des nationalen Territoriums, das Verbot des Separatismus und der Unabhängigkeitsbewegung Taiwans zum Ziel gesetzt hat. Anhand dieser Rezeption wollte die KMT-Regierung die nationalistische Identität der Republik China konsolidieren und die Unabhängigkeitsbewegung Taiwans eliminieren.

Nachdem die KMT die Präsidentschaftswahl und erstmals auch die Parlamentsmehrheit an die Demokratische Fortschrittspartei (DPP) verloren hatte, wurde das „Gesetz über die Behandlung des unrechtmäßig erworbenen Vermögens der Parteien und Massenorganisationen (PartG-KMT)“ am 25. Juli 2016 von der DPP-Regierung erlassen. Die Rezeption der rechtlichen Aufarbeitung des DDR-Parteivermögens und des deutschen Parteiengesetzes bezweckt die Vergangenheitsbewältigung (Transitional Justice), indem da DPP-Regierung das Vermögen der autoritären Ein-Parteien-Herrschaft der KMT und der reformierten KMT überprüft.

Weder in Bezug auf die eine noch auf die andere Rezeption handelt es sich um eine bestimmte Vorschrift. Beide dienen der Rechtspolitik im Sinne einer abstrakt staatlichen Identität oder der rechtlichen Aufarbeitung der Vergangenheitsbewältigung. Vor diesem Hintergrund wird die Funktion des Parteienrechts in besonderer Weise historisch geprägt und politisiert. Gleichsinnig wirkt auch das Parteienrecht als Ausdrucksform eines parteipolitischen Kampfes in der Demokratisierung, wenn das Parteienrecht im Sinne der Vergangenheitsbewältigung positioniert wird. In diesem Kontext wurden das rechtspolitische Motiv und die praktische Verwendung des deutschen Parteienrechts als vorbildlich empfundene Rechtsinstitutionen von Taiwan übernommen.

Die zweite Frage, die darin besteht, mit welcher Rechtsform und auf welche Weise Taiwan das deutsche Parteienrecht rezipiert hat, lässt sich anhand der Betrachtung folgender Regelungen beantworten: der Funktionsbegriff der Parteien in § 3 PartG-Taiwan, die Gründungsfreiheit der Parteien in der Auslegung Nr. 644 vom Verfassungsgericht Taiwans, die innerparteiliche Demokratie in § 5 PartG-Taiwan, die Offenlegung der Parteienfinanzierung im § 21 PartG-Taiwan und die wehrhafte Demokratie im Zusatzartikel 5 Abs. 5 Verf. Auch der Sicherungs- und Restitutionszweck der §§ 20a und 20b PartG-DDR zur Lösung des unrechtmäßigen Parteivermögens findet sich im PartG-KMT wieder. Der Rechtsvergleich als pragmatische Rechtsmethode kann in dieser den gleichen Zweck verfolgenden Rechtsstruktur Deutschlands und Taiwans entwickelt werden.

Angesichts dieser Rezeption gewinnt die Rolle der deutschen systematischen Rechtsdogmatik zum Parteienrecht an besonderer Bedeutung. Diese Rechtsdogmatik kann dem Zweck der Demokratisierung dienen, indem die taiwanischen getrennten Rechtsinstitutionen der politischen Parteien anhand der deutschen kohärenten Parteienrechtslehren systematisch und theoretisch interpretiert und die Verfassungswidrigkeit undemokratischer Parteienwettbewerbsbeschränkungen aus Grundsätzen der demokratischen Verfassungsordnung vom Verfassungsgericht abgeleitet werden. So entwickelte sich z.B. das taiwanische Partei- und Vereinsverbot auf Basis der deutschen Parteienprivilegstheorie in der Entscheidung des Verfassungsgerichts, damit das Wesen der wehrhaften

Demokratie systematisch interpretiert wird. Auf diesem Gebiet kann das praktische Parteienrecht durch demokratische und dogmatische Begriffserklärung vom Verfassungsgericht theoretisch gesteuert werden.

Heutzutage ist zwar noch umstritten, ob die Rezeption der deutschen rechtlichen Grundlagen politischer Parteien in Taiwan erfolgreich war. Da die rezipierten Bestimmungen der politischen Parteien jedoch nicht zu einer kohärenten Interpretation des Parteienrechtssystems geführt haben und kein Leitbild der Parteiendemokratie enthalten, kann dieser Rezeption allein das praktische Parteienrecht im Sinne des zwischen DPP und KMT geführten Parteienkampfes zugesprochen werden. Wenn das „praktische" Parteienrecht sich auf der Basis des „theoretische[n]" Parteienrechts entwickelt, so nähert sich die Argumentation in der taiwanischen parteienrechtsrelevanten Judikatur unvermeidlich der deutschen Parteienrechtswissenschaft an. In diesem Sinn könnte sich die deutsche Parteienrechtswissenschaft positiv auf die taiwanische Parteienrechtstheorie und das taiwanische Parteienrechtssystem auswirken. Das taiwanische Parteienrecht wird sich in diesem Rezeptionswandel vom praktischen Parteienrecht zum theoretischen Parteienrecht weiter fortentwickeln.

Schlussteil: Zusammenfassung und Ausblick

„An einer systematischen Ausgestaltung aller Kontrollinstitutionen hängt in hohem Maße das Schicksal der modernen Demokratie. Demokratie ohne Kontrolle ist auf Dauer unmöglich. Denn das Fallenlassen jener Selbstbeschränkung, die das Prinzip der Legalität darstellt, bedeutet die Selbstauflösung der Demokratie."

Hans Kelsen, Vom Wesen und Wert der Demokratie,

2. Aufl., 1929, S. 76.

Im Folgenden sind die wesentlichen Ergebnisse der Untersuchung zusammengefasst und es wird ein kurzer Ausblick gegeben.

1. Aller Parteienrechtslehre zur Gewährleistung der Parteienfunktion bzw. Parteikontrolle ist zuzugestehen, dass sie einzelne Probleme des Parteienwesens, die sich bei Missbrauch der Parteienmacht oder bei beherrschender Stellung einer Partei innerhalb des demokratischen Markts stellen, praktisch oder theoretisch in rationaler Weise lösen kann.
2. Während die Verfassungslehre über das Phänomen des Parteienstaats im Sinne des Parlamentarismus der Weimarer Zeit debattierte, werden diese parteienrechtlichen Lösungsansätze seit dem Zweiten Weltkrieg anhand der thematisierten Struktur des Parteienartikels im Grundgesetz grundlegend bestimmt.
3. Die politische Idee der „Militant Democracy" von Karl Loewenstein wurde durch den Vorschlag Carlo Schmids in dem konstitutionellen Moment und den rechtsdogmatischen Kommentar Kurt Georg Wernickes im Begriff der verfassungswidrigen Parteien juristisch konzeptualisiert. Das Parteiverbot als eine legislative Maßnahme der streitbaren Demokratie wurde demnach vom Bundesverfassungsgericht im SRP- und KPD-Verbot konkretisiert. Die für Vereine und Parteien verschiedenen Verbotsgrundlagen werden durch das Parteienprivileg des Grundgesetzes und den Begriff der „freiheitlichen demokratischen Grundordnung" rechtsdogmatisch theoretisiert.
4. In der Leibholz'schen Parteienstaatslehre kam ein Kompromissversuch hinsichtlich der Prinzipienkollision zwischen der repräsentativ-parlamentarischen Demokratie in Art. 38. Abs. 1 S. 2 GG und der parteienstaatlichen Massendemokratie in Art. 21 Abs. 1 GG S. 1 GG darin zum Ausdruck, dass

im Vergleich des Prinzips des repräsentativen Parlamentarismus das Prinzip des freien Mandats im Sinne des Art. 38 Abs. 1 S. 2 GG in den Vordergrund treten soll, wenn die Rede- und Abstimmungsfreiheit des eigenen Abgeordneten aufgrund Fraktionszwang und Parteidisziplin geopfert wird. Aus diesem Präferenzsatz folgten rechtliche Bedingungen zur Gewährleistung dieser Vorrangrelation, wie z.B. das Verbot des willkürlichen Parteiausschlusses durch tatbestandliche (§ 10 Abs. 4 PartG), parteiinterne, organisatorische (§ 10 Abs. 5 PartG) und verfahrensrechtliche Vorabstimmungen (§ 14 Abs. 4 PartG) sowie die Unabhängigkeit des Abgeordnetenstatus gegenüber der Partei (§ 46 Abs. 1 BWahlG).

5. Anhand der Verfassungsdogmatik des Parteienartikels werden der Funktionsbegriff der Parteien, die Freiheit der Parteien, die innerparteiliche Demokratie, die Offenlegung der Parteienfinanzierung, das privilegierte Parteiverbot und die Gesetzgebung des Parteiengesetzes in Form der verfassungsrechtlichen Statuslehre politischer Parteien von Konrad Hesse systematisch und dogmatisch interpretiert. Die systematische Entfaltung erfordert es, den Ausgangspunkt des Parteienwettbewerbes in der Konkurrenzdemokratie streng am Aussagegehalt und an der Systematik des Art. 21 GG zu orientieren.
6. Die traditionelle Verfassungsrechtsdogmatik des thematisierten Parteienartikels führt zur rechtlichen Grundlage politischer Parteien, wobei die demokratischen Vorgaben des deutschen Parteienrechts in der streitbaren Demokratie, der parteienstaatlichen Demokratie und der Konkurrenzdemokratie bestehen.
7. Im Rahmen der streitbaren Demokratie hat das Bundesverfassungsgericht im Soldatenbeschluss, im Abhörurteil sowie im Radikalenbeschluss die freiheitliche demokratische Grundordnung als eine wertgebundene Ordnung bezeichnet. Diese inhaltliche Neubestimmung der streitbaren Demokratie wurde auf der Tagung der VDStRL im Jahr 1978 unter dem Titel Verfassungstreue und Schutz der Verfassung von Erhard Denninger und Hans Hugo Klein leidenschaftlich debattiert.
8. Die parteienstaatliche Demokratie wurde im Referat „Parteienstaatlichkeit – Krisensymptome des demokratischen Verfassungsstaats?“ auf der Freiburger Staatsrechtslehrertagung 1985 von Michael Stolleis erneut erörtert. Die Theoretisierung einer neuen grundlegenden Parteienstaatslehre wird durch eine pragmatische Abwägung im Rahmen der Rechtspolitik ersetzt. Denn eine vollkommene Dialektik zwischen parteienstaatlichen Realitäten und Normen könnte nur am jeweiligen Fall individuell angepasst und von temporärer Dauer sein.

9. Der Ansatz des Parteienwettbewerbs in der Konkurrenzdemokratie wurde auf der Tagung der VDStRL im Jahr 2009 unter dem Titel „Demokratie als Wettbewerbsordnung" von Arnim Hatje und Markus Kotzur in ihrer Diskussion erneut aufgegriffen. Die Analogie zwischen Wettbewerbs- und Parteienrecht und das Leitbild des Parteienwettbewerbes in der verfassungsrechtlichen Judikatur sind daher für jede konkrete Situation gesondert zu bestimmen, was insbesondere auch eine thematische Parteienrechtsdogmatik mit einschließt.
10. Die Betrachtung des Dialogs zum Parteienrecht zwischen der VDStRL und dem BVerfG ergibt, dass das Parteienrecht präventiven, an den jeweiligen Fall angepassten und pragmatischen Charakter besitzt. Jeder der erörterten Ansätze des Parteienrechts könnte wiederum eine Reihe neuer Problematiken im demokratischen Leben aufwerfen, daher findet das „Versteckspiel" des Staatsrechts mit den Parteien kein Ende.
11. Zur Beantwortung der Frage, was die verfassungsgeschichtliche Parteienrechtslehre des Vier-Phasen-Schemas, die geistesgeschichtlich-phänomenologische Parteienrechtslehre der Parteienstaatslehre, die systematisch-dogmatische Parteienrechtslehre der verfassungsrechtlichen Stellung der politischen Parteien, die rechtspolitischen Vorschläge der Parteienrechtslehre, die wettbewerbsrechtsorientierte Parteienrechtslehre, die demokratisch leitbildorientierte Verfassungsanwendung und die von Maximen gesteuerte Parteienrechtslehre gemeinsam vermitteln, lässt sich auf die pragmatische Tendenz der Parteienrechtslehre verweisen.
12. In der Entwicklung der Parteienrechtslehre trifft die pragmatische Interpretation zur vernunftrechtlichen Rechtfertigung im Einzelfall zu. Auf dem Weg der Rechtsdogmatik hat Morlok „die Maximen der Parteienrechtsdogmatik" vorgeschlagen, wobei Präferenz- und Abwägungsentscheidungen zugunsten einer bestimmten Handhabung oder Auslegungsanweisung des Parteienrechts beinhaltet sind. Auf dem Weg der Rechtsgewinnung wird die Parteienrechtslehre als ein vernünftiger Rechtfertigungsgrund in einer offenen Argumentationsstruktur zur juristischen Entscheidung betrachtet. Die beiden im Spiegel der Neuen Verwaltungsrechtswissenschaft vorgeschlagenen Wege sind Pragmatismus und Eklektizismus. In der juristischen Argumentation werden beide Wege unvermeidlich mit der steuerungswissenschaftlichen Perspektive, dem differenziert-integrativen Ansatz und der praktischen Relevanz der Rechtsvergleichung konfrontiert.
13. Das Bundesverfassungsgericht bewirkt durch eine modifizierende leitbildorientierte Verfassungsanwendung eine Uneindeutigkeit in der

Folgenabwägung. Während das Bundesverfassungsgericht das Verständnis der Demokratie, die empirische Folgenprognose und die normativen inhaltlichen Impulse anhand der leitbildorientierten Verfassungsanwendung in der parteienrechtsrelevanten Entscheidung strategisch arrangiert und interpretiert, steht *ein steuerungsorientierter Ansatz* für die interdisziplinäre Parteienrechtswissenschaft.

14. Zum methodologischen Verständnis der juristischen Argumentation im Parteienrecht bieten sich zunächst die Erläuterungen zum bundesverfassungsgerichtlichen Kontrollzugriff an.
    a) Die juristische Argumentation sollte nach den demokratischen Vorgaben des Parteienrechts im Sinne der streitbaren Demokratie, repräsentativen Demokratie und Konkurrenzdemokratie thematisch getrennt werden, damit die Rechtsdogmatik im Sinne der Rechtsautonomie in einem bestimmten demokratischen Verfahren formell konstruiert und der kohärente Zusammenhang zwischen dem Zweck des Parteienrechts und dem demokratischen Verfahren durch eine logisch stimmiges Systems von Begriffen und Prinzipien fortentwickelt werden kann.
    b) Während die vorliegenden Demokratietheorien im Einzelfall materiell und prinzipiell miteinander kollidieren, benötigt die juristische Argumentation die Rechtsgewinnung zur Interpretation des Parteienrechts, indem die empirische Parteienforschung sich an der Verbesserung des Demokratiemodells und einem beweisbaren Kausalverlauf orientiert. Auf diese Weise zeichnet die Parteienrechtslehre für die Korrektur der strukturellen Defizite des politischen Verfahrens verantwortlich, damit der Sachverhalt der Parteienstaatlichkeit oder eine empirische und beweisbare Parteienkritik zur Voraussetzung und Rechtfertigung der juristischen Argumentation wird.
    c) Die Divergenz der Demokratietheorien führt zwar zur steuerungswissenschaftlichen Überlegung des Parteienrechts und zum Ansatz des Rechtspragmatismus in der parteienrechtlichen Argumentation, doch vermag das Bundesverfassungsgericht auf dem rechtspragmatischen Weg den Zweck der Parteienkontrolle zu erfüllen und sich als ein Hüter des demokratischen Prozesses zu erweisen.
15. Aus rechtsvergleichender Perspektive lassen sich die in Taiwan rezipierte deutsche Parteiinstitution in Form zweier sich gegenüberstehender Ausprägungen darstellen: einerseits als ein Instrument der Regierungspartei zur Konsolidierung ihrer Dominanzstruktur und staatlichen Identität nach der Demokratisierung, andererseits als die freiheitliche demokratische Grundordnung des politischen Prozesses mit der Vergangenheitsbewältigung. Der

Widerspruch wurde vom taiwanischen Verfassungsgericht anhand juristischer Argumentation auf dem rechtsdogmatischen Weg abgeschwächt. Hiermit bedeutet die deutsche Rechtsdogmatik zum Parteienrecht nicht nur eine Rechtsmethode zu einem logisch stimmigen System von Begriffen und Prinzipien, sondern führt darüber hinaus die demokratische Wertordnung im Sinne des Rechts- und Parteienstaats mit sich.

16. Die demokratischen Vorgaben des deutschen Parteienrechts und der Ansatz des Paradigmenwechsels zeigen sich bereits in der taiwanischen Parteienrechtsinstitution und in den Interpretationen des taiwanischen Verfassungsgerichts. Auf dieser Grundlage könnte sich die deutsche Parteienrechtswissenschaft weiterhin positiv auf die taiwanische Parteienrechtstheorie und das taiwanische Parteienrechtssystem auswirken. Das taiwanische Parteienrecht wird in diesem Rezeptionswandel zwischen praktischem und theoretischem Parteienrecht weiterentwickelt.

Literaturverzeichnis

Achterberg, Norbert, Parlamentsrecht, Tübingen, Mohr, 1984.

Alexy, Robert, Theorie der Grundrechte, Baden-Baden, Nomos, 1985.

- Theorie der juristischen Argumentation: die Theorie des rationalen Diskurses als Theorie der juristischen Begründung, 3. Aufl., Frankfurt am Main, Suhrkamp, 1996.

Anschütz, Gerhard, Die Verfassung des Deutschen Reiches vom 11. August 1919: ein Kommentar für Wissenschaft und Praxis, 3. Bearbeitung, 10. Aufl., Berlin, Stilke, 1929.

Anthony, Downs, Ökonomische Theorie der Demokratie, Tübingen: J.C.B. Mohr, 1968.

Arzheimer, Kai, Politikverdrossenheit. Bedeutung, Verwendung und empirische Relevanz eines politikwissenschaftlichen Begriffs, Wiesbaden, Westdt.-Verl, 2002.

von Arnim, Hans Herbert, Die Partei, der Abgeordnete und das Geld, Mainz, v. Hase & Koehler, 1991.

- Demokratie ohne Volk: Plädoyer gegen Staatsversagen, Machtmissbrauch und Politikverdrossenheit, München, Knaur, 1993.
- Wem steht das Vermögen der DDR-Parteien zu?, Nomos, 1993.
- Fetter Bauch regiert nicht gern: die politische Klasse – selbstbezogen und abgehoben, München, Kindler, 1997.
- Politikfinanzierung, Wahlrecht und legislative Manipulation – Strenge Gerichtskontrolle bei Entscheidungen der Politik in eigener Sache, in: Ziemske/Langheid/ Wilms(Hrsg.), Staatsphilosophie und Rechtspolitik: Festschrift für Martin Kriele zum 65. Geburtstag, München, Beck, 1997, S. 627 ff.

von Arnim, Hans Herbert/Heiny, Regina/Ittner, Stefan, Politik zwischen Norm und Wirklichkeit: Systemmängel im deutschen Parteienstaat aus demokratietheoretischer Perspektive, FÖV 35, Discussion Papers, Speyer, 2006.

- Wahlgesetze: Entscheidungen des Parlaments in eigener Sache, JZ 2009, S. 813 ff.
- Grundfragen der Parteienfinanzierung, in: Ipsen, Jörn (Hrsg.) 40 Jahre Parteiengesetz, Göttingen: V & R Unipress, 2009, S. 35 ff.
- Volksparteien ohne Volk: das Versagen der Politik, München, Bertelsmann, 2009.

Bachof, Otto, Der Richter als Gesetzgeber?, in: Gernhuber, Joachim (Hrsg.),Tradition und Fortschritt im Recht: Festschrift gewidmet der Tübinger Juristenfakultät zu ihrem 500jährigen Bestehen 1977 von ihren gegenwärtigen Mitgliedern, Tübingen, Mohr, 1977, S. 177 ff.

Badura, Peter, Die Verfassung im Ganzen der Rechtsordnung und die Verfassungskonkretisierung durch Gesetz, in: Josef Isensee und Paul Kirchhof (Hrsg.), Handbuch des Staatsrechts der Bundesrepublik Deutschland, Band VII: Normativität und Schutz der Verfassung -Internationale Beziehungen, 3 Aufl., Heidelberg: Müller, 2009, S. 165–188.

– in: Dolzer/Vogel (Hrsg.), Bonner Kommentar zum Grundgesetz, V. 5, 2015, Art. 38.

Benda Ernst, Konrad Hesse: Bundesverfassungsrichter 1975–1987, in: JöR NF, Bd. 55, 2007, S. 509–51.

Berger, Sven, Die treuhänderische Verwaltung des Vermögens der Parteien und Massenorganisationen der DDR: gesetzgeberischer Auftrag und verwaltungspraktische Umsetzung, Frankfurt am Main, P. Lang,1998.

Bergsträsse, Ludwig/Mommsen, Wilhelm, Geschichte der politischen Parteien in Deutschland, 11. Aufl., München: Olzog, 1965.

Bericht der vom Bundesminister des Innern eingesetzten Parteienrechtskommission, Rechtliche Ordnung des Parteiwesens, Probleme eines Parteigesetzes, Frankfurt am Main, Metzner, 1957.

Bismarck, Otto von, Fürst Bismarck als Redner: vollständige Sammlung der parlamentarischen Reden Bismarcks seit dem Jahre 1847. Sachlich und chronologisch geordnet mit Einleitungen und Erläuterungen versehen, Bd. 2: Der Ministerpräsident v. Bismarck-Schönhausen 1862–1866, Berlin & Stuttgart: W. Spemann, 1885.

Braun, Johanna, Leitbilder im Recht, Tübingen, Mohr Siebeck, 2015.

Bulla, Eckart, Die Lehre von der streitbaren Demokratie, in: AöR 98 (1973), S. 340 ff.

von Beyme, Klaus, Zum Stand der Parteienforschung, in: Krüper/Merten/Poguntke (Hrsg.), Parteienwissenschaften, Baden-Baden, Nomos, 2015, S. 9–40.

– Politische Klasse, Parteienstaat und Korruption, in: von Arnim, Hans-Herbert (Hrsg.), Politische Klasse und Verfassung, Berlin, Duncker & Humblot, 2001, S. 37 ff.

– Der Begriff der politischen Klasse – Eine neue Dimension der Elitenforschung?, Politische Vierteljahresschrift, Vol. 33, No. 1 (März 1992), S. 4 ff.

– Die politische Klasse im Parteienstaat, Frankfurt am Main, Suhrkamp 1993.

von Bogdandy, Armin Grundprinzipien, in: von Bogdandy, Armin /Bast, Jürgen (Hrsg.), Europäisches Verfassungsrecht: theoretische und dogmatische Grundzüge, Dordrecht, Springer, 2. Aufl. 2009, S. 13–71.

Cahn, Ernst, Das Verhältniswahlsystem in den modernen Kulturstaaten. Eine staatsrechtlich-politische Abhandlung, Berlin, Häring, 1909.

Calker, Fritz van, Wesen und Sinn der politischen Parteien, Tübingen: Mohr, 1930.

Chen, Ching, Die politische Entwicklung und die Große Reform 1986–1991 der Republik China auf Taiwan: Diss., Universität München 1992.

Chen, In-Chin Chen, Die Rekonstruktion der rechtlichen Rahmenbedingungen für einen fairen Parteienwettbewerb – ungerechtes Parteivermögen und Parteienunternehmen, in: Taiwan Law Society (Hrsg.), Die Verfassungslage des 21. Jahrhunderts, S. 35 ff.

Chen, Lung-chu and Lasswell, Harold D., Formosa, China, and the United Nations: Formosa in the World Community, New York: St. Martin's Press, 1967.

Chen, Shih-meng and Chu, Chin-yi, Disintegrating the KMT-State Capitalism, Taipei, Taipei Society (in Chinese). 1991.

Chen, Tsi-Yang, Die immanenten materiellen Schranken der verfassungsändernden Gewalt in der Verfassung der Republik China (Taiwan) und in dem Grundgesetz für die Bundesrepublik Deutschland unter besonderer Berücksichtigung des Art. 79 III des Grundgesetzes,Bochum: Brockmeyer, 1993.

Chiu, Hungdah, China, the United States, and the question of Taiwan, in Chiu, Hungdah, ed, China and the question of Taiwan: documents and analysis, New York, Praeger, 1973.

Chou, Whei-Ming, Taiwan unter japanischer Herrschaft 1895–1945, Diss., Universität Bochum, 1989.

Deckert, Martina Renate, Folgenorientierung in der Rechtsanwendung, München, Beck, 1994.

Denninger, Erhard, Staatsrecht: Einführung in die Grundprobleme des Verfassungsrechts der Bundesrepublik Deutschland, Bd. 1: Die Leitbilder: Leerformeln? Lügen? Legitimationen?, Reinbek bei Hamburg, Rowohlt, 1973.

– Demokratieprinzip und Verfassung — eine Problemskizze in demokratischer Absicht, in: Dilcher/Hoffmann-Riem (Hrsg.), Sozialwissenschaften im Studium des Rechts, Bd. 2: Verfassungs- und Verwaltungsrecht, München, Beck, 1977, S. 33–46.

– Verfassungstreue und Schutz der Verfassung, VVDStRL 37 (1979), S. 7–51.

– Verfassungsrechtliche Schlüsselbegriffe, in: Broda/Rudolf, Festschrift für Rudolf Wassermann zum sechzigsten Geburtstag, Neuwied, Luchterhand, 1985, S. 279 ff.

– Die Herrschaftsordnung der parlamentarischen Demokratie. Die rechtsstaatliche Demokratie zwischen Staatsverwaltung, Parteien und Verbänden, in: Randelzhofer/Süß (Hrsg.), Konsens und Konflikt. 35 Jahre Grundgesetz, Berlin: de Gruyter, 1986 S. 200–213.

Denninger, Erhard (Hrsg.), Freiheitliche demokratische Grundordnung – Materialien zum Staatsverständnis und zur Verfassungswirklichkeit in der Bundesrepublik, Erste Teil, Frankfurt, Suhrkamp, 1977.

Deutscher Bundestag und Bundesarchiv (Hrsg.), Der Parlamentarische Rat 1948–1949: Akten und Protokolle, Bd. 2: Der Verfassungskonvent auf Herrenchiemsee, Bearbeitet von Peter Bucher, Boppard am Rhein, 1981.

Deutscher Bundestag und Bundesarchiv (Hrsg.), Der Parlamentarische Rat, 1948–1949: Akten und Protokolle, Bd. 7: Entwürfe zum Grundgesetz, Bearbeitet von Michael Hollmann, Boppard am Rhein, 1995.

Dreier, Horst, Grenzen demokratischer Freiheit im Verfassungsstaat, JZ 1994, 745ff.

Dreier, Ralf, Zum Selbstverständnis der Jurisprudenz als Wissenschaft, in: ders., Recht-Moral-Ideologie, Frankfurt am Main, Suhrkamp, 1981, S. 48 ff.

– Verfassung und Ideologie, in: ders., Recht-Moral-Ideologie, Frankfurt am Main, Suhrkamp, 1981, S. 146 ff.

– Verfassung und »streitbare « Ideologie, in: Leggewie, Claus/Meier, Horst (Hrsg.), Verbot der NPD oder mit Rechtsradikalen leben?, Suhrkamp, Frankfurt am Main, 2002, S. 81 ff.

Esser, Josef, Bemerkungen zur Unentbehrlichkeit des juristischen Handwerkszeugs, JZ 1975, 555 ff.

Fabio, Udo Di, Richtlinienkonformität als ranghöchstes Normauslegungsprinzip?, NJW 1990, S. 957 ff.

Feuchte, Paul (Hrsg.), Quellen zur Entstehung der Verfassung des Landes Baden von 1947, 2. Teil, Stuttgart: Kohlhammer, 2001.

Fleischauer, Stefan, Der Traum von der eigenen Nation: Geschichte und Gegenwart der Unabhängigkeitsbewegung Taiwans, Wiesbaden, VS, Verl. für Sozialwiss., 2008.

Forsthoff, Ernst, Zur verfassungsrechtlichen Stellung und inneren Ordnung der Parteien, in: Forsthoff, Ernst/Loewenstein, Karl, Die Politischen Parteien im Verfassungsrecht, Tübingen 1950, S. 5 ff.

Frotscher, Werner, Verfassungsgeschichte, 14. Aufl., München: Beck, 2015.

Franke, Otto, Die staatsrechtliche Entwicklung in China seit 1901, JöR 6 1912, S. 503 ff.

Fraenkel, Ernst, Ursprung und politische Bedeutung der Parlamentsverdrossenheit, in: Stolte, Dieter/Wisser, Richard (Hrsg.), Integritas. Geistige Wandlung und menschliche Wirklichkeit,1966, S. 244 ff.

Gageur, Karl, Reform des Wahlrechts im Reich und in Baden, Freiburg i.B. & Leipzig: J. C. B. Mohr, 1893.

Glaeser, S. Walter, Missbrauch und Verwirkung der Grundrechte im politischen Meinungskampf: eine Untersuchung über die Verfassungsschutzbestimmung des Art. 18 GG und ihr Verhältnis zum einfachen Recht, insbesondere zum politischen Strafrecht, Gehlen, 1968.

Grawert, Friedrich, Parteiausschluß und innerparteiliche Demokratie, Heidelberg, Decker, 1987.

Gusy, Christoph, Die "freiheitliche demokratische Grundordnung" in der Rechtsprechung des Bundesverfassungsgerichts, in: AöR 105 (1980), S. 279–310.

– Das Bundesverfassungsgericht als politischer Faktor, EuGRZ 1982, S. 93–101.

– Die Lehre vom Parteienstaat in der Weimarer Republik, Baden-Baden, Nomos 1993.

Günther, Frieder, Wer beeinflusst hier wen? Die westdeutsche Staatsrechtslehre und das Bundesverfassungsgericht während der 1950er und 1960er, in: van Ooyen/ Möllers (Hrsg.) Das Bundesverfassungsgericht im politischen System, Wiesbaden, VS, Verl. für Sozialwiss., 2006, S. 129 ff.

Häberle, Peter, Die Abhörentscheidung des Bundesverfassungsgerichts, JZ 1971, S. 145 ff.

– Konrad Hesse (1919–2005), in: Peter Häberle/Michael Kilian/Heinrich Wolff (Hrsg.), Staatsrechtslehrer des 20. Jahrhunderts: Deutschland - Österreich - Schweiz, Berlin, de Gruyter, 2015, S. 893–908.

Hall, Karl-Heinrich, Abhörentscheidungen im Grundgesetz - BVerfGE 30, 1, JuS, 1972, S. 132 ff.

Hare, Thomas, The machinery of representation, 2nd edn - London: W. Maxwell, 1857.

Hasen, Richard L., Entrenching the Duopoly: Why the Supreme Court Should Not Allow the States to Protect the Democrats and Republicans from Political Competition, The Supreme Court Review, Vol. 1997 (1997), pp. 331–371.

Hatje, Armin, Demokratie als Wettbewerbsordnung, VVDStRL 69 (2010), S. 135 ff.

Hatschek, Julius, Das Parlamentsrecht des Deutschen Reiches, Berlin, Göschen, 1915.

Hecker, Jan, Die Parteienstaatslehre von Gerhard Leibholz in der wissenschaftlichen Diskussion, in: Der Staat 34 (1995), S. 287–311.

Hegel, G. W. F., Grundlinien der Philosophie des Rechts, 1820, in: Brandt, H. D. (Hrsg.), G. W. F. Hegel: Grundlinien der Philosophie des Rechts. Auf der Grundlage der Edition des Textes in den Gesammelten Werken Band 14, Hamburg, Meiner, 2013.

Heller, Hermann, Die Gleichheit in der Verhältniswahl nach der Weimarer Verfassung: ein Rechtsgutachten, Berlin, de Gruyter, 1929.

Henke, Wilhelm, Das Recht der politischen Parteien, Göttingen, Schwartz, 1964

– Das Recht der politischen Parteien, 2. Aufl., Göttingen, Schwartz, 1972.

Hesse, Konrad, Die verfassungsrechtliche Stellung der politischen Parteien im modernen Staat, VVDStRL.17 (1959) S. 11 ff.

– Die normative Kraft der Verfassung: Freiburger Antrittsvorlesung, Tübingen, Mohr, 1959.

– 30 Jahre Parteiengesetz: Zum Stand der Parteienrechtswissenschaft in Deutschland, in: MIP 7 (1997), S. 7 ff.

von der Heydte, Friedrich August Freiherr, Freiheit der Partei, in: Neumann/Nipperdey/Scheuner (Hrsg.), Die Grundrechte, Handbuch der Theorie und Praxis der Grundrechte, Bd. 2, Berlin, Duncker & Humblot, 1954, S. 457–506.

Hsu, Tzong-li, Rezeption und Weiterentwicklung des Konzepts der wehrhaften Demokratie in Taiwan, in: Heun, Werner, Starck, Christian, Tsai, Tzung-jen (Hrsg.) Rezeption und Paradigmenwechsel im öffentlichen Recht: Viertes deutsch-taiwanesisches Kolloquium vom 7. – 8. November 2008 in Taipeh, 2009, S. 97 ff.

Huang, Ren-Jyun, Die Unabhängige Kommission zur Überprüfung des Vermögens der Parteien und Massenorganisationen in Taiwan, Mitteilungen des Instituts für Deutsches und Internationales Parteienrecht und Parteienforschung (MIP), Heft 24, April 2018, S. 40 ff.

Huber, Ernst Rudolf, Deutsche Verfassungsgeschichte seit 1789, Bd. V: Weltkrieg, Revolution und Reichserneuerung: 1914–1919, 1978, Stuttgart, Kohlhammer.

Huber, Peter M., Parteien in der Demokratie, in: Badura, Peter / Dreier, Horst (Hrsg.), Festschrift 50 Jahre Bundesverfassungsgericht, Bd. 2, 2001, 609–626.

– Der Prüfungsmaßstab von Wahlorganen bei der Zulassung von politischen Parteien und Wahlvereinigungen, DÖV 1991, 229 ff.

– Der Parteienstaat als Kern des politischen Systems, JZ 1994, S. 689 ff.

– Die politischen Parteien als Partizipationsinstrument auf Unionsebene, Mitteilungen des Instituts für Deutsches und Europäisches Parteienrecht (MIP), Heft 8, 1998, S. 7 ff.

– Das parteienrechtliche Transparenzgebot und seine Sanktionierung, DÖV 2000, 745 ff.

– Demokratie in Europa – Zusammenfassung und Ausblick, in: Bauer/Huber/Sommermann (Hrsg.), Demokratie in Europa, C. H. Beck, 2005, S. 491 ff.

– Rechtsgewinnung aus Bildern- Kurzintervention, in: Krüper/Merten/Morlok (Hrsg.), An den Grenzen der Rechtsdogmatik, Mohr Siebeck, 2010, S. 91 ff.

– Demokratische Legitimation in der Europäischen Union, in: Dreier/Graf/Hesse (Hrsg.), Staatswissenschaften und Staatspraxis, Dreier/Graf/Hesse (Hrsg.), Nomos, 2011, S. 68 ff.

– Das Demokratiekonzept des Grundgesetzes vor neuen Herausforderungen, in: Bitburger Gespräche Jahrbuch 2012/I, S. 29 ff.

– Gefährdung der freiheitlich-demokratischen Grundordnung und Verfassungsschutz, in: ThürVBl. 2012, 193 ff.

von Humboldt, Wilhelm, Denkschrift über die deutsche Verfassung (Dezember 1813), in: S. Kähler (Hrsg.), Wilhelm von Humboldt: Eine Auswahl aus seinen politischen Schriften, 1922, S. 91 ff.

Ipsen, Jörn (Hrsg.), Parteiengesetz, 2. Aufl., München, C. H. Beck, 2018.

– in: Michael Sachs (Hrsg.), Grundgesetz, 8. Aufl., 2018, Art. 21.

Issacharoff, Samuel, & Pildes, Richard H., Politics as Markets: Partisan Lockups of the Democratic Process, 50 STAN. L. REV. 643, 702 (1998).

– Oversight of Regulated Political Markets, 24 HARV. J.L. & PUB. POLY 91 (2000).

– Private Parties with Public Purposes: Political Parties, Associational Freedoms, and Partisan Competition, 101 COLUM. L. REV. 274 (2001).

– Gerrymandering and Political Cartels, 116 Harv. L. Rev. 593 (2002).

Jahrreiß, Hermann, Selbstbewusstheit- Selbstgefährdung- Selbstschutz. (Zur deutschen Verfassungsproblematik seit 1945), in: Festschrift für Richard Thoma: zum 75. Geburtstag am 19. Dezember 1949, Tübingen: Mohr 1950, S. 71ff.

Jestaedt, Mathias, Grundrechtsentfaltung im Gesetz: Studien zur Interdependenz von Grundrechtsdogmatik und Rechtsgewinnungstheorie, Tübingen, Mohr Siebeck, 1999.

Jutzi, Siegfried, Zur Verfassungswidrigkeit des „Drei-Länder-Quorums" bei der Parteienfinanzierung, ZParl 2005, S. 375 ff.

Kasten, Hans-Hermann, Ausschußorganisation und Ausschußrückruf: e. Beitr. zum freien Mandat in d. Parlamenten u. kommunalen Vertretungskörperschaften d. Bundesrepublik Deutschland, Berlin, Duncker & Humblot, 1983.

Kelsen, Hans, Vom Wesen und Wert der Demokratie, Tübingen, Mohr, 1920.

– Vom Wesen und Wert der Demokratie, 2. Aufl., Tübingen, Mohr, 1929.

Kersten, Jens/Rixen, Stephan (Hrsg.) Parteiengesetz und europäisches Parteienrecht: Kommentar, Stuttgart, Kohlhammer, 2009.

Kimminich, Otto, Die Parteien im Rechtsstaat: Herausforderung durch die „Alternative", DÖV 1983, 217–226.

Klamt, Martin, Die Europäische Union als Streitbare Demokratie: Rechtsvergleichende und europarechtliche. Dimensionen einer Idee, München, Herbert Utz Verlag, 2012.

Klein, Hans Hugo, Verfassungstreue und Schutz der Verfassung, VVDStRL 37 (1979), S. 53 ff.

– in: Maunz/Dürig/Herzog (Hrsg.), Grundgesetz Kommentar, Bd. III, C. H. Beck, München, 2015, Art. 21, 38.

– Bundesverfassungsgericht und Parteiengesetz, in: Ipsen, Jörn (Hrsg.) 40 Jahre Parteiengesetz, Göttingen: V & R Unipress, 2009, S. 19–34.

Klein, Martin D., Demokratisches Denken bei Gustav Radbruch, Berlin: BWV, Berliner Wiss.-Verl., 2007.

Kluth, Winfried, in: Epping/Hillgruber(Hrsg.), Grundgesetz Kommentar, 2. Aufl., 2013, Art. 21.

Koelges, Barbara, Der Demokratische Frauenbund: Von der DDR-Massenorganisation zum modernen politischen Frauenverband,VS Verlag für Sozialwissenschaften, 2001.

Koellreutter, Otto, Die politischen Parteien im modernen Staate, Breslau, Ferdinand Hirt, 1926.

– Staatslehre im Umriss, Göttinger Verlagsanstalt, 1955.

Kommission Unabhängiger Sachverständiger zur Parteienfinanzierung, Empfehlungen der Kommission Unabhängiger Sachverständiger zur Parteienfinanzierung, Baden-Baden: Nomos, 1994.

Korioth, Stefan,Die Rechtsprechung des Bundesverfassungsgerichts zur Parteienfinanzierung in der Bundesrepublik Deutschland, in: Manssen, Gerrit (Hrsg.), Die Finanzierung von politischen Parteien in

Europa: Bestandsaufnahme und europäische Perspektive, Frankfurt am Main, Lang 2008, S. 15 ff.

Kotulla, Michael, Deutsches Verfassungsrecht 1806–1918, Eine Dokumentensammlung nebst Einführungen, 1. Band: Gesamtdeutschland, Anhaltische Staaten und Baden, Berlin, Springer, 2006.

Köhler, Jan, Parteien im Wettbewerb: zu den Wettbewerbschancen nicht-etablierter politischer Parteien im Rechtssystem der Bundesrepublik Deutschland, Baden-Baden, Nomos, 2006.

Kotzur, Markus Demokratie als Wettbewerbsordnung, VVDStRL 69 (2010), S. 173ff.

Kraus, Hans-Christof, Ursprung und Genese der „Lückentheorie" im preußischen Verfassungskonflikt. In: Der Staat 29 (1990), S. 209–234.

Kriele, Martin, Theorie der Rechtsgewinnung: entwickelt am Problem der Verfassungsinterpretation, Berlin, Duncker & Humblot, 1967.

– Theorie der Rechtsgewinnung: entwickelt am Problem der Verfassungsinterpretation, 2. Aufl., Berlin, Duncker & Humblot, 1976.

– Recht und Politik in der Verfassungsrechtsprechung, NJW 1976, 777ff.

Krüger, Herbert, Der Verfassungsgrundsatz, in: Roman Schnur (Hrsg.), Festschrift für Ernst Forsthoff zum 70. Geburtstag, München, Beck, 1974, S. 187 ff.

Krüper, Julian, Wiedergelesen: Klassiker des Parteienrechts – Konrad Hesse: Die verfassungsrechtliche Stellung der politischen Parteien im modernen Staat, VVDStRL 17 (1959), S. 11 ff., in: Mitteilungen des Instituts für Deutsches und Europäisches Parteienrecht und Parteienforschung (MIP) 2007, S. 22 ff.

Kühr, Hana, Legalität und Legitimität von Mandatsträgerbeiträgen, Baden-Baden: Nomos, 2014.

Laband, Paul, Das Staatsrecht des Deutschen Reiches, 2. Aufl., Freiburg i. B.: J. C. B. Mohr (Paul Siebeck), 1888.

Lameyer, Johannes, Streitbare Demokratie: eine verfassungshermeneutische Untersuchung, Berlin, Duncker & Humblot, 1978.

– Streitbare Demokratie, JöR NF 30 (1981), S. 148 ff.

Lange, Klaus, „Radikale" im öffentlichen Dienst, NJW 1976, S. 1809 ff.

Liao, Joshua, Formosa speaks, Formosan League for Re-Emancipation, 1950.

Leibholz, Gerhard, Das Wesen der Repräsentation unter besonderer Berücksichtigung des Repräsentativsystems: Ein Beitrag zur allgemeinen Staats- und Verfassungslehre, Berlin, de Gruyter, 1929.

– Die Reform des Wahlrechts, in: VVDStRL 7 (1932), S. 159 ff.

- Verfassungsrechtliche Stellung und innere Ordnung der Parteien. Ausführung und Anwendung der Art. 21 und 38 Abs. 1 Satz 2 des Grundgesetzes, in: Verhandlungen des 38. deutschen Juristentages, staatsrechtliche Abteilung, Frankfurt am Main 1950, Tübingen 1951, S. C 2 ff.
- Volk und Partei im neuen deutschen Verfassungsrecht, DVBl. 1950, S. 194 ff.
- Parteienstaat und Repräsentative Demokratie, DVBl. 1951, S. 1 ff.
- Der Gestaltwandel der Demokratie im 20. Jahrhundert, in: Gerhard Leibholz (Hrsg.), Das Wesen der Repräsentation und der Gestaltwandel der Demokratie im 20. Jahrhundert. 3. Aufl., Berlin, de Gruyter, 1966, S. 235 ff.
- Zum Parteiengesetz von 1967, in: Ehmke, Horst/ Schmid, Carlo/Scharoun, Hans (Hrsg.), Festschrift für Adolf Arndt, Frankfurt am Main, Europ. Verl.-Anst, 1969, S. 179–198.

Lerche, Peter, Europäische Staatsrechtslehrer. Der Wissenschaftler Konrad Hesse, in: JöR NF, Bd. 55, 2007, S. 455–461.

Loewenstein, Karl, Militant democracy and fundamental rights I/II, The American Political Science Review 31 (1937), No. 3, S. 417 ff./No. 4, S. 638 ff.
- Verfassungslehre, 2 Aufl., Tübingen, Mohr, 1969.

Lorenz, Dieter, Verfassungswidrige Parteien und Entscheidungsmonopol des Bundesverfassungsgerichtes, AöR 101 (1976), S. 1–24.

von Mangoldt, Hermann Das Bonner Grundgesetz (mit einem Geleitwort von Gerhard Leibholz), Berlin-Frankfurt a. M., 1953.

von Mangoldt, Hermann und Klein, Friedrich Klein, Das Bonner Grundgesetz, 2. Aufl., Berlin-Frankfurt a. M., 1957.

Maunz, Theodor, Deutsches Staatsrecht. Ein Studienbuch, C. H. Beck, München und Berlin, 1951.
- Deutsches Staatsrecht. Ein Studienbuch, 8. Aufl., München, C. H. Beck, 1958.
- Deutsches Staatsrecht. Ein Studienbuch, 23. Aufl., München, C. H. Beck, 1980.

Maunz, Theodor/Zippelius, Reinhold, Deutsches Staatsrecht. Ein Studienbuch, 27. Aufl., München, C. H. Beck, 1988.

Maunz, Theodor/Zippelius, Reinhold/Würtenberger, Thomas Deutsches Staatsrecht. Ein Studienbuch, 32. Aufl., München, C. H. Beck, 2008.

Maurer, Hartmut, Das Verbot politischer Parteien – zur Problematik des Art. 21 Abs. 2 GG, AöR 96, 1971, S. 203 ff.

Meier, Horst, Parteiverbote und demokratische Republik: zur Interpretation und Kritik von Art. 21 Abs. 2 des Grundgesetzes, Baden-Baden: Nomos-Verl.-Ges., 1993.

Merten, Heike, Parteinahe Stiftungen im Parteienrecht, Baden-Baden: Nomos, 1999.

Meyer-Cording, Ulrich, Die Vereinsstrafe, Tübingen, Mohr, 1957.

Meyer, Georg/Anschütz, Gerhard, Lehrbuch des deutschen Staatsrechtes, 6. Aufl., Leipzig, Duncker & Humblot, 1905.

Michel, Anton, Die Gemeindeordnung und die Bezirksordnung für das Königreich Württemberg, Stuttgart: Kohlhammer, 1909.

Michels, Robert, Zur Soziologie des Parteiwesens in der modernen Demokratie, 2. Aufl., Leipzig, Kröner, 1925.

Mitchell, Kevin, "Antitrust Analysis: A Roadmap for Election Reform Under the First Amendment." CommLaw Conspectus 10, 2002: 157–73.

Morlok, Matin, Innere Strukturen und innerparteiliche Demokratie: mit einer Dokumentation der Übergangszeit, in: Tsatsos, Dēmētrēs Th (Hrsg.): Auf dem Weg zu einem gesamtdeutschen Parteienrecht, Baden-Baden: Nomos 1991, 89 ff.

- Für eine zweite Generation des Parteienrechts, in: Dimitris Th. Tsatsos (Hrsg.), 30 Jahre Parteiengesetz in Deutschland, Baden-Baden: Nomos, 2002, S. 53–71.
- Schutz der Verfassung durch Parteiverbot?, in: Leggewie, Claus/Meier, Horst (Hrsg.), Verbot der NPD oder mit Rechtsradikalen leben?, Suhrkamp, Frankfurt am Main, 2002, S. 64–80.
- Parteienrecht als Wettbewerbsrecht, in: Peter Häberle/Martin Morlok/ Vassilios Skouris (Hg), Festschrift für Dimitris Th. Tsatsos zum 70. Geburtstag, Baden-Baden, Nomos, 2003, S. 408–447.
- Das BVerfG als Hüter des Parteienwettbewerbs, NVwZ 2005, S. 157 ff.
- Sponsoring – ein neuer Königsweg der Parteienfinanzierung?- Einleitung in die Thematik, in: Morlok/Alemann/Streit (Hrsg.), Sponsoring – ein neuer Königsweg der Parteienfinanzierung? 2006, Baden-Baden: Nomos, S. 9 ff.
- Handlungsfelder politischer Parteien, in: Jörn Ipsen (Hrsg.) in: Ipsen, Jörn (Hrsg.) 40 Jahre Parteiengesetz, Göttingen: V & R Unipress, 2009, S. 53 ff.
- Parteiengesetz, in: Nomos-Erläuterungen zum deutschen Bundesrecht, PartG, 2. Aufl., 2013.
- Rechtliche Grundlagen, in: Oskar Niedermayer(Hrsg.), Handbuch Parteienforschung, Wiesbaden, Springer VS, 2013, S. 241–260.
- Parteienrecht als Organisationsrecht, in: Bäuerle/Dann/Wallrabenstein (Hrsg.), Demokratie-Perspektiven: Festschrift für Brun-Otto Bryde zum 70. Geburtstag, Tübingen, Mohr Siebeck, 2013, S. 231 ff.

- in: Horst Dreier (Hrsg.), Grundgesetz Kommentar, Bd. II, 3. Aufl., 2015, Art. 21.
- Notwendigkeit und Grundzüge einer Parteienrechtsdogmatik, in: Brandt/Haratsch/Schmidt (Hrsg.), Verfassung – Parteien – Unionsgrundordnung: Gedenksymposion für Dimitris Th. Tsatsos, Berlin, BWV, Berliner Wiss.-Verl., 2015, S. 19–36.
- Dimitris Th. Tsatsos (1930–2010)- Ein Mann der Vielfalt, in: Häberle/Kilian/Wolff (Hrsg.), Staatsrechtslehrer des 20. Jahrhunderts. Deutschland – Österreich – Schweiz, Berlin, de Gruyter, 2015, S. 993 ff.

Nettersheim, Christian, Die Parteienstaatstheorie von Gerhard Leibholz, Diss. Bonn, 2008.

Neukirchen, Mathias, Die Vertretung Chinas und der Statuts Taiwans im Völkerrecht: Unter besonderer Berücksichtigung der historischen Entwicklung und Haltung der Vereinten Nationen, Baden-Baden, Nomos, 2003.

Nipperdey, Thomas, Deutsche Geschichte 1866–1918, Bd. 2, 3. Aufl., München: Beck, 1995.

Ossege, Stefan, Das Parteienrechtsverhältnis- Das Rechtsverhältnis zwischen politischer Partei und Parteimitglied, Göttingen: V & R Unipress, 2012.

Papier, Hans-Jürgen, Das Parteivermögen in der ehemaligen DDR – Aktuelle Rechtsfragen der Feststellung, Sicherung und Verwendung, De Gruyter, 1992.

Petzold, Claudius, Die völkerrechtliche Stellung Taiwans, Baden-Baden, Nomos 2007.

Pfetsch, Frank R., Zur Verfassung des Landes Baden im Mai 1947, in: P. L. Weinacht (Hrsg.), Gelbrotgelbe Regierungsjahre. Die Badische Politik nach 1945. Gedenkschrift zum 100. Geburtstag Leo Wohlebs (1888–1955), Sigmaringendorf: Glock u. Lutz, 1988, S. 127–147.

Philippi, Klaus Jürgen, Tatsachenfeststellungen des Bundesverfassungsgerichts: ein Beitrag zur rational-empirischen Fundierung verfassungsgerichtlicher Entscheidungen, Köln: Heymann, 1971.

Pildes, Richard H., The Theory of Political Competition, 85 VA. L. REV. 1605, 1615 (1999).

Posner, Richard A., Law, Pragmatism and Democracy, Cambridge, Mass., Harvard Univ. Press, 2003.

Preuß, Hugo, Reich und Länder, Bruchstücke eines Kommentars zur Verfassung des Deutschen Reiches, Berlin: Heymann, 1928.
- Nationale Demokratie (26. 09. 1920), in: ders., (Hrsg.), Staat, Recht und Freiheit: aus vierzig Jahren deutscher Politik und Geschichte, Hildesheim: Olms, 2006, S. 429–433.

- Preuß, Hugo, Volksstaat oder verkehrter Obrigkeitsstaat? (14.11. 1918), in: ders., (Hrsg.), Staat, Recht und Freiheit: aus vierzig Jahren deutscher Politik und Geschichte, Hildesheim: Olms, 2006, S. 365–368.
- Parlamentarische Regierungsbildung (09.10. 1921), in: ders., (Hrsg.), Staat, Recht und Freiheit: aus vierzig Jahren deutscher Politik und Geschichte, 2006, Hildesheim: Olms, 2006, S. 442–446.
- Denkschrift zum Entwurf des allgemeinen Teils der Reichsverfassung (3. Januar 1919), in: ders., (Hrsg.), Staat, Recht und Freiheit: aus vierzig Jahren deutscher Politik und Geschichte, Hildesheim: Olms, 2006, S. 368–394.

Radbruch, Gustav, Die politischen Parteien im System des deutschen Verfassungsrechts, in: Anschütz, Gerhard/Thoma, Richard(Hrsg.), Handbuch des Deutschen Staatsrechts. Bd. 1. Mohr, Tübingen, 1998 (Nachdruck der 1. Aufl.1930), § 25, S. 285 ff.

Rapp, Horst, Das Parteienprivileg des Grundgesetzes und seine Auswirkungen auf das Strafrecht: eine Untersuchung über den Umfang der aus Art. 21 GG folgenden Privilegierung des Parteiwesens und die davon ausgehenden Sperrwirkungen für die Anwendung strafrechtlicher Tatbestände auf parteikonnexe Handlungen, Tübingen, Mohr, 1970.

Reichert, Bernhard, Handbuch Vereins- und Verbandsrecht, 11. Aufl., Köln, Luchterhand, 2007.

Ridder, Helmut, Aktuelle Rechtsfragen des KPD-Verbots, Neuwied, Luchterhand, 1966.

Risse, Johannes, Der Parteiausschluss: Voraussetzungen, Verfahren und gerichtliche Überprüfung des Ausschlusses von Mitgliedern aus politischen Parteien, Berlin, Duncker & Humblot, 1985.

Rossi, Matthias/Lenski, Sophie-Charlotte, Parteiengesetz und Recht der Kandidatenaufstellung. Handkommentar, 2011.

Roßner, Sebastian, Der Parteiausschluß als Entzug verfassungsrechtlich geformter Statusrechte, ZG 23 (2008), S. 335 ff.
- Parteiausschluss, Parteiordnungsmaßnahmen und innerparteiliche Demokratie: zu Voraussetzungen, Verfahren, Grenzen und Rechtsschutz, Baden-Baden, Nomos, 2014.

Rousseau, Jean-Jacques, Vom Gesellschaftsvertrag oder Grundsätze des Staatsrechts (Du contrat social ou Principes du droit politique, 1762). Im Zusammenarbeit mit Eva Pietzcker neu übers. u. hg. v. Hans Brockard, Stuttgart, 2010.

Ruppert, Stefan, Kirchenrecht und Kulturkampf: historische Legitimation, politische Mitwirkung und wissenschaftliche Begleitung durch die Schule Emil Ludwig Richters, Tübingen, Mohr Siebeck, 2002.

Rübenkönig, Judith, Die Rechenschaftspflicht der politischen Parteien nach Art. 21 Absatz 1 Satz 4 Grundgesetz, Frankfurt am Main, Lang, 2003.

Saliger, Frank, Parteiengesetz und Strafrecht: Zur Strafbarkeit von Verstößen gegen das Parteiengesetz, insbesondere wegen Untreue gemäß § 266 StGB, Tübingen, Mohr Siebeck, 2005.

Sattler, Andreas, Die rechtliche Bedeutung der Entscheidung für die streitbare Demokratie: untersucht unter besonderer Berücksichtigung der Rechtsprechung des Bundesverfassungsgerichts, Baden-Baden, Nomos, 1982.

Scheuner, Ulrich, Grundfragen des modernen Staates, in: Wandersleb, Hermann (Hrsg.) Recht, Staat, Wirtschaft, Bd. 3, Düsseldorf, Schwann, 1951, S. 126 ff.

Schlüter, Bernd (Hrsg.), Paul Laband, Staatsrechtliche Vorlesungen: Vorlesungen zur Geschichte des Staatsdenkens, zur Staatstheorie und Verfssungsgeschichte und zum deutschen Staatsrecht des 19. Jahrhunderts, gehalten an der Kaiser-Wilhelms-Universität Strassburg 1872–1918, Berlin, Duncker und Humblot, 2004.

Schlink, Bernhard, Das Abhör-Urteil des Bundesverfassungsgerichts, in: Der Staat 12 (1973), S. 85–108.

Schmidt, Thomas, Die Freiheit verfassungswidriger Parteien und Vereinigungen, Berlin, Duncker & Humblot.

Schmitt, Carl, Die geistesgeschichtliche Lage des heutigen Parlamentarismus, Duncker & Humblot, 1926.

– Der Hüter der Verfassung, Tübingen, Mohr, 1931.

Schneider, Hans-Peter/ Tsatsos, Dimitris Th., Europäischen Parteienrecht im Vergleich- Zum Gegenstand zur Methode, in: Tsatsos/Schefold/Schneider (Hrsg.), Parteienrecht im europäischen Vergleich: Die Parteien in den demokratischen Ordnungen der Staaten der Europäischen Gemeinschaft, Baden-Baden, Nomos-Verl.-Ges.,1990, S. 17–26.

Schulze, Hermann, Lehrbuch des deutschen Staatsrechtes, Leipzig: Breitkopf und Härtel, 1881.

Schumpeter, Joseph A., Kapitalismus, Sozialismus und Demokratie, Bern, Francke, 1946.

Seifert, Karl-Heinz, Zum Verbot politischer Parteien, DÖV, 1961, S. 81 ff.

– Die politischen Parteien im Recht der Bundesrepublik Deutschland, Köln, Heymanns, 1975.

Shapiro, Ian, The State of Democratic Theory, Princeton, NJ: Princeton Univ. Press, 2003.

Shirvani, Foroud, Die politischen Parteien im Staatsrecht des Deutschen Kaiserreiches, Mitteilungen des Instituts für Deutsches und Europäisches Parteienrecht und Parteienforschung (MIP), 2006, S. 77–87.

– Das Parteienrecht und der Strukturwandel im Parteiensystem: staats- und europarechtliche Untersuchungen zu den strukturellen Veränderungen im bundesdeutschen und europäischen Parteiensystem, Tübingen, Mohr Siebeck, 2010.

Sieckmann, Jan-Reinard, Regelmodelle und Prinzipienmodelle des Rechtssystems, Baden-Baden, Nomos, 1990.

– Begriff und Struktur von Regeln, Prinzipien und Elementen im Recht, in: Schilcher/Koller/Funk (Hrsg.), Regeln, Prinzipien und Elemente im System des Rechts, Wien, Verl. Österreich, 2000, S. 69 ff.

Siegfried, Franz-Ferdinand, Mandatsverlust bei Parteiausschluß, Parteiaustritt oder Parteiwechsel, ZRP 1971, 9 ff.

Simon, Helmut, Verfassungsgerichtsbarkeit, in: Benda/Vogel/Maihofer (Hrsg.), Handbuch des Verfassungsrechts der Bundesrepublik Deutschland, 2. Aufl. 1994, Berlin: de Gruyter, S. 1637 ff.

Spiecker, Carl, Richtlinien für eine künftige deutsche Verfassung vom 12. August 1948, in: Wolfgang Benz (Hrsg.), Bewegt von der Hoffnung aller Deutschen: zur Geschichte des Grundgesetzes, München, Dt. Taschenbuch-Verl, 1979, S. 424–429.

Starck, Christian, Rechtsvergleichung im öffentlichen Recht, JZ 1997, S. 1021ff.

– Gründe, Bedingungen und Formen von Rechtsrezeptionen, in: Heun, Werner/Starck, Christian/ Tsai, Tzung-jen (Hrsg.), Rezeption und Paradigmenwechsel im öffentlichen Recht, Viertes deutsch-taiwanesisches Kolloquium vom 7.-8. November 2008 in Taipeh, Baden-Baden, Nomos-Verl., 2009, S. 25–36.

Ständige Deputation des deutschen Juristentages (Hrsg.), Verhandlungen des 38. deutschen Juristentages in Frankfurt am Main 1950, Tübingen 1951.

Stern, Klaus, Verfassungsgerichtsbarkeit und Gesetzgebung, in: Ziemske/Langheid/Wilms/Haverkate (Hrsg.), Staatsphilosophie und Rechtspolitik, Festschrift für Martin Kriele zum 65. Geburtstag, München, Beck, 1997, S. 411 ff.

Stier-Somlo, Fritz, Reichsvereinsgesetz vom 19. April 1908: systematischer Kommentar, Stuttgart, Deutsche Verlags-Anst., 1909.

Stolleis, Michael, Parteienstaatlichkeit–Krisensymptome des demokratischen Verfassungsstaats?, VVDStRL.44 (1986), S. 7 ff.

– Geschichte des öffentlichen Rechts in Deutschland, Band 4: Staats- und Verwaltungsrechtswissenschaft in West und Ost 1945–1990, München, Beck, 2012.

Streinz, Rudolf, in: von Mangoldt/Klein/Starck/Huber/Voßkuhle (Hrsg.), Kommentar zum Grundgesetz, Bd. II, 7. Aufl., 2018, Art. 21, Art. 21.

Strunk, Gert Peter, Parteiausschlussverfahren wegen innerparteilicher Opposition, Diss. Köln, 1974.

Su, Yen Tu, The Partisan Ordering of Candidacies and the Pluralism of the Law of Democracy: The Case of Taiwan, Election Law Journal: Rules, Politics, and Policy, 2016, 15(1): 31–47.

Toussaint, Guido, DDR-Parteivermögen und die Treuhandanstalt: Aktuelle Rechtsprobleme bei der treuhändischen Verwaltung, Köln: Verl. Kommunikationsforum Recht, Wirtschaft, Steuern, 1993.

Tsatsos, Dimitris Th., Mandatsverlust bei Verlust der Parteimitgliedschaft? DÖV 71, 253 ff.

– Ein Recht auf innerparteiliche Opposition?, in: Bernhardt, Rudolf (Hrsg.), Völkerrecht als Rechtsordnung, internationale Gerichtsbarkeit, Menschenrechte: Festschrift für Hermann Mosler, Berlin, Springer, 1983, S. 997ff.

– Zu einer gemeinsamen europäischen Parteienrechtskultur?, in: DÖV 1988, S. 1 ff.

– Parteienrecht im europäischen Wandel, EuGRZ 1992, S. 133 ff.

– Europäische Politische Parteien, EuGRZ 1994, 45 ff.

– Aspekte einer Parteienrechtslehre, in: U. Beyerlin/M. Bothe/R. Hoffmann/E.U. Petersmann (Hrsg.), Recht zwischen Umbruch und Bewahrung, Festschrift für Rudolf Bernhardt, Berlin, Springer, 1995, S. 885–904.

Tsatsos, Dimitris Th. /Morlok, Martin, Parteienrecht: eine verfassungsrechtliche Einführung, Heidelberg, Müller, 1982.

Thiel, Markus, Zur Einführung: Die „wehrhafte Demokratie" als verfassungsrechtliche Grundentscheidung, in: ders (Hrsg.), Wehrhafte Demokratie. Beiträge über die Regelungen zum Schutze der freiheitlichen demokratischen Grundordnung, Tübingen, Mohr Siebeck, 2003, S. 1 ff.

Thoma, Richard, Der Begriff der modernen Demokratie in seinem Verhältnis zum Staatsbegriff. Prolegomena zu einer Analyse des demokratischen Staates der Gegenwart, in: Hauptprobleme der Soziologie, Erinnerungsgabe für Max Weber, Bd. 2, München, Duncker & Humblot, 1923, S. 39–64.

Trautmann, Helmut, Abgeordnetenstatus und Parteizugehörigkeit, JZ 1970, 405 ff.

– Innerparteiliche Demokratie im Parteienstaat, Berlin, Duncker & Humblot, 1975.

Triepel, Heinrich, Die Staatsverfassung und die politischen Parteien: Rede bei der Feier der Erinnerung an den Stifter der Berliner Universität König Friedrich Wilhelm III in der alten Aula am 3. August 1927, Berlin, Preuß. Verl. AG, 1927.

Vogel, Hans-Jochen, Entscheidungen des Parlaments in eigener Sache, Zeitschrift für Gesetzgebung, 1992, S. 293 ff.

Volkmann, Uwe, Leitbildorientierte Verfassungsanwendung, AöR 134, 2009, S. 157–196.

Voßkuhle, Andreas, Was leistet Rechtsdogmatik? Zusammenführung und Ausblick in 12 Thesen, in: G. Kirchhof/Magen/Schneider (Hrsg.) Was weiß Dogmatik?: was leistet und wie steuert die Dogmatik des Öffentlichen Rechts?, Tübingen, Mohr Siebeck, 2012, S. 111 ff.

Wang, Chin-Shou, Democratization and the Breakdown of Clientelism in Taiwan, 1987–2001. Doctoral Dissertation, Chicago: University of North Carolina, 2004, unpublished.

Wang, Tay-Sheng, The "Party-rule" Practice of KMT in Republican China: Promoter or Suppresser of Constitutional Democracy?, Academia Sinica Law Journal Vol. 5, No. 09 (2009), pp. 69–228.

Wang, Yun-Ju, Die Entwicklung der Grundrechte und der Grundrechtstheorie in Taiwan: Eine Rezeptionsgeschichte des deutschen Grundrechtsverständnisses, VS Verlag für Sozialwissenschaften, 2008.

Weggel, Oskar, Geschichte Taiwan: vom 17. Jahrhundert bis heute, München: Ed. global, 2007.

von Weizsäcker, Richard, Krise und Chance unser Parteiendemokratie, Aus Politik und Zeitgeschichte, H. 42/1982, S. 1–12.

Wiesendahl, Elmar, Parteienforschung im Rahmen der Sozialwissenschaften, in: Oskar Niedermayer (Hrsg.), Handbuch Parteienforschung, Wiesbaden, Springer VS, 2013, S. 13–60.

Wolfrum, Rüdiger, Die innerparteiliche demokratische Ordnung nach dem Parteiengesetz, Berlin, Duncker & Humblot, 1974.

Wu, Chih-kuang, Streitbare Demokratie: ihre Entwicklung in Deutschland und ihre Rezeption in Taiwan (Republik China), Frankfurt am Main, Peter Lang, 1998.

Wu, Ying-Chu, Die Parteienfinanzierung in Taiwan und in Deutschland, Peter Lang, 2012.

Wu, Nai-The, The Politics of a Regime Patronage System: Mobilization and Control within an Authoritarian Regime. Doctoral Dissertation, Chicago: University of Chicago, 1987, unpublished.

Yeh, Jiunn-rong, The Constitution of Taiwan: a contextual analysis, Oxford, Hart Publishing, 2016.

Zippelius, Reinhold, Juristische Methodenlehre, 9. Aufl., München, Beck, 2005.

Zuck, Rüdiger, Das Bundesverfassungsgericht als Dritte Kammer, ZRP 1978, 189 ff.

Zweigert, Konrad, Drei Jahre KPD-Verbot, JZ 1959, 677 ff.

Anhang 1

DIE ERARBEITETE THESE VOM REDAKTIONSKOMITEE DER STAATSRECHTLICHEN ABTEILUNG DES DEUTSCHEN JURISTENTAGES In Frankfurt a.M. 1950

I. Ist der Erlaß eines umfassenden Parteigesetzes jetzt möglich und geboten?
Alternative:
Soll das jetzt zu erlassende Gesetz auf bestimmte vordringliche Punkte beschränkt werden, bejahendenfalls auf welche?

II. 1. Hat die Auflösung einer Partei wegen Verfassungswidrigkeit die Folge, daß die Mandate dieser Partei erlöschen?
2. Fallen auch Parteien, die lediglich eine Betätigung im kommunalen Bereich erstreben, unter Art. 21 Abs. 2 GG, d. h. also unter die ausschließliche Gerichtsbarkeit des Verfassungsgerichts?
3. Fallen auch Vereinigungen, die nicht für die Dauer, sondern nur für eine einzelne Wahl gebildet werden, unter den Parteibegriff des Art. 21 GG?
4. Ist ein Einschreiten nach Art. 9 GG, 2. Alternative, auch gegen Parteien zulässig

III. 1. Verliert ein Abgeordneter durch den Ausschluß aus der Partei sein Mandat?
2. Soll der Ausschluß eines Abgeordneten aus der Partei durch eine Instanz außerhalb der Partei kontrolliert werden?
3. Für den Fall, daß Keine Kontrollinstanz außerhalb der Partei bestellt wird:
Welche Parteistelle soll für den Ausschluß zuständig sein?
Soll eine besondere Kontrollstelle innerhalb der Partei vorgesehen werden, etwa ein Parteigericht, ein Liniengericht?
4. Soll die Befugnis zum Ausschluß aus einer Partei an materielle Voraussetzungen gebunden werden, bejahendenfalls an welche?

IV. Soll jemand unter Berufung darauf, daß er das Parteiprogramm billige, seine Zulassung zu dieser Partei erzwingen können; soll es einen Aufnahmezwang geben?

V. 1. Soll etwas über die Unvereinbarkeit von Abgeordnetenmandat und Parteiamt bestimmt werden?
2. Muss die Freiheit der Meinungsäußerung in der Partei gesichert werden?
3. Soll es zulässig sein, daß die Aufstellung örtlicher Kandidaten an das Einverständnis höherer Parteistellen geknüpft wird?
4. Muss die Nomination von Kandidaten von einer Parteiversammlung bestätigt werden?
5. Ist es zulässig, dem Parteivorsitzenden in der Frage der Aufstellung der Kandidaten und der von der Partei einzuschlagenden politischen Linie entscheidende Funktionen einzuräumen?

VI. 1. Soll die Möglichkeit der geheimen Abstimmungen in Parlament vorgesehen werden?
2. Sollen geheime Abstimmungen in Parteiversammlungen zulässig sein? Sind sie sogar notwendig?

VII. Sollen den Parteien öffentliche Mittel zur Verfügung gestellt werden, bejahendenfalls in welcher Form?

Anhang 2

EMPFEHLUNG DER STAATSRECHTLICHEN ABTEILUNG DES DEUTSCHEN JURISTENTAGES In Frankfurt a.M. 1950

1. Die staatsrechtliche Abteilung des Juristentages hat den Erlaß eines möglichst umfassenden Parteigesetzes im gegenwärtigen Augenblick für möglich und geboten erachtet.
2. Einstimmigkeit bestand darüber, daß Parteien, die nur eine Betätigung im kommunalen Bereiche erstreben, nicht unter Art. 21 Abs. 1 Satz des Grundgesetzes fallen.
3. Eine Mehrheit war der Meinung, daß Wählervereinigungen nicht den Parteien im Sinne des Art. 21 gleichzustellen sind. Die überwiegende Meinung ging aber dahin, daß hieraus nicht ein Wahlvorschlagsmonopol der politischen Parteien folge.
4. In der Frage der dem Parteivorstand einzuräumenden Befugnisse gelangte die Abteilung zu folgendem Ergebnis:

   Der Mitgliederversammlung oder der an ihre Stelle tretenden Vertreterversammlung ist die Beschlußfassung über alle grundsätzlichen Angelegenheiten vorzubehalten, insbesondere über Aufstellung und Änderung der Satzung und Parteiprogramm, über Wahl des Vorstandes und Auflösung der Partei

   Der Vorstand muß mindestens aus drei Mitgliedern bestehen. Er regelt seine Angelegenheiten durch Mehrheitsbeschluß.
5. Eingehend erörtert wurde, durch wen die Nomination der Wahlkandidaten zu erfolgen habe, insbesondere ob die Aufstellung örtlicher Kandidaten an das förmliche Einverständnis höherer Parteistellen geknüpft werden oder gar dem Parteivorsitzenden übertragen werden könne. Eine gesetzliche Regelung dieser Fragen wurde für notwendig erachtet. Eine sachliche Stellungnahme zu diesen Fragen mußte jedoch wegen Zeitmangels unterbleiben.
6. In Parteiversammlungen ist geheime Abstimmung nch einhelliger Auffassung der Abteilung zulässig. Sie ist bei der Wahl des Parteivorstandes und Delegierten zu Parteiversammlungen höherer Ordnung vorzusehen.

7. Einstimmigkeit bestand ferner darüber, daß eine Nachprüfung des Ausschlusses eines Mitgliedes aus einer Partei durch eine Instanz außerhalb der Partei nicht erfolgen könne, soweit es sich nicht lediglich um Fragen des allgemeinen Vereinsrechts handele.
8. Die Abteilung war ferner einstimmig der Auffassung, daß zur Verhinderung eines willkürlichen Ausschlusses aus der Partei einer persönlich und sachlich möglich unabhängige Kontrollstelle innerhalb der Partei eingerichtet werden müsse. Gegen die Bezeichnung als Parteigericht wurden jedoch erhebliche Bedenken geltend gemacht.
9. Eine gesetzliche Festlegung der materiellen Voraussetzungen, unter denen der Ausschluß aus der Partei erfolgen könne, wurde übereinstimmend als unmöglich angesehen.
10. Die Frage, ob ein Abgeordneter durch den Ausschluß aus seiner Partei sein Mandat verliere, wurde einstimmig verneint.
11. Der Vorschlag, daß die Unvereinbarkeit eines Parteiamtes mit einem Abgeordnetenmandat gesetzlich vorgesehen werden solle, wurde einstimmig abgelehnt.
12. Die Zulässigkeit geheimer Abstimmung im Bundestag begegnet unter dem Gesichtspunkt des Art. 38 des Grundgesetzes keinen Bedenken. Zu der Frage, ob es wünschenswert ist, derartig geheime Abstimmungen zuzulassen, bestanden verschiedene Meinungen. Von einer Stellungnahme der Abteilung wurde abgesehen.
13. In der Frage, ob die Auflösung einer Partei nach Art. 21 Abs. 2 des Grundgesetzes das Erlöschen der Abgeordnetenmandate nach sich ziehen könne, standen sich zwei annähernd gleich starke Meinungen gegenüber. Eine Einigung konnte nicht erzielt werden.
14. Nahezu einstimmig war die Abteilung der Auffassung, daß ein Einschreiten gegen Parteien, die sich gegen die verfassungsmäßige Ordnung oder den Gedanken der Völkerverständigung wenden, nicht auf Grund des Art. 9 Abs. 2 des Grundgesetzes durch die allgemeinen Behörden erfolgen könne, sondern dem Bundesverfassungsgericht im Verfahren nach Art. 21 Abs. 2 vorbehalten sei.

Anhang 3

Gliederungsplan[591]

Der vorliegende Fragenkatalog stellt die mit Herausgebern und Autoren gemeinsam abgestimmte Rahmengliederung dar. Von dieser wurde nur im Einzelfall, aufgrund entsprechender landesspezifischer Besonderheiten abgewichen. Den einzelnen Länderbeiträgen ist innerhalb dieses Bandes jeweils eine individuelle Gliederung vorangestellt.

Erstes Kapitel

Geschichtlicher und rechtlicher Rahmen

§ 1 Parteibildungen

I. Mit welchen verfassungsgeschichtlichen Vorgängen hängen die *ersten* Parteibildungen zusammen? – Insbesondere interessiert hierbei die Frage, ob bestimmte soziale oder politische Probleme den Anstoß zu Parteibildungen gegeben haben.

II. Kurzer historischer Überblick (mit den dazu notwendigen staatsgeschichtlichen Angaben).

III. Überblick über die *gegenwärtig* Parteienstruktur (gegenwärtige Probleme; Tendenzen bei der Entwicklung von politischen Parteien).

IV. Gibt es in Ihrem Land Ansätze zur Gründung von gesamteuropäischen Parteien? Welche neuen Aspekte ergeben sich aus der Mitwirkung der Parteien im Europäischen Parlament? Gibt es entsprechende Vorschriften?

V. Besonderheiten

§ 2 Der verfassungsrechtliche Rahmen

I. Geltende verfassungs- und einfachgesetzliche Regelungen über die politischen Parteien (einschließlich Rechtsprechung). Denken Sie bitte auch

591 Dimitris Th. Tsatsos/Dian Schefold/ Hans-Peter Schneider (Hrsg.), Parteienrecht im europäischen Vergleich, 1990, S. 11 ff.

an etwaige Differenzierungen zwischen Regierungs- und Oppositionsparteien.

II. Gibt es parteirechtliche, wahlrechtliche oder satzungsrechtliche Bestimmungen über Parteienkoalitionen? Welche Bedeutung bzw. Verbindlichkeit entfalten solche Vereinbarungen in der politischen Wirklichkeit?

III. Sind Gründungen von neuen Parteien üblich? Wenn nicht, weshalb? (Wahlsystem?, Stabilität der Parteien?, Parteifinanzierungsprobleme?, Prozentklauseln?)

IV. Besonderheiten

Zweites Kapitel

Die politische Partei und ihre Stellung im Verfassungsgefüge

§ 3 Der Parteibegriff

I. Gibt es eine Legaldefinition der politischen Partei? Wenn nicht: Geht die Verfassungsrechtlehre oder die Rechtsprechung oder die Rechtspraxis von einem Parteibegriff aus? Wenn ja: Von welchem und wie wird er begründet?

II. Analyse des Parteibegriffes. Da § 2 des Parteiengesetzes der Bundesrepublik Deutschland eine Legaldefinition enthält, könnte man sich rein thematisch an die dort angegebenen Begriffsmerkmale halten.

III. Besonderheiten

§4 Funktion und Status der politischen Partei in der Verfassungsordnung

I. Welche Funktionen haben die politischen Parteien nach dem geltenden Recht oder nach dem in der Wissenschaft oder (und) in der Rechtsprechung oder (und) in der politischen Praxis herrschenden Parteiverständnis? Kann man, wie es das deutsche Bundesverfassungsgericht getan hat, die Parteifunktion in „Mitwirkung an der Staatswillensbildung“ und in „Mitwirkung an der Volkswillensbildung“ unterscheiden?

II. In welchem Verhältnis stehen andere Staatsorgane, insbesondere das Staatsoberhaupt, zu diesen Willensbildungsprozessen?

III. Welche ist die rechtliche Natur der politischen Partei? Vereine des Privatrechts, Körperschaften, Verfassungsorgane usw.?

IV. Ist der Status politischer Parteien im Verfassungsrecht verankert und worin besteht er?

V. Besonderheiten

Drittes Kapitel

Die innere Ordnung der politischen Parteien

§ 5 Bestandsaufnahme

I. Sehen die Parteisatzungen eine bestimmte innere Struktur vor?
II. Wie sieht die innere Struktur der Parteien in Wirklichkeit aus?
III. Welche Nebenorganisationen (z.B. Jugendorganisationen, wissenschaftliche Einrichtungen, Frauenvereinigungen, Vereinigungen für bestimmte Berufsgruppen usw.) haben die Parteien? Welche Funktionen haben solche Organisationen wahrgenommen?
IV. In welchem Umfang gibt es eine spezielle Parteipresse? Welche Bedeutung hat sie in der Praxis?
V. Wie stellt sich die Öffentlichkeitsarbeit der Parteien, insbesondere unter Berücksichtigung des Wahlkampfes dar?
VI. Besonderheiten

§ 6 Die innerparteiliche Demokratie

I. Gibt es verfassungs- oder einfachgesetzliche Aussagen über eine demokratische Struktur des innerparteilichen Gefüges?
II. Könnte man aus der Verfassung ein Gebot der innerparteilichen Demokratie entwickeln? Mit oder ohne Sanktionen im Falle seiner Verletzung?
III. Von welchem Demokratieverständnis geht man aus? Identifiziert man den Demokratiebegriff auf staatstruktureller Ebene mit dem innerparteilichen Demokratiebegriff?
IV. Gibt e in Ihrem Land die politische Einflußnahme durch Lobbyismus? Wenn ja, welche Bedeutung hat der Einfluß von Interessen verbänden, wie etwa Gewerkschaften oder Wirtschafts- und Landwirtschaftsverbänden, auf die innerparteiliche Demokratie?
V. Das Parteimitglied. Welche Rechte hat es als solches und gegen wen? Unter welchen Voraussetzungen kann es von der Partei ausgeschlossen werden? Unter welchen Voraussetzungen kann sein Aufnahmeantrag abgelehnt werden?
VI. Die Kandidatenaufstellung. Gibt es rechtliche oder (und) parteisatzungsmäßige Vorschriften über die Aufstellung von Kandidaten für die Parlamentswahlen? Gibt es typische Kriterien für die Aufstellung von Kandidaten, die Sie aus der Sicht Ihres Landes für erwähnenswert halten?

VII. Gibt es innerparteiliche Minderheitsrecht, wie etwa besondere Antrags- oder Vetorechte? Wird eine gruppenmäßig geübte innerparteiliche Opposition geduldet? Ist sie mit geltendem Parteienrecht vereinbar?
VIII. Besonderheiten.

Viertes Kapitel

Die Rechte der politischen Parteien

§ 7 Überblick

§ 8 Die Grundrechte der politischen Parteien

I. Gründungsfreiheit?
II. Allgemeine Parteifreiheit?
III. Chancengleichheit?
IV. Andere Grundrechte?
V. Gibt es Parteien, die nur eine bedingte Verfassungstreue haben oder vermuten lassen? Können solche politischen Parteien in Ihrem Land verboten werden? Welchem Verfahren und welchen Folgen liefe das ab?

§ 9 Politische Parteien und öffentlicher Dienst

I. Kann die Beziehung zu einer Partei, die die Veränderung des Systems zum Ziel hat, ein Hindernis für die Bekleidung eines öffentlichen Amtes sein?
II. Inwieweit besteht ein Einfluß von politischen Parteien auf die Besetzung von Ämtern?
III. Gibt es Ämter, deren Wahrnehmung die Zugehörigkeit zu einer politischen Partei voraussetzt (z.B. politische Beamte)?
IV. Besonderheiten

Fünftes Kapitel

Die Finanzen der politischen Parteien

§ 10 Die Parteienfinanzierung

I. Gibt es eine staatliche Parteienfinanzierung und wie ist sie konkret ausgestaltet (Rechtslage)? Erhalten die Parteien andere Erleichterungen (Rundfunksendezeiten, Bereitstellung von Wahlmaterial etc.) durch den Staat?

II. Welche weiteren Finanzierungsmöglichkeiten haben die Parteien (z.B. Mitgliedsbeiträge, Spenden)? Werden Privatspenden an die Parteien steuerrechtlich begünstigt?
III. Besteht eine Offenlegungspflicht hinsichtlich der Einnahmen und Ausgaben und wenn ja, in welcher Art?
IV. Wie wird die Einhaltung bestehender Regelungen der Parteienfinanzierung kontrolliert bzw. sanktioniert? Wie sieht die Praxis aus?
V. Besonderheiten

Sechstes Kapitel

Die Prägung der Verfassungsorgane durch die Institutionalisierung der politischen Parteien

§ 11 Überblick

Hier sollten Frage angesprochen werden, die den Wandlungsprozeß sichtbar machen, den der konkrete Staat durch die Institutionalisierung der politischen Parteien durchgemacht hat.

Solche Themen könnten sein: Transformation des Gewaltenteilungsprinzips, Parteiabhängigkeit des Abgeordneten (hier möglicherweise mit Mandatsverlust bei Parteiwechsel), Legitimationsproblematik, Politisierungsprozeß (z.B. kommunalpolitischer Art) etc.

Wenn es Ihnen auch grundsätzlich unbenommen bleibt, diesen sechsten Teil frei zu gestalten, sollt dennoch u.a. auf die beiden folgenden Problemkreise eingegangen werden:

- Politische Parteien und öffentliche Meinung: welchen Stellenwert hat das Parteiensystem bei den Bürgern? Gibt es Zeiten, in deren starke Kritik an der Parteipolitik überhaupt geübt wird, mit Stimmen, die etwa für eine „Entparteiisierung" der Politik sprechen?
- Inwieweit haben Unabhängige, d.h. nicht parteigebundene Einzelgänger, überhaupt Chancen in der Politik?

Anhang 4

Gesetz über die politischen Parteien in Taiwan (PartG-Taiwan) (Political Parties Act) vom 06. Dez. 2017

Chapter 1. General Provisions	
Article 1	This act was formulated in order to establish a fair, competitive environment for political parties and ensure that the organization and operation of political parties comply with the principles of democracy in order to establish a healthy and robust party-based political process.
Article 2	The term "competent authority" in this act refers to the Ministry of the Interior.
Article 3	The term "political parties" in this act refers to political groups consisting of Republic of China citizens with a common political ideology who safeguard the free, democratic, constitutional order, assist in shaping the political will of the people, and nominate candidates for election to public office.
Article 4	Political parties shall select free areas of the Republic of China as the seat of their organizations. Branch offices may be established. Main offices of political parties shall be located in the organizational seat as prescribed in the preceding paragraph.
Article 5	The organization and operation of political parties shall comply with democratic principles.
Article 6	Political parties shall be subject to the same payment practices for the use of public venues, mass media, and/or other public facilities, and may not receive differential treatment without legitimate reason.
Chapter 2. Establishment of Political Parties	
Article 7	Upon the founding of a political party, applicants shall file a declaration, a party charter, a party roster containing the signatures and seals of at least one hundred (100) members of the political party, a roster of the party officers, records of the founding assembly, and records of the party officer selection process to the competent authority within thirty (30) days of said founding assembly. After all documentation has been received, the competent authority shall issue an official seal and a certificate of accreditation. At least fifty (50) members of the political party shall attend the assembly specified in the preceding paragraph. The competent authority shall be notified of the assembly fifteen (15) days in advance. The competent authority may send personnel to attend the event.

The political party leader must be an ROC resident, be over twenty (20) years of age, have a registered permanent address, and not be subject to any of the following conditions:
1. The person has been found guilty of the crime of insurrection or treason (after the end of the period of mobilization for the suppression of the communist rebellion) with final judgment rendered.
2. The person has committed the crime of corruption, with final judgment rendered.
3. The person has committed and been convicted and sentenced for offenses or the corresponding attempted offenses prescribed in Article 79; Article 80; Article 84, Paragraphs 1 and 2; Article 85, Paragraph 1, Subparagraph 1; Article 86, Paragraph 1; Article 87, Paragraph 1, Subparagraph 1; and/or Article 88, Paragraph 1 (Intention to seek profit) of the Presidential and Vice Presidential Election and Recall Act.
The person has undertaken affairs prescribed in Article 84, Paragraphs 1 and 2; Article 86, Paragraph 1; Article 87, Paragraph 1, Subparagraph 1; and/or Article 89, Paragraphs 1, 6, and 7 of the Presidential and Vice Presidential Election and Recall Act.
The person has committed and been sentenced for the offenses or the corresponding attempted offenses prescribed in Article 93; Article 94; Article 97, Paragraphs 1 and 2; Article 98, Paragraph 1, Subparagraph 1; Article 99, Paragraph 1; Article 100, Paragraph 1; Article 101, Paragraphs 1, 6, and 7; Article 102, Paragraph 1, Subparagraph 1; and/or Article 103 (Intention to seek profit) of the Civil Servants Election and Recall Act.
The person has undertaken affairs or the corresponding attempted offenses prescribed in Article 97, Paragraphs 1 and 2; Article 99, Paragraph 1; Article 100, Paragraphs 1 and 2; and/or Article 102, Paragraph 1, Subparagraph 1 of the Civil Servants Election and Recall Act.
The person has committed and been sentenced for the crimes prescribed in Article 142 and Article 144 of the Criminal Code.
4. The person has committed any crime prescribed in the Organized Crime Prevention Act, with final judgment rendered.
5. The person has committed a crime other than those prescribed in the four preceding paragraphs and has been convicted of said crime and sentenced to penal servitude for a fixed term while enforcement of the penalty is pending or the penalty has been enforced but has not yet been completed. Persons who have been granted a reprieve or who have been sentenced to penal servitude with a sentence which may be alternatively converted into a fine are excluded from this ruling.

	6. The person has been sentenced to death, life imprisonment, or penal servitude for a fixed term of not less than ten (10) years, where final judgment has not been rendered. 7. The person has been sentenced to forced labor, where final judgment has been rendered while enforcement of the penalty is pending, or the penalty has been enforced but has not yet been completed, or the penalty has been completed within the past ten years. 8. The person has been sentenced to other security punishment where judgment has been rendered but not yet executed or not yet completed. 9. The person has declared bankruptcy and has not recovered his/her rights. 10. The person has become subject to an order of the commencement of guardianship or assistantship which has not yet been rescinded. Should the party leader be subject to any of the preceding conditions, the competent authority shall reject the declaration. If any of the preceding conditions are met after a declaration is filed, the political party shall notify the competent authority within fifteen (15) days and select a new party leader within three (3) months. If such notification is not made, the competent authority shall inform the political party of the deadline for selecting a new party leader.
Article 8	The name or abbreviation of a political party may not be subject to any of the following conditions: 1. It is similar or identical to an already established political party. 2. It is formulated through the mere addition of words to the name or abbreviation of an already established political party. 3. It causes people to mistake the political party for a government agency or for-profit institution. 4. It exhibits discriminatory or hateful characteristics. Any political party whose name or abbreviation is subject to any of the preceding conditions shall be required to make corrections within a prescribed time period by the competent authority; declarations for political parties failing to make such corrections or remaining subject to any of the preceding conditions after corrections are made will be rejected.
Article 9	After completing the filing process pursuant to Article 7, political parties shall apply for legal person registration to the district court of the jurisdiction in which their main office is located. Political parties shall submit a photocopy of their legal person registration certificate to the competent authority for filing within thirty (30) days after its registration.
Article 10	Political parties shall submit a record of changes to the party charter or party leader to the competent authority for filing within thirty (30) days. The competent authority shall not record documentation from political parties informing of a change of party leader if such changes meet any of the descriptions prescribed in Article 7, Paragraph 3.

Political parties that have completed legal person registration and whose alterations to charter or changes in party leader have been filed with the competent authority shall submit a record of said changes to the court for filing. Political parties shall submit a photocopy of their updated legal person registration certificates to the competent authority for filing within thirty (30) days.

Chapter 3. Organization and Activities of Political Parties

Article 11 Republic of China citizens have the right to join or quit political parties. Political parties may not recruit Republic of China citizens under sixteen (16) years of age as members. A political party may not force Republic of China citizens to join or quit said party; however, this provision does not apply to party members who have been expelled from the party due to a disciplinary matter.

Political party members are defined as those listed in the party roster.

Article 12 A political party's charter shall specify the following:

1. Party name or abbreviation (where applicable)
2. Party emblem (where applicable)
3. Party objectives
4. Location of the party's main office
5. Party organization and authority
6. Conditions for member admissions, resignations, discipline, dismissals, arbitration, and appeals
7. Rights and obligations of party members.
8. Job titles, number, selection methods, tenures, and dismissals of party leaders and elected personnel
9. Terms and conditions, duration, and manner of proposing and deciding on resolutions for the party's representative assembly or party congress
10. Party charter-revision procedures
11. Amount of and collection method for political party membership dues.
12. Sources of funding and accounting system employed
13. All other matters prescribed pursuant to relevant laws and regulations

Article 13 Newly established political parties shall submit the application form and electronic files for their party emblem at the time of filing their declaration with the competent authority.

Already established political parties that wish to change their emblems or apply to have their emblems recorded shall submit their charters, the emblem application form, and the electronic files of their emblems to the competent authority for filing.

The filed application form for political party emblems should specify the following information:

	1. The name of the political party 2. The date of application 3. The symbolism of the emblem 4. An image of the emblem 5. The date of approval of the emblem by the party's founding assembly, representative assembly, or party congress
Article 14	The emblem of a political party may not be subject to any of the following conditions: 1. It is similar or identical to the emblem of an already established political party. 2. It diminishes the distinctiveness of the emblem of an already established political party. 3. It exhibits discriminatory or hateful characteristics. The competent authority shall require political parties whose emblems are subject to any of the preceding conditions to make corrections within a prescribed period of time. Applications of political parties that fail to make such corrections or whose emblems remain subject to any of the preceding conditions after corrections have been made will be rejected.
Article 15	A party congress composed of party members shall act as the supreme organ of authority over any political party. Political parties shall convene an assembly of the party congress at least once every two years. Representatives to a political party's party congress may be selected by the party members pursuant to the party charter. The representatives shall subsequently be required to convene an assembly of the party representatives in order to exercise the authority of the party congress.
Article 16	At least one-half (1/2) of a political party's members (or their representatives) shall attend the party congress or party's representative assembly; resolutions of the party congress or representative assembly are approved when the number of attendees is at least 1/2 of the total number of members. However, the number of attendees must be at least 2/3 of the total number of members to approve the following resolutions: 1. Resolutions pertaining to the formulation of or revisions to the party charter. 2. Resolutions pertaining to political party mergers or dissolutions.
Article 17	Political parties shall appoint dedicated personnel to handle matters such as interpretation of the party charter and disciplinary actions against, dismissals of, and appeals by party members.
Article 18	Political parties may not establish a party organization in any government agency, government institution, public institution, administrative body, court, military body, or school; they may, however, establish party organizations in people's representative bodies at all levels.

Chapter 4. Financing of Political Parties

Article 19	The sources of funding and income for political parties shall be as follows: 1. Political party membership dues 2. Political donations accepted in compliance with relevant laws and regulations 3. Political party subsidies 4. Sales from publications and promotional materials created by political parties to publicize their philosophies or engage in promotional activities as well as income generated from the granting or conceding of rights 5. Other income collected in compliance with this Act 6. Interest generated from funds or income described in the preceding five paragraphs
Article 20	The calendar year shall be adopted as the fiscal year of a political party. Accrual basis accounting shall be employed, and account ledgers shall be established to record the party accounts in detail. All accounting documents, excepting those which must be permanently kept or open account items, should be kept for seven years after the completion of annual closing procedures; all account ledgers, except for those involving open account items, shall be kept for ten years after the completion of annual closing procedures.
Article 21	Political parties should submit their annual property and financial statements to the competent authority before May 31 each year. The annual property and financial statements shall contain the following documents: 1. Final accounts 2. A Profit and Loss account 3. A balance sheet 4. An inventory of property The property and financial statements described in Paragraph 1 shall be signed or stamped by the party leader, audited and certified by a certified public accountant commissioned by the political party, and passed by the party's representative assembly or party congress. If no representative assembly or party congress is held in the current year, this fact shall be noted in the statements and the statements shall be assessed during the party's representative assembly or party congress held in the following year.

	The competent authority shall compile the property and financial statements described in Paragraph 1 within forty-five (45) days after the submission deadline and subsequently publicize the information in government gazettes and newsletters, and online. The competent authority shall notify political parties that fail to submit property and financial statements pursuant to Paragraphs 1–3 to do so within a prescribed period of time; the competent authority shall notify political parties to revise submitted statements that do not meet requirements. The competent authority may make public declarations in government gazettes, government newsletters, or online regarding political parties that fail to submit statements, make required revisions to statements, or comply with regulations even after revisions are made, if deemed necessary.
Article 22	The competent authority shall allocate a part of its annual budget to subsidize political parties that have attained at least three percent (3%) of the votes in the latest national legislative elections for legislators-at-large and legislators residing overseas. The subsidy described in the preceding paragraph shall be based on the number of votes attained by the political parties at the most recent national legislative elections for legislators-at-large and legislators residing overseas, where an annual subsidy of NT$50 is offered for every vote attained. The amount of the subsidy granted in any fiscal year shall be calculated by the competent authority, and the subsidy shall be collected by the political party within two months (political parties shall be required to produce a receipt upon collecting the subsidy); the subsidy shall be granted till the tenure of the current session of the members of the Legislative Yuan expires. The competent authority shall notify political parties that fail to collect the subsidy before the deadline to collect it within three months; political parties that still fail to collect the subsidy before the new deadline shall forfeit the subsidy. Political parties shall use the subsidy described in Paragraph 2 to defray campaign costs, personnel costs, office expenses, business expenses, policy research costs, and personnel training costs.
Article 23	Political parties may not operate or invest in profit-making businesses or engage in profit-making activities outside of those described in Article 19, Subparagraph 4.
Article 24	Political parties may not purchase real estate except for that to be used for their offices.

Chapter 5. Political Party Punishments, Dissolutions, and Mergers

Article 25	Should doubts or concerns arise regarding a political party's disciplinary actions, name, abbreviation, or emblem or other related matters such that a review is deemed necessary, the competent authority shall hire just persons to form a committee to handle such matters. For the aforementioned committee, no more than one-third (1/3) of the members may belong to the same political party, and no less than one third (1/3) of the members may belong to the same gender.
Article 26	The competent authority shall provide relevant evidence for the Judicial Yuan Constitutional Court to render judgment that a political party must dissolve pursuant to Article 5, Paragraph 5 of the Amended Articles of the Constitution of the R.O.C.
Article 27	Records shall be abolished if political parties are subject to any of the following conditions: 1. Failure to convene a representative assembly or party congress for four consecutive years and continued failure to do so even when the competent authority issues a reminder requiring the political party to convene a representative assembly or party congress before a prescribed deadline 2. Failure to comply with relevant laws and regulations governing the nomination of candidates to campaign for election to public office for four consecutive years 3. Failure to complete legal person registration within one year after filing
Article 28	A political party may dissolve or merge with another political party via a resolution of its representative assembly or party congress. Political parties shall file notice with the competent authority within thirty (30) days after dissolution. Political parties that merge with other political parties to form a new political party shall follow the provisions prescribed in Article 7, Paragraph 1, and the rights and obligations of the original political parties shall be borne by the new political party. The rights and obligations of the political party that has been dissolved because of the merger shall be borne by the surviving political party in accordance with the provisions prescribed in Article 10.
Article 29	The competent authority shall publicly announce filings for the dissolution or abolishment of a political party. Political parties that have also completed legal person registration, shall petition the court to register the dissolution.

Article 30	Political parties declared dissolved by the Judicial Yuan Constitutional Court shall terminate all operations starting from the day that the judgment is made; such political parties may not set up replacement organizations featuring identical aims and goals. Political parties that have been declared dissolved as described in the preceding paragraph may not re-establish a political party or engage in activities under the same name or abbreviated name. Members of political parties that have been dissolved or abolished shall lose eligibility of the selected Legislators-at-Large and Legislators Residing Overseas in National Legislative Elections according to ratios prescribed by the political parties from the effective date of the judgment of the Constitutional Court of the Judicial Yuan or from the date of the Competent Authority's announcement of dissolution. This provision does not apply to political parties that have dissolved due to mergers.
Article 31	For political parties that have merged, eligibility of the selected Legislators-at-Large and Legislators Residing Overseas in National Legislative Elections according to ratios prescribed by the political parties remains unaffected. Vacant posts shall be filled in order in accordance with the list of candidates prepared by the political parties that the original post holders were the members of prior to the merger. Individual political parties involved in a party merger who themselves fail to attain at least three percent (3%) of the votes as prescribed in Article 22, Paragraph 1 will not be eligible for a subsidy even if the combined votes of the political parties satisfy this requirement.
Article 32	Property liquidation for political parties that have been dissolved or abolished and those that have not completed their legal person registrations shall be performed in accordance with said political parties' party charter or resolutions made by said parties' representative assembly or party congress. If a party's charter does not contain such provisions and that party's representative assembly or party congress cannot be convened, the competent authority may elect and assign a liquidator to handle the matter pursuant to the liquidation provisions of the Civil Act. Any surplus that remains after political party liquidation shall belong to the national treasury.

Chapter 6. Penalties

Article 33	In any political party election of party leaders and/or election of central, municipal, and/or county/city-level party officers, any of the following circumstances shall be punishable by imprisonment of not more than three years and a fine not exceeding NT$300,000:

1. A person with the right to vote demands, agrees upon with a tacit accord, or receives property or other unfair advantage in exchange for not exercising said right to vote or exercising it for any agreed-upon purpose.
2. A person seeks to induce another/others who have the right to vote, by promising with a tacit accord or delivering property or other unfair advantage, not to exercise said right to vote or to exercise said vote for any agreed-upon purpose.
3. A person seeks to induce a candidate to forfeit an election or hold certain agreed-upon campaign activities by promising with a tacit accord or delivering property or other unfair advantage.
4. A candidate demands, agrees upon with a tacit accord, or accepts property or other unfair advantage in exchange for forfeiting an election or holding certain agreed-upon campaign activities.
Political parties holding elections for party leaders and/or central, municipal, and county/city-level staff elections shall make public all matters related to their election operations and shall set forth the starting and ending times, operational flows, qualifications of candidates, and confirmation of persons eligible for voting. Political parties shall file a submission with the competent authority within five days of announcing election activities for future reference.

Article 34	Political parties acting in violation of Article 23 shall be punished with a fine of not less than NT$5 million but not more than NT$25 million. In cases of non-compliance with an order to cease operations or investments within the prescribed time period, a fine may be imposed for each instance of the violation.
Article 35	Political parties acting in violation of Article 24 shall be punished with a fine of not less than NT$5 million but not more than NT$25 million. In cases of non-compliance with an order to convey real property within the prescribed time period, a fine may be imposed for each instance of the violation.
Article 36	Chief conspirators of political parties in violation of Article 30, Paragraphs 1 and 2 shall be punished with a fine of not less than NT$1 million but not more than NT$5 million, and all accomplices shall be punished with a fine of not less than NT$50,000 but not more than NT$250,000. In cases of non-compliance with an order to cease the unlawful conduct, a fine may be imposed for each instance of the violation.
Article 37	Political parties in violation of Article 18 shall be punished with a fine of not less than NT$500,000 but not more than NT$2.5 million. In cases of non-compliance with an order to disband such organizations within a specified time period, a fine may be imposed for each instance of the violation.
Article 38	Political parties in violation of Article 20 shall be punished with a fine of not less than NT$500,000 but not more than NT$2.5 million.

Article 39	Political parties in violation of Article 7, Paragraph 4 shall be punished with a fine of not less than NT$200,000 but not more than NT$1 million. In cases of non-compliance with an order to cease the unlawful conduct, a fine may be imposed for each instance of the violation.
Article 40	The competent authority shall notify political parties in violation of Article 21, Paragraphs 1 and 3 (i.e., failure to file a declaration or failure to file a declaration in compliance with relevant laws and regulations) to file a declaration or make revisions within a prescribed time period. Political parties that still fail to file a declaration shall be punished with a fine of not less than NT$1,000,000 but not more than NT$5,000,000. Parties that fail to revise or whose revisions fail to meet requirements shall be punished with a fine of not less than NT$200,000 but not more than NT$1 million. In cases of non-compliance with an order to cease the unlawful conduct, a fine may be imposed for each instance of the violation.
Article 41	Political parties in violation of Article 11, Paragraph 2 shall be punished with a fine of not less than NT$100,000 but not more than NT$500,000. In cases of non-compliance with an order to cease the unlawful conduct, a fine may be imposed for each instance of the violation.
Chapter 7. Supplementary Laws and Regulations	
Article 42	The competent authority may deduct fines imposed in accordance with this Act but not discharged by a political party within the prescribed period of time from the subsidy granted to said political party pursuant to Article 22, Paragraph 1.
Article 43	Political parties that filed declarations with relevant departments in accordance with the Civil Associations Act prior to the enactment of this Act and whose organizations, charters, and related matters fail to comply with the provisions prescribed in this Act shall make revisions within two years following the promulgation of this Act. The declarations of parties that fail to make the required revisions within the prescribed period of time or whose revisions still fail to meet requirements will be revoked. Political parties established in compliance with the Civil Associations Act prior to the enactment of this Act shall revise their charters within two years following the enactment of this Act. The charters of parties that fail to make the required revisions within the prescribed period of time or whose revisions still fail to meet requirements will be revoked. Political groups whose charters have been revoked pursuant to the preceding paragraph shall be dissolved and the liquidation of their property shall be handled in accordance with the provisions of Article 32 of this Law.
Article 44	The electronic file formats of documents, tables, and political party emblems for use under this act this Act shall be defined by the competent authority.

Article 45	Article 43, Paragraph 6 of the Civil Servants Election and Recall Act and political party-related provisions prescribed in the Civil Associations Act shall no longer apply starting from the effective date of this Act.
Article 46	This Act shall take effect on the date of promulgation.

www.ingramcontent.com/pod-product-compliance
Ingram Content Group UK Ltd.
Pitfield, Milton Keynes, MK11 3LW, UK
UKHW021935290926
8980IPUK00016B/1643

9 783631 800188